반야심경 강의

반야심경 강의

천태교학을 중심으로

빈종법사 강술 · 이동형 편역

운주사

역자 서문

이 책을 처음 접한 지 30여 년의 시간이 흘렀다. 나는 이 책을 보면 볼수록 진정한 실상반야가 무엇인지를 깊이 느끼게 되었으며, 이로써 나의 종교적인 신념이 깊어졌다고 말할 수 있다.

몇 해 전에 친한 벗에게서 '불교는 좋은데 정말 제대로 된 책이 있으면 읽고 싶다'는 말을 듣고 '아! 이것이 우리 불교계의 현실이구나'라는 생각이 들었다.

이 책의 저자인 빈종법사도 70여 년 전, 대만이 일본의 식민지였을 때 이 책을 통하여 진정한 진리가 무엇인지를 모든 대중들에게 말하고자 하였다.

오늘날 우리의 현실을 생각해보면, 한글화 교육으로 인하여 문자의 이해는 깊지 못하고, 또한 깊은 지혜의 길을 이해하는 것은 지식인들만의 전유물인 상황이다. 이 누구의 잘못인가? 자기의 사상을 읽지 못하는 대중들이 어떻게 문화민족이라고 할 수 있다는 말인가! 이에 이 책을 통하여 진정한 실상반야의 의미를 전하고자 하는 것이 역자의 의도임을 알아주기를 바랄 뿐이다.

불교는 과거 2,500여 년 동안 인류문화와 역사창조에 주도적인 역할을 하였음은 주지하는 사실이다. 그러나 불확실성의 시대인 20세기를 훌쩍 넘어서서 대망의 21세기를 살아가고 있는 이때에, 우리는 다시금 시대적인 비전을 제시하는 어떤 화두話頭를 가져야만 하는 입장에 처하게 되었다.

  지금 우리가 겪어야 할 미래사회는 생명의 물질화, 생태계의 파괴와 공해로 인한 질병, 그리고 세속적 가치관의 팽배로 인한 지적 혼돈과 청정한 정신문명의 파괴로 이어지는 과도기적 입장에 처해 있음은 인류학자들이 공통으로 말하는 현실이다. 이런 문제들을 해결하려고 노력하는 것이 바로 인류의 과제인 것이며 이는 바로 우리의 공동체적 의식에서 이루어져야 하는 것이 아닌가? 이런 것을 해결하는 것을 제안한 것이 바로 『반야심경』에서 나타난 반야(般若: 지혜)와 바라밀波羅密의 사상이다.

  이런 것들이 바로 이 한 권의 책에서 농축되어 있는 것을 보았을 때 아주 기쁜 마음을 금할 길 없었으며, 모든 불자는 물론이고 일반인들도 이 책을 읽고 자기를 돌아보며 인류사적 문제에 동참하여 해결하고자 하는 노력이 있기를 바라는 마음 간절할 뿐이다.

僧問 衆色歸空 空歸何處
師曰 舌頭不出口
曰 爲甚麼不出口
師曰 內外一如故

승려가 묻기를 "모든 사물이 공空으로 돌아오면 공은 어디로 돌아갑니까?"
이산利山선사가 말하기를 "혀는 입으로 나오지 않는다."
묻기를 "어째서 입으로 나오지 않습니까?"

선사가 말하기를 "내외가 하나이기 때문이다."

水不離波波是水 鏡水塵風不到時
應現無瑕照天地 看看
물은 파도를 벗어나지 못하니 파도는 바로 물이라네.
거울 같은 수면에 티끌 같은 바람도 일지 않았을 때
바로 티 없음이 나타나서 천지天地를 비추니
살피고 살피시오.

2012년 6월
범연凡然 이동형李東炯 합장

반야심경

역자 서문 • 5

들어가는 말 • 14

1. 경제목經題目 해석 • 17
   1) 반야般若 • 17
   2) 바라밀다波羅蜜多 • 36
   3) 심心 • 44
   4) 경經 • 53

2. 번역한 사람 • 60

3. 본문 해석(正文) • 69
   1) 반야를 드러내어 설함(顯說般若) • 72
      (1) 보살이 수행하여 증득하는 경계를 전체적으로 보임(總示菩薩修證境界) • 72
         ① 관하는 주체인 사람을 밝힘(明能觀人) • 72
         ② 수행의 대상을 밝힘(明所修行) • 84
         ③ 관해지는 경계를 밝힘(明所觀境) • 90
         ④ 얻게 되는 이익을 밝힘(明所得益) • 110
      (2) 반야진공의 진실한 의미를 자세히 밝힘(二詳明般若真空實義) • 120
         ① 집착을 버림(遣執) • 120
         ② 자성을 드러내다(顯性) • 135
         ③ 허망함을 깨트리다(破妄分三) • 140
         ④ 과보를 증득함(證果) • 212
   2) 반야의 비밀을 설함(密說般若分) • 245
      (1) 이름을 드러내어 이익을 찬탄함(出名嘆益) • 245
      (2) 주문을 말함(正說咒語) • 252

4. 결론 • 259

5. 반야심경의 오중현의五重玄義 • 264

부록 • 309

저자 발문跋文 • 349

표 차례

〔표1〕 경을 번역하는 네 가지 예(四例飜經) • 19
〔표2〕 다섯 가지 번역하지 않는 것(五種不飜) • 19
〔표3〕 삼반야三般若와 방편 • 26
〔표4〕 삼반야와 삼덕과 삼인불성과 체상용의 관계 • 28
〔표5〕 육도六度와 삼학三學의 관계 • 41
〔표6〕 육도와 육폐의 관계 • 41
〔표7〕 오온표 • 110
〔표8〕 팔고八苦 • 114
〔표9〕 십이입十二入(색법을 열고 심법을 합함) • 149
〔표10〕 십팔계十八界(色心俱開: 색과 심을 함께 엶) • 158
〔표11〕 삼세三世 십이인연十二因緣 • 183
〔표12〕 사제의 도표 • 188
〔표13〕 사홍서원과 사제의 관계 • 203
〔표14〕 사제와 인과관계 • 204
〔표15〕 칠종입명표七種立名表 • 272
〔표16〕 오시팔교五時八敎 • 306
〔표17〕 반야심경般若心經의 오중현의五重玄義 • 307
〔표18〕 오온을 전환하여 오분법신을 성취하는 법(行淺般若) • 313
〔표19〕 오온을 전환하여 삼덕을 성취하는 법(行深般若) • 315
〔표19〕 견혹見惑 88사使 • 325
〔표20〕 사혹思惑 81품品 • 326

마하반야바라밀다심경
摩訶般若波羅蜜多心經

觀自在菩薩　行深般若波羅蜜多時　照見五蘊皆空　度
관자재보살　행심반야바라밀다시　조견오온개공　도

一切苦厄　舍利子　色不異空　空不異色　色卽是空　空
일체고액　사리자　색불이공　공불이색　색즉시공　공

卽是色　受想行識　亦復如是　舍利子　是諸法空相　不
즉시색　수상행식　역부여시　사리자　시제법공상　불

生不滅　不垢不淨　不增不減　是故　空中無色　無受想
생불멸　불구부정　부증불감　시고　공중무색　무수상

行識　無眼耳鼻舌身意　無色聲香味觸法　無眼界　乃至
행식　무안이비설신의　무색성향미촉법　무안계　내지

無意識界　無無明　亦無無明盡　乃至　無老死　亦無老
무의식계　무무명　역무무명진　내지　무노사　역무노

死盡　無苦集滅道　無智亦無得　以無所得故　菩提薩埵
사진　무고집멸도　무지역무득　이무소득고　보리살타

依般若波羅蜜多故　心無罣碍　無罣碍故　無有恐怖　遠
의반야바라밀다고　심무가애　무가애고　무유공포　원

離顚倒夢想　究竟涅槃　三世諸佛　依般若波羅蜜多　故
리전도몽상　구경열반　삼세제불　의반야바라밀다　고

得阿耨多羅三藐三菩提　故知般若波羅蜜多　是大神呪
득아뇩다라삼먁삼보리　고지반야바라밀다　시대신주

是大明呪 是無上呪 是無等等呪 能除一切苦 眞實不
시대명주 시무상주 시무등등주 능제일체고 진실불

虛 故說般若波羅密多呪 卽說呪曰 揭諦 揭諦 波羅
허 고설반야바라밀다주 즉설주왈 아제 아제 바라

揭諦 波羅僧揭諦 菩提娑婆訶
아제 바라승아제 모지 사바하

관자재보살께서 깊은 반야바라밀다를 수행하였을 때에, 오온을 관조하여 보니 다 공하여 모든 고액을 도탈하였다.

사리자야! 색은 공을 벗어나지 않고 공은 색을 벗어나지 않으니, 색은 공이며 공은 색이요, 수상행식도 역시 이와 같다.

사리자야! 이 모든 법의 공한 모습(空相)은 생멸하지도 않고 더럽거나 청정한 것도 아니며 증감하지도 않는다.

이러한 까닭으로 공 가운데는 색이 없고 수상행식도 없으며, 안이비설신의도 없고 색성향미촉법도 없다. 안계도 없고 나아가 의식계도 없다. 무명도 없고 무명이 다함도 없으며, 내지 노사도 없고 노사가 다함도 없다. 고집멸도도 없으며, 지혜도 없고 또한 증득한 것도 없다.

무소득이기 때문에 보리살타는 반야바라밀다에 의지하므로 마음이 걸림이 없고, 걸림이 없는 까닭에 공포가 없고 전도몽상을 영원히 벗어나 구경에 열반하였다.

삼세의 모든 부처님께서도 반야바라밀다에 의지한 까닭으로 아뇩다라삼먁삼보리를 증득하셨다. 그러므로 반야바라밀다는 바로 크게 신령한 주문이며, 크게 밝은 주문이며, 위없는 주문이며, 일체의 고통을 없애는 까닭에 진실하며 허망하지 않다는 것을 알아야 한다.

그러므로 반야바라밀다 주문을 말하나니, 바로 주문을 말하면 "아제 아제 바라아제 바라승아제 모지사바하."

들어가는 말

　일반적으로 불경佛經을 강의하는 데에는 본문을 강의하기 전에 현담懸談[1]이나 제강提綱[2]을 하기 마련인데, 이것은 주로 천태天台의 오중현의五重玄義와 현수賢首의 십문현담十門玄談을 말하는 것이 관례이다. 이런 것들이 요즈음 같이 복잡한 시대에 있어서 학자들이나 불자들이 '이것이 그렇게 중요한 것인가'라고 말할지 모르지만, 여기서 이런 격식을 차리는 것은, 앞으로의 불교학자는 물론 일반 사람들에게도 본보기가 된다고 생각하여 천태의 오중현의에 의하여 서술하고자 하는 것이다. 천태의 오중현의에 대한 자세한 해석은 책 말미에 부록으로 자세하게 서술하겠다.
　『반야심경般若心經』은 우리나라 불교경전 중에 제일 많이 독송하는 것이며, 또한 모든 종파를 초월하여 이 경은 모든 불교 신도에게 널리 읽혀지고 알려진 경전이다. 이 경은 260여 자 정도의 분량으로 모든 사람들이 애송하기도 쉬울 뿐만 아니라, 경이 내포하고 있는 뜻도 아주 세밀하고 깊다. 또 모든 불교 경전 중에서 차지하는 위치도 아주 중요하며, 반야부般若部 600권의 경전에서도 제일 간단하며, 그 뜻도 아주 심오하기에 '심경心經'이라고도 말한다.

---

[1] 불교에서 불경을 강의하기 전에 그 경의 유래와 대의大義 등을 밝히는 것을 말함.
[2] 사물의 중요한 요점을 제시함.

이 경전을 모든 중생들에게 보급하여 미혹한 감정과 허망虛妄한 집착을 타파하고, 해탈케 하고자 하는 법문이 바로 이 책의 의도이다. 공간적으로 존재하는 모든 것은 공空임을 밝혀 겹겹이 쌓여 있는 허망한 것을 벗어버리게 하여 참다운 진리를 보게 하며, 모든 법은 공空의 이치임을 밝혀 후세 모든 중생들이 자신의 오온五蘊을 통하여 바로 출세간의 무지無智와 무득無得에 이르게 하고자 하는 것이다. 공空을 얻기 위해서는 무엇을 철저히 규명해야 하는가? 모든 상相을 취하지 않는 것에 이르러야 하고, 그 모든 상相을 취하지 않는 것에서 실상實相을 볼 수 있어야 한다.

　실상은 중생들 모두가 구비하고 있는 참다운 마음이다. 이것을 모르면 중생이라고 하고, 이를 깨달으면 모든 부처와 보살이라고 한다. 미혹하면 생사가 끊어지지 않고 깨달으면 궁극에는 해탈하게 된다.

　반야는 바로 실상을 발굴하고 생사를 해탈하는 아주 긴요한 도구이며 방법이다. 우리들이 실상을 구하여 증득하는 것을 생각하지 못하므로 생사를 해탈하는 것에서 물러나는데, 이 경에서 말하는 것과 같이 적극적으로 노력하지 않고, 경전의 말을 따르지 않기 때문에 얻을 수 없는 것이다.

　그러므로 이 경의 해설을 쓰게 된 것이니, 뜻이 있는 사람은 바로 이 경을 읽고 문자에 얽매이지 말고, 참다운 뜻에 따라 실상이 무엇인지 깨닫기를 바라는 마음이 간절할 뿐이다.

1. 경제목經題目 해석

般若波羅蜜多心經

【나누어 해석함(分釋)】

'반야바라밀다심경般若波羅蜜多心經'이라는 이 8자는 이 경의 전체 제목이다. 앞의 '반야바라밀다심般若波羅蜜多心' 일곱 글자는 개별적인 제목〔別題: 이 경에만 전적으로 사용되는 이름. 다른 경과는 이름이 다르기 때문〕이고, 뒤의 '경經'이란 한 글자는 공통적인 제목〔通題: 다른 모든 경전에서도 경이라고 통칭하기 때문〕이다. 지금은 전체 제목 8자를 다음과 같이 네 단락으로 나누어 강의하고자 한다. 곧 1) 반야般若, 2) 바라밀다波羅蜜多, 3) 심心, 4) 경經이 그것이다.

1) 반야般若

반야(Prajñā)는 범어로서 지혜라고 번역한다. 이것은 직역할 수 없는 것이므로 범어를 그대로 쓴다. 반야는 어떤 것인가? 이 말은 한문에는 이에 상당하는 명사가 없어서 번역할 수가 없다. 비록 의역하여 지혜智慧라고 하지만 이는 정확한 번역일 수 없다. 『대지도론大智度論』에 말하기를 "반야는 실상을 결정하며 천박한 지혜로는 평가하지 못한다(般若定實相 智慧淺薄不可以稱)"라고 하였다. 그러므로 우리가 통상적으로 말하는 지혜는 반야가 내포하고 있는 뜻을 표현하지 못하고 있는 것이다. 더욱이 세상 사람들은 일반적으로 '총명이 바로 지혜'라고 말하는데, 만약 이렇게 번역하게 되면 혼란이 일어나 오히려 반야의 훌륭한 뜻을 잃어버리게 된다. 이와 같이 훌륭한 지혜를 나타내기 위하여 '반야'라는 원음을 그대로 쓰고 지혜라고 번역하지 않았다. 이것은 오종불번五種不飜[3] 중에서 '존중하여 번역하지 않는다'에 해당하며, 사례번경四例飜經에서도 '글자는 번역하지만 음은 번역하지 않

---

[3] 오종불번五種不飜: 당나라 때 현장스님이 경을 번역하면서 '세운 다섯 가지 원칙이다. 첫째로 비밀한 뜻이 있으면 번역하지 않는다(秘密之故不飜). 다라니 같은 것은 그것을 번역하여 그 뜻을 겉으로만 드러내 봤자 뜻이 드러나는 것이 아니라 오히려 잘못될 우려가 있기 때문에 번역하지 않는다. 둘째로 한 글자에 많은 뜻을 포함하고 있으면 번역하지 않는다(含多義故不飜). '마하'나 '박가범'과 같이 여러 가지 뜻을 가지고 있는 말은 번역하지 않는다. 셋째로 중국에서는 쓰지 않고 인도에서만 쓰이는 말은 번역하지 않는다(此方所無故不飜). 염부수와 같은 말은 인도에만 있고 이쪽에는 없는 말이기에 번역하지 않는다. 넷째로 예부터 써내려온 관습화된 말은 그대로 쓰고 번역하지 않는다(古例故不飜). '아뇩다라삼먁삼보리'와 같은 경우는 불법이 동토에 들어오면서부터 번역되지 않고 그대로 사중에서 사용되어 습관화되어 있기 때문에 번역하지 않는다. 다섯째로 뜻이 가벼워질 우려가 있으면 이를 존중하여 번역하지 않는다(尊重故 生善故不飜). '반야와 같은 말을 번역하여 지혜라고 할 경우 그 뜻이 가벼워져 신심을 내기 어렵기에 이를 존중하여 번역하지 않는다.

은 것(翻字不翻音)'의 뜻을 취한 것이다(아래 표 참고).

〔표1〕 경을 번역하는 네 가지 예(四例翻經)

사례번경 四例翻經	번자불번음翻字不翻音	般若. 모든 神呪를 말함
	번음불번자翻音不翻字	卍字와 같은 것
	음자구번音字俱翻	글자와 음 모두를 번역한 한문 경전
	음자구불번音字俱不翻	범어에 의한 경전 음과 글자 모두를 번역하지 않음

〔표2〕 다섯 가지 번역하지 않는 것(五種不翻)

오종불번 五種不翻	다함불번多含不翻	마치 婆伽梵(부처의 존칭)과 같다. 이는 6가지 뜻이 있다. 첫째는 自在, 둘째는 熾盛함이며, 셋째는 端嚴이며, 넷째는 名稱이며, 다섯째는 吉祥이며, 여섯째는 尊貴의 뜻이다
	비밀불번秘密不翻	神呪 등을 말한다
	존중불번尊重不翻	般若 등을 말한다
	순고불번順古不翻	阿耨多羅三藐三菩提를 말함
	중국에 없어서 번역하지 않음	菴摩羅果(無垢淸淨으로 번역하며 인도에서 생산되는 과일), 林檎(이를 먹으면 風熱을 없애는 것이다)

 실제로 반야는 신묘한 지혜로 번역하여야 하거나 또는 진지묘혜(眞智妙慧, 참답고 절묘한 지혜)라고 하여 세상 사람들이 말하는 지혜와는 구별되어야만 아주 적절하게 맞아 들어가는 번역이라 생각한다. 세상 사람들은 제각기 말하는 지혜가 있다. 이른바 일반적으로 위대한 학자, 위대한 예술가, 위대한 철학자를 세상 사람들은 지혜의 결정체라고 말한다. 만약에 불교적 측면에서 관찰하면, 이는 하나의 세간적世間

的 지혜를 말하는 것이라고 생각한다. 비록 과학과 물질문명의 발달로 비행기를 발명하고 무선전화 등을 발명하였으나, 이는 세간의 새어나 감이 있는(有漏) 지혜로 이루어진 유위有爲의 법으로서 그것으로는 끝내 사람들이 명심견성明心見性을 하지 못하고, 생사를 벗어나 영원한 안락安樂을 가져오지 못한다. 또 이런 과학의 발달은 사람들에게 모든 번뇌와 고통을 가져오고 있으며, 이것이 부당하게 쓰일 경우에는 허다한 많은 사람들을 해치게 되며 세상의 거대한 화를 초래하는 것이다. 예컨대 히로시마에 원자폭탄이 떨어진 경우와 같다. 그러므로 세상에 존재하는 지혜는 일종의 정正과 사邪를 모두 가지고 있는 것이다. 즉 올바르게 사용하면 올바른 것이며 삿되게 쓰면 삿된 것이다. 또 이해관계도 이와 같아서 올바르게 사용하면 사람들에게 이로우며, 악용하면 사람들에게 해로운 것이 된다. 이런 까닭에 세상의 지혜는 육식六識의 망심妄心에 의해 분별하는 하나의 허망한 지혜와 견해일 뿐이다. 이는 진실한 것이 아닌 오염된 것이며, 단지 올바른 것이 아닌 유한한 것일 뿐이다. 사실 이는 지식이라고는 부를 수 있지만 지혜의 자격을 얻을 수는 없지 않을까?

이 경에서 말하는 반야의 신묘한 지혜는 이와 같지 않으니, 바로 자성自性 속에 본래 구족하고 있는 하나의 무루지(無漏智: 번뇌가 없는 지혜)인 것이다. 이는 완전히 참마음(眞如心)으로부터 나오는 것이며, 허물을 벗어난 절대적인 것이며, 바르고 항상한 것이며, 진실한 것이며, 오로지 청정하여 오염이 없는 것이며, 오직 올바를 뿐 삿됨이 없다. 사람들은 이를 사용하여 자기의 미혹을 끊고 진리를 증득할 뿐만 아니라 고통을 벗어나서 즐거움을 얻고, 또한 널리 중생을 제도하여 함께 생사의 고해를 벗어나 같이 안락한 피안으로 올라가는 것이다. 이것이 반야의 신묘한 지혜인데, 어찌 세상의 지혜(지식)와 함께 말할 수 있겠는가! 『대지도론』에 말하기를 "반야는 일체의 모든 지혜 중에서 제일이며, 무상이며, 무비이며, 무등이니, 다시 이 위가 있을 수 없다 (般若者 一切智慧中最爲第一 無上無比無等更無有上)"라고 한 것이 바로 이 뜻이다. 그러므로 세상에서 말하는 유루지有漏智와 이 경에서 말하는 반야지般若智는 천차만별인 것이다.

앞에서 파악한 반야般若 지혜를 뜻으로 풀이하면, 진리를 명백히 하여 사실을 인식하는 것을 지혜라고 부른다. 유위有爲의 사상事相을 통달하는 것을 '지智'라 하고, 무위無爲의 공空의 이치에 통달한 것을 '혜慧'라 한다. 지智는 관조觀照하는 기능을 가지고 있으며 혜慧는 감별鑑別하는 작용을 한다. 지智는 모든 법을 밝히는 것이며 혜慧는 미혹迷惑을 끊고 진리를 증득하는 것이다. 또 지智는 외경外境에 밝은 것이며 혜慧는 자심自心을 밝히는 것이다. 이른바 세간의 모든 유위법有爲法은 안으로는 사대四大로 이루어진 색신色身이 자기이며 밖으로는 일체에 있는 만유萬有인데, 이 모두는 연기緣起로 이루어진 환상幻相으로 진실된 법法과 아我가 없다. 그러므로 지智라고 한다. 이로써 마음과 부처와 중생은 차별이 없다는 묘한 진리를 깨닫고, 사람들이 본래 구족한 불생불멸不生不滅의 상주常住하는 진심眞心의 불성佛性을 함께 증득한 것을 혜慧라고 한다. 총체적으로 말하면, 세간과 출세간의 모든 법을 철저히 알면, 이 속에 오염됨과 삿됨이 없고 장애가 없는 것을 반야의 '신묘한 지혜'라고 한다. 요약해서 말하면, 반야는 곧 모든 불보살佛菩薩이 모든 법의 실상實相을 친히 증득證得한 일종의 원명圓明한 본각지本

覺智이며, 모든 미혹迷惑한 감정(情)과 허망한 모습(妄相)을 벗어난 청정한 무분별지無分別智이며, 모든 것의 자성自性이 본래 공空임을 통달함으로서 얻을 바가 없는 진공무상眞空無相의 지혜(智)이다. 이것을 세상 사람들의 몽상夢想으로 어떻게 도달할 수 있겠는가?

반야를 그 성질에 따라 다음의 3가지로 나눌 수 있다.

1. 실상반야實相般若: '실상'은 모든 법의 여실如實한 상으로 '유무有無'로서 말할 수 없으며, '대소大小' 등으로 헤아릴 수 없으며, 범부들의 심리로는 상상할 수 없으며, 세속의 언론으로도 말할 수 없는 것이다. 이른바 심행처心行處가 멸하고 언어의 길이 끊어진 것이며, 표현할 수도 없으며 취하여 가질 수도 없는 일종의 불가사의한 경계이다. 그러므로 『법화경』에서 말하기를 "오로지 부처님과 부처님만이 바로 모든 법의 궁극적인 실상을 궁구할 수 있다(唯佛與佛乃能究竟諸法實相)"라고 하였다. 이것을 3가지 뜻에 의해 해석한다. 첫째, 실상무상實相無相으로 모든 허망한 상을 벗어버리면 하나의 상相도 얻을 수 없으므로 무상無相이라고 한다. 둘째, 실상무불상實相無不相으로 모래와 같이 많은 공덕의 상을 구족하여 하나의 법도 그릇됨이 없으므로 무불상無不相이라고 한다. 셋째, 실상무상무불상實相無相無不相으로 비록 상을 벗어났어도 본체本體가 공空하지 않으며, 비록 구족하여도 자성自性은 본래 공적空寂하다. 이른바 진공眞空은 묘유妙有에 장애되지 않고, 묘유妙有는 진공에 장애되지 않는다. 만약 있다(有)고 말하면 묘유는 유有가 아니며, 만약 공空이라고 말하면 진공眞空은 공이 아니니, 일체의 상을 떠나면서도 일체의 법에 일치한다. 그러므로 '상이 아니면서

상 아님도 없다(無相無不相)'고 말하는 것이다. 이것이 실상반야이다.

2. 관조반야觀照般若: 실상의 진리 자체에서 일어나는 일종의 지혜작용을 말한다. 이른바 수행자가 관법觀法을 닦을 때에 마음의 빛을 안으로 모아 모든 법을 조명照明하면 "무릇 상相이 있는 것은 모두 허망하다(凡所有相皆是虛妄)"라는 것에 이르러서 진리의 당체當體가 공空해진다. 망상妄相이 공하므로 실상을 보게 되니, 실상으로써 관조觀照하여 증득하므로 관조반야라고 한다. 또 여실如實하게 성교聖教에서 설한 진리를 이해하여, 이 이법理法에 의지하여 진리를 체험하고 실제로 닦아 나가는 것인데, 그 중간 단계에 있는 공행功行을 일러 관조반야라고 한다.

3. 문자반야文字般若: 모든 부처님과 보살님은 몸소 실상의 본체를 증득하고, 문자와 언어를 빌려 모든 유정有情 중생들을 인도한다. 그 문자를 이해해서 깨닫게 하는 것이 문자반야이다. 좁은 의미에서 말하자면, 이 경에 있는 문자는 팔부반야八部般若[4]의 이면에 있는 진리를 설명하고 중생의 지혜를 개발하도록 하기에 문자반야라고 한다. 더욱이 관조반야는 문자반야가 아니면 성립될 수 없으며, 실상반야도 문자반야가 없이는 나타날 수 없으므로 이를 문자반야라고 한다. 덧붙여 말하자면, 부처님께서 설법하신 모든 가르침은 모두가 이 속에 포함되어 있는 것이다. 넓은 의미로 말하자면, 경전상의 문자만을 말하는 것이 아니고, 모든 언어와 동작들은 뜻을 나타내면서 사람들을 이해시키고, 지혜를 계발하도록 하는 것은 모두 문자반야에 의한

---

4 大品般若, 小品般若, 放光般若, 光讚般若, 道行般若, 金剛般若, 勝天王般若, 文殊問般若를 말한다.

것이다. 부처님께서 세상에 계실 때에는 음성이 문자가 되었다. 그러므로 불경의 구절, 제목과 문장과 몸짓 등이 다 가르침의 바탕(敎體)이었던 것이다. 역대의 조사祖師들이 주먹을 들거나 주장자拄杖子를 세우는 등의 개시開示하는 행위 모두는 중생을 깨우치게 하는 문자반야의 하나이다. 비록 문자가 참다운 뜻은 아니라고 하여도 문자가 없어지면, 법다운 관조반야를 일으켜 실상반야를 증득할 수 없다. 이른바 문자와 언어라는 방편에 의하지 않고는 중생을 인도하여 망상에 의한 집착을 버리게 하여 실상을 깨닫게 하지 못하는 까닭에 문자반야라고 하나니, 사실상 수행에 하나의 중요한 조건이 되지 않을 수 없다. 대개 처음에 불교를 수행하는 사람은 먼저 성스러운 가르침을 따라서 듣고 깨달은 후에, 알고 있는 진리에 따라서 실제로 참답게 수행하여 최종적인 결과를 얻기를 기대하여 진실한 것을 수용受用함에 이르게 된다. 이때야 비로소 차례대로 불교를 배우고 수행하는 동시에 수행에 착오가 없는 것에 이르는 것이다.

   결과적으로, 가르치는 말씀을 듣거나 혹은 자기가 경전을 읽어서 지혜를 개발하는 것을 문자반야라고 하며, 이것을 일러 '들어서 아는 지혜(聞慧)'라고도 말한다. 이해하고 깨달은 도리에 의지하여 실제로 체험하고 수습修習하는 것을 관조반야라고 하며, 이것을 일러 '생각하여 아는 지혜(思慧)'라고 말한다. 관조반야의 공부가 깊어져서 무명無明을 깨뜨리고 자기의 본래 진면목眞面目을 몸소 보게 되는 것을 실상반야라고 하며, 이것을 일러 '수행하여 아는 지혜(修慧)'라고 말한다. 즉 수행하여 증득하기 때문이다. 또 자성自性은 허령불매虛靈不昧[5]한 것이니 이를 실상반야라고 하고, 진리에 의지하여 수행하는 것과 깨닫는 것이 상응相應하는 것을 관조반야라고 하고, 성스러운 가르침에 따라 청정지淸淨智를 계발하는 것을 문자반야라고 한다. 이것이 바로 깨달음의 길이다. 이 경에서 밝히는 것은, 모든 법이 모두 공空하다는 진리를 이해하고 깨닫게 하는 것을 문자반야라고 하고, 법공法空과 무아無我의 지혜에 의지하여 관찰하고 반조返照하는 것을 관조반야라고 하며, 법성法性이 무상無相함을 철저히 깨달아 몸소 증득하는 것을 실상반야라고 한다. 즉 실상반야는 진리의 본체이며, 관조반야는 수행이며, 문자반야는 가르침이다.

'문자文字'와 '관조觀照'는 무엇 때문에 반야라고 부르는가? 문자는 실상의 깨달음을 구하는 도구이다. 즉 문자가 없으면 관조가 일어날 수 없다. 관조는 실상의 증득을 구하는 하나의 작업이다. 즉 관조 없이는 실상을 증득할 수 없다. 이 둘 모두는 본체에 의지함으로써 실상이라는 이름을 얻게 되므로 반야라고 말한다. 문자는 하나의 진리를 추구하는 것이며 지혜를 계발하여 진리를 명백하게 한다.

관조는 하나의 심리적 훈련으로 습기를 바꾸고 제거하여 실상을 증득하기를 구하는 것이다. 실상은 하나의 본체를 증득한 경계로 영명靈明하고 묘각妙覺한 것으로 평등하게 두루 존재하는 것이다. 결론적으로 말하면, 문자는 해오解悟의 측면에서 말하는 것이고, 관조는 실제수행의 측면에서 말하는 것이며, 실상은 본체를 증득한 측면에서 말하는 것이다. 문자와 관조는 뜻이 비슷한 것으로 방편반야方便般若에 속하며, 실상은 진실의 뜻으로 구경반야究竟般若에 속한다. 이

---

5 마음은 형체가 없어 텅 비었으나 그 작용은 뛰어나 신령하고 밝음.

밖에 하나의 방편반야가 있는데, 일체 모든 진리에 통달하여 방편으로 중생을 교화하고 계도하는 것이다. 즉 보살의 지위에서 부처님의 경지(佛果)에 이르는 중간단계는 반야지般若智에 의해 세속의 진리에 통달하여 중생을 이익 되게 하는 방편법문을 일으키고 널리 육도만행六度萬行을 수행하여 일체중생을 구하고 제도한다.

[표3] 삼반야三般若와 방편

三般若	觀照－實行	體驗에 의해 證得함을 구함. 가르침을 받들어 행함으로써 수행과 이해함이 상응한 것이다.	수레와 같다.
	實相－性體	문자에 의지하고 관조를 행함으로 증득하는 것. 원명한 적조로서 불생불멸을 얻는 것이다	목적지와 같다.
	文字－解悟	방편으로 인도하는 것이다. 성스러운 가르침을 들음으로써 지혜를 계발하는 것이다.	뗏목과 같다.
方便－중생을 제도		근기에 따라 화생하여 응한다. 널리 만행을 수행하여 중생을 제도하는 것이다	

'삼덕三德'[6]과 '삼인불성三因佛性'[7]으로 이를 회통會通하여 말하면, 실상반야實相般若는 삼덕에 있어서는 법신덕法身德이고, 삼인불성三

---

6 삼덕三德: 대열반에 갖추고 있는 세 가지 덕을 말한다. 법신덕法身德은 모든 존재가 본래 구족하고 있는 진여眞如를 말하고, 해탈덕解脫德은 번뇌에 속박된 것을 벗어나는 것을 말하며, 반야덕般若德은 깨달음의 지혜이다.
7 삼인불성三因佛性: 불성을 세 가지 원인으로 구분한 것. 정인불성正因佛性은 모든 실상의 이치 본체이다. 요인불성了因佛性은 지智와 이理가 상응하는 것이다. 연인불성緣因佛性은 정인불성을 개발하는 것이다. 정인불성의 과보는 법신덕을 성취하고 요인불성의 과보는 반야덕을 성취하고 연인불성의 과보는 해탈덕을 성취한다.

因佛性에 있어서는 정인正因인 이심불성理心佛性이다. 관조반야는 삼덕에서는 반야덕般若德이라고 하며, 삼인불성에 있어서는 요인了因인 혜심불성慧心佛性이다. 문자반야는 삼덕에 있어서는 해탈덕解脫德이고, 삼인불성에 있어서는 연인緣因인 선심불성善心佛性이다. 다시 '체상용體相用'[8]으로 해석하면, 실상반야는 체體이니 관조반야와 문자반야의 본체가 된다. 관조반야는 용用이니, 실상반야와 문자반야의 용用이 된다. 문자반야는 상相이니, 관조반야와 문자반야의 상相이 된다. 실상반야의 본체에 의하여 문자반야의 상相이 성립되며, 문자반야의 상에 의하여 관조반야의 용用을 일으키며, 관조반야의 용用으로 말미암아 실상반야의 본체를 증득한다. 실상의 본체를 증득하는 것은 관조반야의 공부로 인하여 얻어지며, 관조반야의 묘용妙用은 문자적 계시로 얻어지며, 문자반야의 성립은 실상에 의해 본체本體가 된다. 또 반야는 경경, 행行, 과과果의 셋이 있는데, 경경은 일체지一切智, 도종지道種智, 일체종지一切種智[9]이다. 행行은 모든 법이 다 공空하다는 것을 비추어 보아[自利] 널리 육도만행을 닦는 것[利他]이며, 과과는 삼신三身[10]과 사덕(四德: 常樂我淨)을 말한다.

---

8 체상용體相用: 『대승기신론』에서 우리 마음(衆生心)이 지닌 위대한 특징과 덕용을 셋으로 나누어 설명한 것. 법法의 본체는 체體이며, 법의 현상과 특질은 상相이며, 법의 작용은 용用이다.

9 일체지一切智, 도종지道種智, 일체종지一切種智: 『대지도론』에 나오는 3종의 지혜(三智). 일체지는 성문과 벽지불이 얻는 지혜이고, 도종지는 모든 보살들이 얻는 지혜이며, 일체종지는 부처님만이 얻는 지혜이다.

10 삼신三身: 법신法身, 보신報身, 응신應身이다.

〔표4〕 삼반야와 삼덕과 삼인불성과 체상용의 관계

三般若	三德	三因佛性
實相眞心理體	法身德	正因理心佛性
觀照觀智精修	般若德	了因慧心佛性
文字全卷經文	解脫德	緣因善心佛德

觀照 — 用 — 반야의 妙用이며, 실상과 문자반야로 나타난다.
實相 — 體 — 반야의 本體이며, 관조와 문자반야의 의지처이다.
文字 — 相 — 반야의 德相이며, 실상과 관조반야의 표현이다.

또 부처님께서는 반야에 '공共'과 '불공不共'의 두 종류가 있다고 말씀하셨다. 성문聲聞, 연각緣覺 및 초발심 보살에게 공동으로 설법하는 뜻(義)은 얕은 것이어서 '공반야共般若'라고 한다. 즉 삼승三乘이 함께 듣고 수행하는 것이다. 그 상위에 있는 보살에 대해서 설법하는 뜻은 깊으므로 '불공반야不共般若'가 된다. 즉 이 부류의 보살들이 듣고 닦는 것은 성문과 연각에게는 해당되는 것이 아니다.

천태天台의 사교四敎[11]로 말하면 '공반야共般若'는 통교通敎에 속하며, '불공반야不共般若'는 별교別敎와 원교圓敎에 속한다. 체공관體空觀[12]을 수행하여 만법의 본체가 공空이라는 것을 통달하면 단공但空[13]을

---

11 천태의 화의사교, 화법사교 중에서 화법사교化法四敎, 곧 장교藏敎, 통교通敎, 별교別敎, 원교圓敎를 말한다.
12 체공관體空觀: 천태 교학에서 말하는 네 가지 공관의 하나. 색을 분석하고 마음을 분석하여 관찰하는 석공관析空觀, 모든 법은 인연소행이라고 보아 그 당체에서 공을 관찰하는 체공관體空觀, 가·중의 2제 외에 따로 공제를 관찰하는 편공관偏空觀, 가·중 2제에 즉하는 공을 관찰하는 원공관圓空觀이 그것이다.
13 단공但空: 모든 법이 공하다는 것만 알고, 불공不空의 이치는 알지 못하는 것을

증득하여 생사生死를 해탈하는데, 이를 삼승三乘의 '공반야'라고 한다. 차제삼관次第三觀[14]과 일심삼관一心三觀[15]을 수행하여 모든 법의 본체가 진여실상眞如實相임을 통달하여 중도의 이치를 증득하면 공관에서부터 가관으로 나와(종공출가從空出假)[16] [해탈로부터 세속에 들어가 중생을 이롭게 함] 널리 중생을 제도하고 만행萬行으로써 이끌어 지혜의 바다에 들어가는 것이 보살의 '불공반야'이다. 이 『반야심경』은 불공반야에 속하는데, 바로 관자재보살이 영산회상靈山會上에서 부처님의 위신력에 힘입어 설법한 것으로 이는 대승보살이 수행하는 미묘한 법문이다. 공 지혜(空慧)로써 해탈을 얻고 대비大悲로써 방편을 삼는 것이니, 이른바 '반야성공般若性空에 통달하여 닦은 바 큰 행으로 인도하고 거두어 부처를 이루게 하는 것'이다.

말한다.

14 차제삼관次第三觀: 공가중空假中을 순서대로 닦아나가는 관법으로 별교別敎의 관법이다.

15 일심삼관一心三觀: 공가중空假中을 한마음에 동시적으로 원융하게 닦아나가는 관법으로 원교圓敎의 관법이다.

16 종공출가從空出假: 천태의 삼관三觀 중 하나인 종공입가관從空入假觀을 말한다. 삼관이란 중생을 미혹하게 하는 삼혹(三惑: 見思惑, 塵沙惑, 無明惑)을 끊기 위한 관법으로 종가입공관從假入空觀・종공입가관從空入假觀・중도제일의관中道第一義觀을 말한다. 종가입공관은 모든 현상(인연법)을 허깨비와 같이 보아(假觀) 가로부터 공으로 들어가는 관으로, 견혹과 사혹이 공의 이치를 장애하므로 견사혹을 대치하는 관법이다. 이를 통해 일체지一切智를 증득한다. 종공입가관은 공관으로부터 가관으로 다시 들어가는 관인데, 중생교화를 장애하는 진사혹을 대치하는 관법이다. 이를 통해 도종지道種智를 증득한다. 중도제일의관은 공과 가를 버리는 것도 취하는 것도 아닌 중도中道를 체득하는 관으로, 중도의 도리를 미혹케 하는 무명혹을 대치하는 관법이다. 이를 통해 일체종지一切種智를 증득한다.

부처님께서 반야경을 설법하신 시간은 부처님 설법 기간 중 가장 긴 22년간이었다. 종합하면 팔부반야八部般若가 있으니 다음과 같다.

1. 대품반야경大品般若經 100,000게송
2. 방광반야경放光般若經 25,000게송
3. 광찬반야경光讚般若經 18,000게송
4. 도행반야경道行般若經 8,000게송
5. 소품반야경小品般若經 4,000게송
6. 천왕문반야경天王問般若經 2,500게송
7. 문수문반야경文殊問般若經 600게송
8. 금강반야경金剛般若經 300게송

이 『반야심경』은 비록 200여 자에 불과하지만 대부분의 정요精要와 깊은 뜻을 실제로 모두 포괄하고 있으므로 버릴 것이 없다. 각 종파宗派에 따라서 반야지般若智의 드러내는 것과 수행하여 증득하는 방법은 제각기 다른 특색들이 있다. 예컨대 천태종天台宗에서 삼지三智인 일체지一切智, 도종지道種智, 일체종지一切種智에 근거를 두는 것과 같다.

'일체지一切智'는 모든 법성法性이 공空한 이치를 깨닫는 것으로, 이는 성문과 연각이 증득하는 단공但空의 반야지이다. '도종지道種智'는 갖가지 도법道法에 통달하여 중생들을 교화敎化하고 인도하는 것으로서, 보살이 증득한 것으로부터 가假, 俗諦)로 나와서(從空入假觀) 중생을 교화하고 인도하는 반야지이다. '일체종지一切種智'는 미혹함을 끊는 일체의 모든 법과 십법계十法界[17]의 모든 성상性相과 사리事理, 염정染淨, 인과因果 등이 한 생각 가운데서 밝고 투철해져 버릴 것이 없는 것으로서, 이는 모든 부처님께서 증득한 대각大覺이며 원만圓滿한 반야지般若智이다. 또 본체가 공空한 것을 아는 것이 일체지이며, 현상現象이 가假인 것을 아는 것이 도종지道種智이며, 현상이 곧 중도실상의 이치임을 아는 것이 일체종지이다.

이『반야심경』에서 밝히는 것은 일체종지一切種智와 아울러 도종지道種智를 밝히는 것이지 일체지一切智는 아니다. 그러므로 "모든 보살은 이 반야바라밀다에 의지하여 수행하는 까닭에 마음에 걸림이 없고 마음에 걸림이 없으므로 두려움이 없으며 잘못된 망상을 떠나서 마침내 열반에 이르는 것이다. 과거, 현재, 미래의 모든 부처님께서 반야바라밀다에 의지하여 최고의 깨달음을 얻었다(菩提薩埵 依般若波羅蜜多故 心無罣礙 無罣礙故 無有恐怖 遠離顚倒夢想 究竟涅槃三世諸佛 依般若波羅蜜多故 得阿耨多羅三藐三菩提)"라고 하였다.

다음에 유식종唯識宗에서는 사지四智로 설명하고 있다. 무엇을 사지라 부르는가?

첫째, '성소작지成所作智'〔자리自利와 이타利他의 묘한 업을 성취하는 지혜〕는 수행하는 사람이 유루有漏의 오식(五識: 眼, 耳, 鼻, 舌, 身)을 전환하여 무루無漏가 될 때 얻어지는 지혜로, 모든 유정有情의 이익을 위하여 갖가지 신통한 변화를 나타내어 그 본원력本願力에 상응하는

---

17 사성계四聖界와 육도계六道界를 말한다.

불사佛事를 지어 성취하므로 성소작지라고 한다. 즉 여래가 나타내는 화신토化身土와 신통력神通力이 다 이 지혜의 작용에 속한다.

둘째, '묘관찰지妙觀察智'〔일체의 모든 법을 통달하여 바르게 기연機緣에 비추어서 설법하는 지혜〕는 제육식(六識: 意識)의 유루를 전환하여 무루가 되었을 때에 증득하는 하나의 지혜로서, 모든 법의 상相을 관찰하여 기연機緣에 순응하여 모든 중생을 위하여 묘한 법을 설하는 것을 묘관찰지라고 한다.

셋째, '평등성지平等性智'〔평등하게 널리 중생들을 이익 되게 하며 모든 법이 평등하게 작용하도록 이루는 지혜〕는 제칠식(七識: 末那識)의 유루를 전환하여 무루가 되었을 때에 얻는 하나의 지혜로서, 인상人相과 아상我相의 차별상을 멸하여 자타自他가 평등한 이치를 증득하고 동체대자同體大慈를 운용하여 무연대비無緣大悲를 일으켜서 널리 모든 유정들을 제도하는 것을 평등성지라고 한다.

넷째, '대원경지大圓鏡智'〔유루의 선악업보를 전환하여 만덕萬德이 장엄한 경계를 나타내는 지혜〕는 제팔식(八識: 阿賴耶)의 유루를 전환하여 무루가 되었을 때 얻은 하나의 지혜로서, 모든 번뇌가 이미 다하고 실상이 나타나서, 법계에 있는 일체의 유위와 무위의 모든 법이 다 원융무애圓融無礙한 것이 마치 크고 둥근 거울(大圓鏡)과 같아서, 이 광명이 두루 시방을 비추고 만상을 두루 거두어들여 비추지 않는 사물이 없고 미세한 것도 나타나지 않음이 없다. 또 범부의 의보依報와 정보正報인 유루의 몸과 국토(身土)를 전환하여 참되고 항상한 무루의 장엄한 신토身土를 이루어 모든 공덕을 구족한 것이 마치 대원경大圓鏡 속에 모든 색상에 나타나는 것과 같아서 대원경지라고 한다.

대원경지는 곧 법신法身이고 실상반야이며, 평등성지는 곧 보신報身이고 관조반야이며, 묘관찰지와 성소작지는 곧 화신化身이고 문자반야이다.

위에서 말한, 식을 전환하여 지혜를 이루는(轉識成智) 도리는 다음과 같다. '식識'은 분별이 있어서 오염과 유루에 속하며, '지혜智慧'는 분별이 없어서 청정과 무루에 속한다. 요컨대 식은 범부가 생각하는 망상심과 미혹심이며, 지혜는 성자께서 증득한 원명한 묘각성妙覺性이다. 식을 전환하여 지혜를 이루는 것은 분별심이 전환하여 무분별심無分別心이 되고, 오염심汚染心이 전환하여 청정심淸淨心이 되고, 유루가 전환하여 무루가 되고, 망상심과 미혹심이 전환하여 원명한 묘각성이 되는 것이다. 미혹한 것을 전환하면 깨달음이 되며, 망심이 없어지면 진심眞心이 나타나는 것과 같이 범부를 전환하면 성인이 된다는 뜻이다. 이른바 경계를 대하는 데 장애가 되는 오식五識을 전환하여 '성소작지'가 되고, 망상과 분별심의 육식六識을 전환하여 '묘관찰지妙觀察智'가 되고, 인상人相과 아상我相에 집착하는 칠식七識을 전환하여 '평등성지平等性智'가 되고, 일체의 모든 법의 종자를 주재하고 지탱하고 있는 팔식八識을 전환하여 '대원경지大圓鏡智'가 되는 것이다. 결론적으로, 집착하고 분별하는 것은 '식識'이라 하며 범부가 되고, 분별과 집착이 없는 것은 지혜라 하며 불보살인 것이다.

우리는 반야에 의지하여 관조觀照하여 공한 일체법에서 일체상一切相을 벗어버리면 바로 식識을 전환하여 지혜를 이루고, 범부를 전환하여 성인이 될 수 있다.

위에서 설명한 말들은 반야般若라는 두 글자를 해석하는 데 지나지 않는다. 현재 사람들이 나에게 와서 "도대체 반야가 무엇이냐?"고 묻는다면 이렇게도 대답할 수 있다. 세 가지 반야(三般若)는 실상으로써 본체를 삼으며, 실상반야는 우리들이 가지고 있는 원상圓常한 대각大覺의 진심眞心이다. 이 마음은 본래 일체의 생멸과 번뇌가 없으며, 무시無始의 무명無明과 더불어 허망한 습기習氣가 상호 훈습하여 견문각지見聞覺知를 드러내면서 육진경계六塵境界에 흘러 들어가 미혹한 것에 연연하고 집착하여, 이 허망한 상이 참다운 법이며 참다운 것이라고 집착하는 것이다. 허망으로 허망한 인연(緣)을 지어서 전도顚倒되어 유전하며, 이로 인하여 허다한 업業을 짓게 되어 결국은 생사의 고통에 윤회하는 것이 다함이 없으니, 참으로 억울하지 않은가!

우리는 이 반야의 미묘한 법문에 의지하여 수행함으로써 증득할 수 있다. 즉 문자반야로 말미암아 관조반야를 일으켜서 실제로 힘써 수행하면 관하는 지혜가 명료해져 모든 법이 허망하여 당체가 모두 공함을 간파하게 되어, 마침내는 한 법도 얻을 것이 없어지고 신령한 빛(靈光)이 오롯이 드러나고 진심眞心이 나타나 모든 미혹한 감정과 망상妄相이 바로 소멸하게 되니, 이것이 바로 실상반야의 경계를 몸소 증득하는 것이다! 이때가 되면 오히려 무엇이 생사번뇌라고 말할 수 있겠는가? 크도다! 반야의 공력功力이여! 사람들로 하여금 즉시에 번뇌를 끊고 영원히 생사를 마치고 곧바로 고해苦海를 뛰어넘어 피안彼岸에 오르게 하니, 참으로 "일렁이는 고통의 바다 가운데에 반야는 배가 되고, 어둡고 아득한 바다 가운데 반야는 등불이 되네(滔滔苦海內 般若爲舟航 冥冥大海中 般若爲燈燭)"라는 말[18]과 같다.

내가 하나의 비유로 말하겠다. 반야는 전등電燈에 비유하고, 번뇌는 암흑에 비유하며, 실상은 사물에 비유할 수 있다. 반야를 이용하여 관하여 비추면 번뇌가 즉시에 끊어지고 실상이 나타난다. 이는 바로 전등으로 한 번 비추면 암흑이 즉시에 사라지고 사물이 나타는 것과 같으니, 지혜 있는 이는 사유하고 사유하시기를!

우리는 위에서 말한 삼종반야三種般若를 반드시 알아야 한다. 즉 사람들 개개인의 한마음 가운데에 원만하게 구족하여(圓具) 결함이 없는 것이 실상반야이니 곧 '마음의 본체(本體: 自證分)'이고, 관조반야는 곧 '마음의 묘용(妙用: 見分)'이며, 문자반야는 '마음의 수승한 모습(相: 相分)'인 것이다. 이 셋은 한마음 가운데 구족되어 있어 하나에 즉하고 셋에 즉하며(卽一卽三), 셋과 하나가 둘이 아닌(三一不二) 것으로 미묘함의 극치라 말할 수 있다! 이런 심오한 도리는 거울의 한 면과 같다고 비유할 수 있다. '수은水銀과 유리가 화합한 것'이 거울의 본체(體)로 마치 실상반야와 같고, '비추는(照) 것'은 거울의 작용(用)으로 마치 관조반야와 같으며, '빛(光)'은 거울 면에 나타난 상像의 모습(相)으로 마치 문자반야와 같다. 하나의 거울 속에는 이 셋이 원만히 갖추어져 있어(圓具) 서로 떨어질 수 없다. 이 세 가지 반야는 이미 우리들 일념심一念心 속에 모두 구족한 것이므로 밖을 향해 구할 것이 아니라, 다만 한 생각으로 회광반조回光反照하면 곧 앞에 나타나게 된다. 이때에는 수용受用하는 것이 끝이 없으니, 바라건대 우리들은 이를 마주치고는 놓치고 지나가 허송세월을 보내서는 안 될 것이다!

---

18 송대 문장가인 소동파(蘇東坡, 1037~1101)가 한 말이다.

이상으로 반야의 해석을 마친다.

2) 바라밀다波羅蜜多

바라밀다(Pāramittā)는 범어인데 4가지 뜻을 포함하고 있다. 첫째, 바라波羅는 피안彼岸으로 번역되며, 밀다密多는 도달한다(到)로 번역되는데, 합하여 말하면 '도달하는 피안(彼岸到)'이라 할 수도 있고 '피안에 도달한다(到彼岸)'로도 말할 수 있다. 둘째, '무극에 도달한다(度無極)'라고 번역된다. 셋째, '영원히 벗어난다(遠離)'로 번역된다. 넷째, '구경究竟'이라고 번역된다.

첫째, '피안에 도달한다(到彼岸)'는 하나의 비유이다. 만약 강을 건너고자 한다면 배나 뗏목을 타고서 이쪽 강기슭(此岸)에서 흐르는 강의 한복판을 지나가야만 저쪽 강기슭(彼岸)에 도달할 수 있다. 이는 중생들이 미혹에 빠져 있으니 마땅히 반야에 의지하여 이를 벗어나 해탈해야 하는 것을 비유한 것이다. 명확하게 말하면, 차안此岸은 생사生死를 비유한 것이고, 흐르는 강의 한복판(中流)은 번뇌를 비유한 것이며, 반야는 배나 뗏목(舟筏)을 비유한 것이며, 피안彼岸은 열반을 비유한 것이다〔열반은 바로 해탈이란 뜻이다〕.

중생은 삼혹三惑[19]의 번뇌에 미혹되어 생사고해에 빠져 있기 때문에, 지금 만약 해탈을 구하고자 한다면 반드시 반야의 공력功力을 빌리지 않고는 번뇌를 없애고 생사의 고통에서 완전히 해탈하여 구경열반의

---

19 삼혹三惑: 견사혹見思惑, 진사혹塵沙惑, 무명혹無明惑을 말한다.

안락을 얻을 수 없다. 이른바 반야선般若船을 타고 삼중三重의 번뇌가 있는 강 한복판을 지나 생사의 모든 고통이 있는 차안此岸을 즉시에 뛰어넘어 곧바로 열반의 안락한 피안에 올라야 하는 것이다. 이 외에 다른 하나의 비유를 들 수 있다. 큰 바다(大海)는 삼계윤회에 비유할 수 있고, 바닷물(海水)은 모든 고통에 비유할 수 있다. 중생이 윤회에 떨어져 모든 고통을 받고 있는 것은 큰 바다에 사람이 빠져 고통을 받는 것과 같다. 세상이 모든 고통에 가득 차 있는 것은 바로 큰 바다가 깊고 넓으며 끝이 없는 것과 같으므로 고해苦海로써 이를 비유한 것이다. 물에 빠진 사람은 한시도 늦추지 말고 급히 배를 구해서 건너가야만 안은安隱한 피안에 오를 수 있다. 생사윤회의 고통을 받고 있는 우리는 오래토록 고통에 빠져 있기를 바라지 않으므로 마땅히 속히 도탈度脫을 구해야 할 것이다! 옛말에 "고해는 끝이 없으나 머리만 돌리면 바로 피안이다(苦海茫茫 回頭是岸)"라고 했다. 반야는 바로 사람들을 제도하여 생사고해를 뛰어넘어 안락한 피안에 이르는 큰 자비의 배(大慈航)이다. 중생은 본성本性이 미혹하여 번뇌가 있는 생사고해에 깊이 빠져 있으니, 이제는 반야의 개시開示에 의지하여 본래 가지고 있는 진심眞心을 인식하고 해탈에 이르러야 한다. 이는 마치 배에 의지하여 고해를 건너서 피안에 이르는 것과 같다. 결론적으로 말하면, 번뇌를 끊어 생사를 마치고 열반을 증득하는 것이 바로 피안이다. 차안此岸은 중생들이 업을 지어 고통을 받는 곳이며, 피안은 모든 부처님과 보살들이 구경에 해탈하는 땅이다. 보살은 법공의 지혜(法空智: 모든 법은 공하다는 지혜)로 무상의 배(無相船: 모든 법은 상이 없는 것을 배에 비유한 것)에 올라타 생사의 차안에서 열반의 피안에 도달하는 것이다. 내가 생각하기에, 보살님의 대원大願과 대비大悲는 다만 자리自利에만 그치는 것이 아니라 널리 일체 모든 중생이 모두 고해에서 벗어나서 피안을 증득케 하는 것을 긴요하게 여기신다. 그러니 여러분들도 마땅히 빨리 앞으로 나아가 해탈을 구해야 한다!

둘째, '무극에 도달한다(度無極)'는 것은 반야에 의지하여 수행하면 두 가지 생사와 일체의 모든 고통을 남김없이 다 벗어나 (피안에) 도달하게 되므로 '도무극度無極'이라고 한다.

셋째, '영원히 벗어난다(遠離)'는 것은 반야를 사용하여 관조하면 곧 모든 전도된 망상을 영원히 떠날 수 있으므로 '원리遠離'라고 한다.

넷째, '구경究竟'이란 보살이 이 반야에 의지하여 원만하게 자리(自利: 上求菩提)와 이타(利他: 下化衆生)의 모든 공덕을 성취하게 되므로 '구경'이라고 한다. 또한 일체 모든 법의 구경究竟이란 뜻을 가리킨다. 이른바 이 반야에 의지하여 여실히 수행하면 삼지三智를 원만히 증득하여 모든 법의 실상을 철저히 보게 되는 까닭에 이를 구경의 뜻(究竟義)이라고 한다.

이승인二乘人은 비록 견혹과 사혹이란 번뇌의 강을 건너고 분단생사分段生死의 바다를 뛰어넘어 편공偏空 열반의 언덕(岸)에는 이르렀지만, 그가 증득한 도의 결과는 구경이 아니므로 바라밀波羅蜜이라고 부르지 않는다. 이 구경이라는 두 글자는 원만함과 영원하다는 뜻을 포함하고 있다. 세간의 모든 것에는 생멸의 법이 있다. 생각해 보라. 하나의 세간적인 일이 원만함에 이른다고 할 수 있으며 또 영원불변하다고 할 수 있는가? 그러므로 이는 구경이라고 부를 수 없다. 오로지 이 반야에 의지해 수행하여 실상을 몸소 증득하면 영원히 생사를 끝내고 구경에 해탈하여 안락할 수 있는 것이니, 이것을 비로소 구경이라고 할 수 있는 것이다. 그러므로 이 경에서 "구경에 열반하여 아뇩다라삼먁삼보리를 얻는다(究竟涅槃 得阿耨多羅三藐三菩提)"라고 한 뜻이 여기에 있다.

다음에는 '반야般若'와 '바라밀다波羅蜜多'를 함께 해석하겠는데, 이를 열반涅槃과 구경究竟의 두 가지 뜻에 입각하여 풀이하겠다. 이른바 '반야'에 의지해 수행하면 망망한 생사고해 한복판에서부터 해탈의 피안[열반]에 도달하게 되므로 반야바라밀다[般若波羅蜜多: 반야는 피안에 도달할 수 있는 법이요, 바라밀은 도달되는 피안이다]라고 한다. 또 반야는 실상의 '반야'이며, 실상은 일체의 생사번뇌를 벗어났으니, 일체의 생사번뇌를 벗어나는 것이 바로 '열반涅槃'인 까닭에 반야바라밀다라고 한다[이상은 열반에 입각한 의미이다].

다음으로는, 이 경에 설명한 도리道理에 의지해 여실하게 수행하여 가면 철저히 실상반야를 증득하게 되고 삼종지혜(三種智慧, 三智: 一切智, 道種智, 一切種智)를 원만히 구족하게 된다[삼지를 원만히 갖추는 것(圓具三智)이 바로 반야의 구경이다]. 그러므로 반야바라밀다, 곧 구경의 지혜라고 하는 것이다. 세간에 있는 유루의 지혜(有漏智)로는 구경이란 두 글자를 논할 수 없으며, 오직 이 경에서 설한 반야만이 모든 불보살이 증득한 청정한 무루지無漏智로서 일종의 원만한 '구경의 묘한 지혜'라고 할 수 있는 까닭에 반야바라밀다라고 말한다. 다시 말하면, 모든 불보살이 증득한 지혜는 철저한 것이어서 이치가 밝지 않음이 없고 사리事理에 통달하지 않음이 없다. 이를 비로소 반야바라밀다라고 부를 수 있는 것이다〔이상은 구경에 입각한 의미이다〕.

'바라밀다波羅蜜多' 위에 '반야般若'라는 두 글자를 더한 것은 바로 안락한 피안은 반야에 의해서만 도달할 수 있음을 나타낸다는 것을 알아야 한다. 더욱이 중요한 것은, 일체의 모든 사상事象들의 구경처究竟處에 도달하여 몸소 실상을 증득하는 데에는 마땅히 반야가 성공적인 방편이 된다는 것이다.

【역자보주】
이런 구경열반究竟涅槃의 청정도淸淨道는 배우는 과정에서 일어나는 것이며, 배우는 과정은 삼학(三學: 戒定慧)으로 표현되고 있다. 이런 삼학이 보살의 육도六度로 전개되는 것이다. 이를 『대승장엄경론大乘莊嚴經論』에서는 "성인에 의해 삼학으로부터 육도가 있게 되었다"라고 말한다. 이 논에 의하면 보시布施, 지계持戒, 인욕忍辱은 계학戒學이고, 정진精進, 선정禪定은 심학心學이며, 지혜智慧는 혜학慧學에 속한다. 그러나 정진은 오도五度의 전체 또는 삼학 전부에 연관되는 것이다. 또 『유가사지론보살지瑜伽師地論菩薩地』에 따르면 앞의 네 가지 도(四度)는 증상계학增上戒學이며, 선정도禪定度는 증상심학增上心學이며, 반야도般若度는 증상혜학增上慧學이라고 하였다. 이를 그림으로 나타내면 〔표5〕와 같다.

또 바라밀에는 여섯 가지가 있는 까닭에, 지금 반야라는 두 글자를 표시함으로써 보시布施 등의 다른 바라밀들과 구별한 것이다. 여섯 가지 바라밀은 '육도六度'라고도 한다. 이 여섯 가지 법에 의지해 생사고해를 건너(度) 열반인 피안에 도달할 수 있는 까닭에 이를 육도六度라고

〔표5〕 육도六度와 삼학三學의 관계

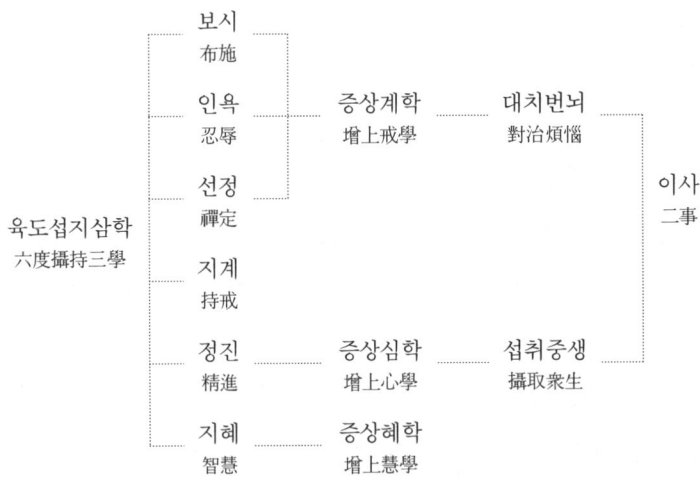

부른다. 또 육도는 '육폐六蔽'를 건널(度) 수 있다. '폐蔽'는 막히고 덮여 있다는 뜻으로 이 여섯 가지가 인간의 진심인 본성을 가리고 있어 본성의 현현顯現을 얻지 못하게 하므로 '육폐'라고 한다. 육도와 육폐의 관계를 도표로 나타내면 〔표6〕과 같다.

〔표6〕 육도와 육폐의 관계

다음으로, 바라밀에는 6가지가 있는데 무엇 때문에 이 경에서는 반야 한 가지만을 말하는가? 그 이유는 다음과 같다. 첫째, 반야는 바로 정행征行이며 나머지 다섯은 수행을 돕는 조행助行이기 때문이다. 둘째, 반야가 있기에 그로부터 보시布施, 지계持戒, 인욕忍辱, 정진精進, 선정禪定이 가능하기 때문이다. 셋째, 반야는 오도五度의 안목眼目이니 오도五度는 반야의 거두어지님(攝持)을 받아야 한다. 만약 보시, 지계, 인욕, 정진, 선정을 행할 때 반야의 묘한 지혜로서 관찰하고 감별해야 눈먼 수행에 이르지 않는 것이다. 경에 말하기를 "오도는 맹인과 같고 반야는 눈과 같다(五度如盲 般若如眼)"라고 하였다. 이른바 보시에 반야가 없으면 한 세대의 영광은 얻을 수 있지만 나중에 남은 재앙의 빛을 받게 되고, 지계에 반야가 없으면 잠시 동안은 천상의 욕계欲界에 태어나지만 돌아오면 생사의 고해에 다시 떨어지고, 인욕에 반야가 없으면 단정한 형상은 얻을 수 있으나 적멸인寂滅忍을 증득하지 못하며, 정진에 반야가 없으면 생멸의 공功이 일어난다고 하여도 진상해眞常海를 얻지 못하며, 선정에 반야가 없으면 다만 색계선色界禪만 수행할 뿐 금강삼매(金剛定: 가장 견고한 선정)에 들어가지 못한다. 만행萬行에 반야가 없으면 헛되이 유루인有漏因만 이루고 무위과無爲果에는 계합하지 못한다. 그러므로 오도는 마땅히 반야를 거두어 지녀야만 비로소 원만한 만행으로 불과를 성취할 수 있는 것이다. 그렇지 않으면 유루의 법을 이루게 될 뿐이다. 이른바 지혜가 함께하는 수행이어야만 비로소 정행正行이 되는 것이다. 이런 세 가지 관점에 기초하는 까닭에 단지 반야 하나만을 들어 다른 오도를 모두 총괄하고 있는 것이다. 대개 반야는 모든 덕의 우두머리로서 만행을 인도하며, 모든 바라밀 중에서 오직 이것이 아주 수승한 까닭이다.

여기서 나는 마땅히 밝혀둘 것이 있다. 여러분들이 단지 반야만 수행하면 되고 나머지 다른 오도를 닦을 필요가 없다고 잘못 이해하면 이것은 근본적으로 잘못 아는 것이다. 본래의 뜻은 육도를 말하는 데 있어 반야가 중요한 것이며, 반야를 요달하면 다른 오도를 자연히 원만하게 수행할 수 있다는 것이지, 다른 오도五度는 필요없다고 말하는 것은 아니다. 반야도 역시 만행을 장엄하는 데 필수불가결하며, 만약 나머지 오도의 조행助行이 없다면 삼각원(三覺圓: 自覺、覺他、覺行圓滿의 三覺이 원만함)과 만덕萬德이 갖추어진 장엄한 불과佛果로서 구경의 바라밀인 피안에 이르지 못함을 두려워해야 할 것이다. 이는 결과적으로 이승인二乘人이 편공偏空의 진지眞智를 성취한 것에 불과하다. 그러므로 오도五度는 불과佛果의 장엄함을 이루는 하나의 불가결한 것임을 잊지 말아야 한다.

그 다음으로 또한 마땅히 알아야 할 것은 '피안에 이르는 것(到彼岸)'인데, 이는 이 경에서 설하는 반야에 의지하고 관조하여 수행해 나가야만 생사의 차안에서부터 열반의 피안에 이를 수 있다는 의미이지, 이미 피안에 도달해 있다고 잘못 해석해서는 안 된다는 것이다. 만약 그렇게 해석하면 본 경문 중의 "관자재보살이 깊은 반야바라밀다를 수행할 때(觀自在菩薩行深般若波羅密多時)"를 바로 이미 피안에 도달한 것으로 잘못 해석하게 된다.

【덧붙여 주석함(附註)】
예전 번역에서는 바라밀波羅蜜이라고 번역하고 '다多'는 쓰지 않았다.

후에 경을 번역하는 학자들이 '다多'를 첨가하였는데, '다多'는 범어에서 하나의 접미사로서 한자의 '의矣'와 같은 것으로 마침의 뜻이 있다. 말한 것과 같이, 보살이 깊고 깊은 반야를 수행하면 공덕이 성취되고 수행이 원만해져 구경에는 열반에 이르게 된다. 이 외에 다른 뜻이 없다. 후대 사람들이 견강부회牽强附會하여 '다多'를 억지로 '정定'이라고 번역하면서 아주 큰 의미를 두었던 것이다. 왜 '다多'를 '정定'이라고 하는가? 관자재보살은 문사수聞思修로부터 삼마지三摩地의 원통圓通한 대정大定에 들었기 때문이라는 것이다. 하지만 이는 '다多'를 '정定'이라고 해석한 것과는 아무 관계가 없는 것이므로 불필요하게 쓸데없는 일을 한 것이다. 이상으로 '바라밀다' 네 글자에 대한 강의를 마친다.

3) 심心

마음에는 다음과 같이 여러 종류가 있다. 초목심草木心, 육단심肉團心, 정요심精要心, 연려심緣慮心, 진여심眞如心이다.

첫째, 초목심草木心은 생장生長만 있을 뿐 작용하는 것은 털끝만큼도 없다. 즉 초심草心, 화심花心, 수심樹心 등 무정물의 마음이다. 둘째, 육단심肉團心은 단지 형질만 있고 지각하는 것이 전혀 없다. 즉 생리적인 물질인 오장육부의 마음을 말한다. 셋째, 정요심精要心은 단지 그 뜻만 취하는 것이지 실제는 없는 것이다. 즉 이는 일종의 비유를 취하는 것으로, 중심中心 또는 심요心要 등을 말한다. 넷째, 연려심緣慮心은 우리들 앞에 나타나는 대상의 경계를 견문각지見聞覺知로, 반연攀緣하여 분별分別하고 사려思慮하는 망심妄心을 말한다. 종일동안 어지럽게 시끌벅적하면서 티끌번뇌를 따르고 경계를 따라가면서 경계가 나타나면 있게 되고 경계가 멸하면 없어지는데, 생기고 없어지는 것이 무상無常하여 앞의 색성향미촉법色聲香味觸法의 육진을 벗어나면 이 마음은 본래 없어, 허망한 것이지 참다운 것이 아니다. 바로 큰 바다에 파도가 일어나는 것과 같아서, 바람을 만나면 일어나고 바람이 잔잔하면 없어지는 것과 같다. 바람을 따라 생겼다가 없어졌다가 할 뿐 본래는 자체가 없으므로 큰 바다 위에 일어나는 하나의 물거품 현상에 지나지 않는다. 이 망심妄心도 이와 같아서 오히려 사람의 마음을 표현하는 데는 부족함을 느낀다.

위에서 말한 사종심四種心에서 비유로써 말한 정요심의 뜻 이 외에는 이 경에서 취하는 것이 아니니, 이 경에서 취하고자 하는 것은 바로 다섯째의 진여심眞如心이다. 각 불경에서 말하고자 하는 이면에는 차이는 있지만 모두가 이 진여심의 소재를 설명하고 있으며, 그 진여심에 대해 비록 이름을 붙인 것이 한결같지 않고 달라도 그 의미는 다 동일하다. 『열반경』에서는 '상주불성常住佛性', 『능엄경』에서는 '묘진여성妙眞如性', 『화엄경』에서는 '일진법계一眞法界', 『반야심경』에서는 '실상實相', 『선종禪宗』에서는 '주인옹主人翁' 또는 '정법안장正法眼藏'이라고 하며, 유교에서는 '이성理性', '명덕明德', '양지良知'라고 하는데, 이 모두를 일일이 다 열거할 수는 없다.

여기서 진여심眞如心만을 말하자면, 허망함이 없는 것을 '진眞'이라 하며 변하지 않는 것을 '여如'라고 한다. 이 진실하고 항상 머물면서 변하지 않는 마음, 곧 우리들 앞에 나타나는 한 생각 신령스럽게 아는(靈知) 성품의 본체는 원만하고 밝으며(圓明), 고요하면서도 비추고(寂照), 남도 없고 멸도 없으며(不生不滅), 구경에 청정하고 두루 평등하여 모든 공덕과 지혜를 구족하고 있기에 어떠한 생사의 번뇌도 없고 모든 미정迷情과 망상妄相을 여의었으며, 모든 세속적 번뇌와 물듦도 없다. 일체법一切法이 아니지만 능히 일체법을 나타내고, 일체상一切相이 아니지만 일체상을 떠나지 않으며, 세간과 출세간의 모든 법이 이에 의지하여 건립되지 않음이 없다. 그렇다면 이것은 도대체 어디에 있는 것이며, 모양은 어떤 것인가? 안에 있는 것도 아니고 밖에 있는 것도 아니며 또 중간에 있는 것도 아니며, 가고 옴도 없고 방위와 장소(方所)도 없으니 종적을 찾을 수도 없고 말로 가리킬 수도 없다[이상은 주처住處에 대한 의문에 답한 것이며, 이하는 형상形狀에 대한 물음에 답한 것이다]. '정나라淨躶躶하고 적쇄쇄赤灑灑'[20]하며, 형상 도 없고 모양도 없으며, 소리와 냄새도 없고, 푸른빛도 누런빛도 붉은빛도 흰빛도 아니며, 길지도 짧지도 모나지도 둥글지도 않으며, 크니 작으니 이름 붙이는 것도 옳지 않으며, 있느니 없느니 하고 부르는 것도 옳지 않다. 크다고 말하면 티끌도 들어갈 수 없고, 적다고 말하면 허공도 담을 수 없다[마치 유교에서 "이를 잡으면 은밀히 물러나 감추고, 이를 놓으면 육합六合[21]에 두루 미친다(捲之則退藏於密 放之則彌六合)"고 말하는 것과 같다].

만약 그것을 있다고 말하면 보려고 해도 보이지 않고 들으려고

---

20 글자 뜻으로는 '걸친 것 하나 없이 발가벗은 것', 즉 만사萬事를 놓아 버리면 신심身心이 떨어지고 천진天眞한 것이 홀로 나타나서 티끌 같은 정이 없어진 모양을 말한다.

21 천지天地와 사방四方을 합쳐 말한 것.

하여도 들리지 않으며, 없다고 말하면 지극히 신령하게 깨어 있어 빈틈없이 두루 쓰인다〔위에서는 상像을 얻을 수 없음을 밝힌 것이고, 아래에서는 없는 곳이 없음을 밝히고 있다〕. 이른바 "안팎과 중간에 모두 없더니 경계 위에서 펼치고 작용함이 혼연히 크게 있구나(內外中間一總無 境上施爲渾大有)"라는 것이다. 색깔을 보고 소리를 듣는 대용大用이 현전하여 옷을 입고 밥을 먹는 큰 은덕을 입은 것이다. 옛사람이 말하기를 "본래인을 보고자 하면 곧바로 알아차려 일상생활 가운데에서 찾되 하나로 일관하여 떨어지지 않아야 한다(要見本來人 直下須親薦 日用尋常中 不隔一條線)"라고 하였다. 본래인本來人은 누구인가? 현재 법회에 함께 자리한 상주한 진심眞心은 매일 우리들과 함께 서로 친하게 가까이 있어 잠시라도 떠나 있지 않지만 여러분들이 이를 놓치고 지나치니, 안타까운 일이다.

비록 '고요하여 움직임이 없지만 감응하면 천하의 모든 이치에 통하여'[22] 사물에 응하고 인연을 따라 자유자재하여 걸림이 없으니, 세로(豎, 시간적)로는 예로부터 지금까지 이르고 또 미래에까지 미치며, 가로(橫, 공간적)로는 시방에까지 이르러, 시간적으로 다하지 않음이 없고 공간적으로도 넓지 않음이 없다. 바로 모든 부처님께서 함께 증득하신 것이며 중생들이 본래 가지고 있는 것이니, 모든 부처님께서는 이것을 깨달아 삼덕三德을 이루셨고, 중생들은 이것에 미혹하여 삼악도를 이룬 것이다. 다만 이것은 성인이라 해서 증가하지 않으며 범인이라 해서 감소하지 않는다. 종일토록 미혹해도 종일토록 이것에

---

22 『주역』 「계사전」에 나오는 말이다. 원문은 "寂然不動 感而遂通."

서 벗어나지 않으며, 오늘 깨달았다 해도 오늘 역시 얻은 것이 아니다. 살아도 함께 사는 것이 아니고 죽어도 함께 죽는 것이 아니다. 능히 미혹과 깨달음의 의지처가 될 수 있지만 미혹과 깨달음에 휘둘리는 것은 아니다. 마치 물이 차가운 기운으로 인하여 얼어서 얼음이 되고 따뜻한 기운으로 인하여 다시 녹아서 물이 되는 것과 같다. 녹기 전이라 해서 어째서 물이 아니겠는가? 얼음과 물은 비록 이름이 다르지만 그 축축한 성질은 원래 하나이다. 비록 미혹과 깨달음은 다르지만 참마음은 모두 변하지 않는다.

변하지 않으면서도 인연에 따르고 인연에 따르면서도 변하지 않는다(不變隨緣 隨緣不變). 이것이 바로 진심의 오묘한 움직임인 것이다. 여러분들은 지금 이러한 인식에 이르지 못하고 있는 것은 아닌가? 옛사람이 말하기를 "나에게 하나의 주인옹이 있는데 지금까지 나와 더불어 만나려 하지 않았다. 이것이 끝내 무엇인가를 물으니 한마디로 대답하지 않는다. 그대들은 그것의 모습이 무엇인가를 알아야 한다. 길지도 짧지도 않고 푸른빛도 흰빛도 아니니, 그대들이 만약 그것을 보고자 한다면 눈을 떠도 이것이요 눈을 감아도 이것이다! 나아가 어묵동정에서 모두 이것(진리) 아님이 없다(我有一個主人翁 從來不肯 與我見面 問它畢竟是誰 不施一言回答 大家要知道他像個什麼 不長不短 非青非白 大家若要見他 開目也是 閉目也是 乃至語默動靜無不皆是)"라고 하였다.

여러분이 만약 이와 같음을 얻지 못하였을 때에는 성전聖典의 이면에 있는 진리의 본체를 깊이 참구參究하여야 하니, 한 생각 일어남이 없고 한 물건도 대함이 없을 바로 그때, 모든 것이 담담湛湛하고 적적寂

寂하여 명명백백해지는 자리에서 이 소식을 알 수 있을 것이다.

옛 성인(古德, 부대사傅大士를 말함)이 이르기를 "하늘과 땅에 앞서 한 물건이 있어 모양도 없이 본래 고요하고 텅 비었으나, 만물의 주인이 되어 사계절에 따라 시들지 않도다(有物先天地 無形本寂寥 能爲萬物主 不逐四時凋)"라고 하였다. 『화엄경』에 말하기를 "삼계의 모든 법은 오로지 마음에 있는 까닭이다(三界諸法 唯有心故)"라고 하였으며, 또 말하기를 "마땅히 법계의 성품을 관하라. 모든 것은 오직 마음이 만든다(應觀法界性 一切唯心造)"라고 하였다. 『능엄경』에 말하기를 "만법이 생기는 것은 오직 마음에서 나타나는 것이다(萬法所生 唯心所現)"라고 하였다. 이 마음은 바로 부처의 본체를 생기게 하며, 모든 법의 근원이다. 이른바 실상반야가 바로 이것이며, 관조반야가 이를 말미암으며, 문자반야는 거듭 이를 떠나지 않는다. 수행의 원인(修因)은 이것을 수행하는 것이며, 과보를 증득함(證果)은 이것을 증득하는 것이다. 염불은 이것을 염念하는 것이며, 참선은 이것을 참參하는 것이며, 경을 들음은 이것을 듣는 것이며, 나아가 행주좌와行住坐臥의 모든 것이 결코 이것 아님이 없다. 애석하게도 우리들은 무명 번뇌에 덮혀 스스로 깨닫지 못하고 허망하게 육진六塵의 그림자(緣影, 제6식)에 집착하여 그를 마음으로 삼아 미혹함을 일으켜 업業을 짓고는 억울하게 생사의 고통을 받고 있으니, 우리가 미혹에 가려지지 않으려면 이 진심을 알아야 한다. 그러면 곧 부처와 둘이 아니고 다른 것도 아니게 되는 것이다. 그러므로 이 경의 곳곳에서 거듭거듭 밝혀 드러내는 것이 다 우리들이 이 마음을 몸소 증득해야 한다는 말씀이 아님이 없다.

천태에서는 육즉六卽에 의거하여 이 마음을 판석判釋하고 있다. 육즉이란 첫째는 이즉심理卽心, 둘째는 명자즉심名字卽心, 셋째는 관행즉심觀行卽心, 넷째는 상사즉심相似卽心, 다섯째는 분증즉심分證卽心, 여섯째는 구경즉심究竟卽心이다.

첫째로 이즉심理卽心이란, 사람마다 본래 있으며 제각기 없지 않는데, 오로지 삼혹三惑의 번뇌에 가려져 매몰됨으로 보지 못한다. 단지 이치로 갖추고(理具)만 있을 뿐, 보지도 못하고 듣지도 못한다.

둘째로 명자즉심名字卽心이란, 경을 듣고 법을 듣거나 혹은 선지식의 가르침을 받아서 문득 이 마음이 있음을 알되, 모든 중생이 본래 구족具足하고 있으며 시방의 모든 부처님과 더불어 둘이 아니고 다른 것도 아님을 아는 것이다. 그러나 다만 이름(名, 개념)으로만 알 뿐, 아직 실제로는 증득하지 못했다.

셋째로 관행즉심觀行卽心이란, 이름을 들은 연후에 곧 관조觀照 수행을 일으켜 때때로 이것을 참구參究하여 수행하는 것과 증득되는 것[眞心]이 묵연히 상응하는 것이다.

넷째로 상사즉심相似卽心이란, 정진하는 것에 그치지 않고 관행觀行하는 공부로 힘을 얻어 점차적으로 실상에 근접하게 되는데, 본지풍광本地風光[23]이 어렴풋이 부처와 비슷해지는 것이다.

다섯째로 분증즉심分證卽心이란, 관조하는 힘으로 인하여 공부가 성숙해져서 무명無明을 부분적으로 타파할 수 있게 되어 일부분의 실상을 증득하는 것이다. 비록 깨달음을 증득함(證悟)에는 속하지만,

---

[23] 우리 마음의 본래면목本來面目.

아직도 근본적이고 궁극적인 것에는 철저하지 못하다.

여섯째로 구경즉심究竟卽心이란, 번뇌가 끝내 모두 없어지고 실상반야實相般若를 원만히 증득하는 것으로 이것이 곧 구경즉심이다. 이 경의 목표는 곧 우리들이 이 구경즉심을 증득해야 한다는 데 있다.

이 외에도 비유로 해석할 수 있는데 다음과 같다. 마음心은 중심을 말하며 이는 심요心要의 뜻이다. '중심中心'이라는 것은 한 나라의 중심과 한 도시의 중심과 같으며, 나아가 모든 일이나 사물에서도 모두 제각기 그 중심이 있다. '심요心要'는 바로 정요(精要: 정묘하고 아주 긴요한 것)를 말하며, 이는 일체 사리事理의 강령綱領과 종요宗要를 말한다. 이 마음의 심요를 얻어야만 일체 모두를 관통할 수 있다. 이렇게 설명한 뜻은, 이 경을 바로 전체 반야경의 중심中心으로 인식할 때 반야 경전 전체를 인식할 수가 있다는 것이다. 비록 매우 적은 200여 자에 불과하지만 모든 뜻을 갖추고 있으며 『대품반야경』의 정요와 심오한 종지를 모두 거두어 남김이 없으니, 확실히 반야경 600권의 중심이 되는 중요한 경전이므로 '심경心經'이라는 이름을 얻은 것이다. 바꾸어 말하면, 『반야심경』은 바로 600권의 『대품반야경』 안에 포함되지 않는 경전이지만 모든 반야경의 정요精要와 마음의 골수骨髓를 모아서 이루어진 까닭에 '심경心經'이라고 부르는 것이다. 바로 사람의 몸에서 심장이 가장 중요한 기관인 것과 같다. 이른바 "반야바라밀다심요경은 바로 격외格外에서 명료하다(般若波羅蜜多心要經 則格外明瞭矣)"라고 한 것과 같다〔『반약심경약소연주기般若心經略疏連珠記』에서 말하기를 "불공 삼장不空三藏이 번역하여 말한다. '보살이 부처님께 여쭙기를「제가 법회 중에서 모든 보살의 보편한 지혜를 간직한 반야바라밀의 마음을 설하고자 합니다.'(菩薩白佛言 我欲於會中說諸菩薩 普徧智藏般若波羅蜜心)"라고 하였다. 이를 근거로 하면 곧 심심자는 바로 심요心要를 가리킨다].

다시 반야바라밀다와 심의 7자를 한데 합쳐서 말하면 이를 (열반과 구경의) 두 가지의 뜻에 의거하여 해석할 수가 있다.

첫째, '반야'의 비춤에 의지하여 수행하면 생사고해를 도탈度脫하여 열반인 '피안'에 이르러 몸소 '진심眞心'을 증득할 수 있는 까닭에 반야바라밀다심이라고 한다. 또한 실상인 '반야'가 바로 열반이고, 열반은 또한 바로 '진심'인 까닭에[열涅은 불생이고 반槃은 불멸이며 진심은 불생불멸이다] 반야바라밀다심이라고 한다[이상은 열반의 뜻에 의거한 것이다].

둘째, '반야'에 의지하여 진실하게 수행하면 바로 '구경究竟'이 곧 '마음'임을 원만하게 증득하게 되는 까닭에[단지 공관空觀을 닦아 일체지一切智를 증득하여 상사즉심相似卽心을 보고, 가관假觀을 닦아 도종지道種智를 증득하여 분증즉심分證卽心을 보는 것은 모두 구경이라 할 수 없고, 삼관三觀을 원만히 수행하고 삼지三智를 원만히 증득하여 중도실상을 보고 몸소 '구경즉심究竟卽心'을 증득하여야 비로소 구경이라고 부를 수 있다] 반야바라밀다심이라고 한다. 또한 반야의 구경을 증득하여 도달하면 바로 이것이 실상이며, 실상은 곧 우리들의 상주불변하는 참다운 '마음'이다. 이른바 지혜가 구경에 완전히 도달하였을 때는 바로 진심의 본체를 철저히 증득하는 것이므로 반야바라밀다심이라고 한다[이상은 구경의 뜻에 의거한 것이다]. 이상으로 '심心'자에 대한 강의를 마치니, 개별적인 제목(別題)에 대해서는 마쳤다.

4) 경經

'경經〔부처님께서 설하신 교법〕'은 공통적인 제목(通題)이다. 범어 수다라(修多羅, Sūtra)는 혹은 수구로修姤路, 소달람素呾纜이라고도 하는데 번역하여 계경契經이라 한다. 이 나라(중국)에서는 간략한 것을 좋아하기에 단순히 경經이라고 부른다. 계경이라는 것은 바로 이치(理)와 근기(機)에 계합한다는 뜻이다. 이른바 위로는 모든 부처님의 마음의 이치(心理)에 일치하고〔모든 말과 가르침은 부처님의 대비하신 마음에서 나온 것이다〕, 아래로는 중생들의 근기에 일치한다〔모든 말과 가르침은 중생들의 근기에 맞지 않은 것이 없다〕. 이치와 일치한다는 것은 바로 정도正道를 말하는 것으로, 삿되거나 전도되는 잘못과 착오가 없다. 근기에 계합함(契機)은 곧 근성根性에 잘 부합함으로써 사람들로 하여금 믿고 이해하여 수지하도록 하는 것이다. 만약 단지 이치에만 계합하고 근기에 계합하지 않는다면 세속에 있는 속된 책들과 같으며, 근기에만 계합하고 이치에 계합하지 않으면 어부의 뱃노래나 나무꾼의 노래(漁歌樵曲)와 같다. 부처님께서 말씀하신 모든 경전은 모두가 이치와 근기에 계합하는 까닭에 이를 계경이라고 부르는 것이다. 동시에 일종의 간별揀別하는 법이 세속의 책과는 일치하지 않는다. 이상은 공통적인 방법으로 말한 것이며, 만약 이 경에 의거해서 말하자면 위로는 반야 실상의 이치에 계합하고, 아래로는 공을 이해함(解空)과 무아無我의 근기에 계합한다.

『잡아비담심론雜阿毘曇心論』에는 경에 5가지 뜻이 있다고 밝히고 있다. 첫째는 '출생出生〔출생은 모든 법을 낳는 까닭이다〕, 둘째는 '용천

湧泉'〔의미가 다함없이 넘쳐흐르는 샘의 근원과 같다〕, 셋째는 '현시顯示' 〔모든 의리를 밝혀서 드러내는 까닭이다〕, 넷째는 '승묵(繩墨: 법도, 규칙)'〔삿되고 바른 것과 굽은 것과 곧은 것을 변별하는 까닭이다〕, 다섯째는 '결만結鬘〔진리를 하나로 꿰뚫어서 산란한 마음이 없는 까닭이다〕이 그것이다.

이(경)를 관貫, 섭攝, 상常, 법法에 의거하여 4가지 뜻으로도 풀이한다. '관貫'이란 부처님께서 말씀하신 모든 교의敎義를 잊어버리지 않게 꿰매었다는 말인데, 이는 구슬을 꿰는 것과 같다〔부처님께서 말씀하신 가르침이 만약 결집되어 경으로 성립되지 않았다면 어찌 오랫동안 잊어버리지 않고 유전될 수 있었겠는가〕. '섭攝'이란 마땅히 제도되어야 할 중생을 거두어 지니어(攝持) 타락하지 않게 하는 것으로, 마치 어린아이를 껴안는 것과 마찬가지다〔부처님께서 말씀하신 진리는 중생을 제도하여 타락하지 않도록 하는 것이 아님이 없다〕. 부처님께서 돌아가신 지 이미 2천 수백 년이 지났지만 우리들은 오히려 정법을 듣고 이를 하나로 꿰어서 거두어 지닐 수 있는 것이다. '상常'이란 만세萬世를 지나더라도 변하지 않는다는 말이다. '법法'이란 이 세상 모든 것의 표준이 된다는 것이다. 바꾸어 말하면, 만고에 변하지 않는 것을 말하여 상常이라고 한다〔부처님께서 말씀하신 가르침은 지극히 진실하고 바른 것이어서 세상을 깨우치고 사람들을 깨우치게 하는 까닭에, 그 말씀은 만고불변이라 할 수 있다〕. 천하의 모든 사람들이 그 도를 따르기에 법法이라고 한다〔부처님께서 말씀하신 가르침은 지극히 선하고 아름답고 근기와 이치에 지극히 계합하는 까닭에, 천하의 모든 사람들을 따르게 할 수 있다〕. 바로 이치에 계합하는 까닭에 만세에 전할 수 있는 것이며, 바로 근기에 계합하기 때문에 천하의 수범(垂範: 귀감이 됨)이 될 수 있는 것이다. 불교의 이론은 지극히 원만하고 광범위하므로 시대와 장소에 얽매이지 않는다[2천여 년이 지났어도 많은 학자들이 불교를 숭상하고 있는데, 이는 바로 만세에 변하지 않는 진리이기 때문이다. 또한 일반적으로 전 세계에 불교가 존재하고 있으니 이는 모두가 함께 따른다는 표시이다]. 한마디로 간단하게 말하면, 경經은 진리이며 보편타당성을 가지고 있으며 사유思惟의 필요성을 제공하는 것이다. 또 모든 때와 모든 장소에서 적응되는 것이므로 이를 진리라고 하고, 이를 경經이라고 한다. 또한 경經은 수행이니, 모든 성현들은 경을 따라 수행하였던 것이다. 만약 이 경에 의거해 말한다면, 곧 성품이 공함을 몸으로 깨닫고 실상을 증득하기를 구하는 사람이 마땅히 닦고 마땅히 행해야 하는 길(經)이라고 할 수 있다. 또 경은 길(徑, 지름길)이다. 바로 부처가 되고 조사가 되는 것은 마땅히 이 길로 말미암아 수행하였기 때문이다. 만약 이 경에 의거해서 말하자면, 생사가 있는 차안에서 열반인 피안에 도달하는 지름길이라 할 말한다. 만약 넓은 의미에서 말한다면, 이치적으로는(約理) 모든 우주의 법은 본래 자연 그대로 실상實相의 모습이며 실상의 가르침에 어긋나지 않으니, 모두 경이 아님이 없다. 구체적으로는(約事) 사람들이 바르게 사는 것은 항상 큰 법과 내지는 항상한 도(常道)로 인한 것이므로 법제法制는 바꿀 수가 없으니, 또한 경이 아님이 없다. 『화엄경』에 말하기를 "하나의 극미한 티끌을 쪼개면 대천의 경권이 나온다(剖一微塵出大千經卷)"라고 하였는데, 이로써 경이 지니는 의미가 광대함을 잘 알 수 있다.

〔이상은 모두 경의 뜻을 설명한 것이다〕.

부처님께서 말씀하신 모든 가르침을 통틀어 삼장(三藏: 經藏, 律藏, 論藏)이라고 한다. 지금 강의하는 것은 경장을 말한 것이고, 율장과 논장은 아니다. 그래서 경 이름을 '반야바라밀다경般若波羅蜜多心經'이라고 한 것이다.

【덧붙여 해석함(附釋)】

수다라修多羅를 직역하면 실(線)이다. 인도에서는 옛날에 패엽(貝葉, pattra: 고대 인도에서는 나뭇잎을 종이로 대신하였다)에다 부처님의 말씀을 기록하였다. 이것은 중국에서 대나무를 엮어서 글을 써서 보관한 것과 같다. 실을 이용하여 이를 꿰어서 책으로 편집한 것은 부처님의 말씀을 잃어버리지 않고 후세에 전하기 위한 것이었다. 부처님께서 말씀하신 모든 가르침이 결집結集하는 사람들에 의하여 편집된 후에 지금까지 전하게 된 것은, 바로 실에 의해 구슬이 꿰어진 것과 같이 잃어버리지 않게 된 것과 같으므로 실이라고 말하는 것이다. 우리들은 습관상으로 실을 귀하게 여기지 않는다. 더욱이 중국의 성인인 공자와 맹자 같은 성인들의 말씀도 경經이라고 하고 있으므로, 여기에서는 습관적으로나 심리적으로 경이라고 번역하게 되었던 것이다. 실제로 경과 실은 비록 이름이 달라도 뜻은 같은 것이라고 할 수가 있는데, 둘 다 '꿰뚫었다(연결되었다)'는 뜻이기 때문이다. 『설문해자說文解字』에 따르면 세로 선(直線)은 경經이 되고 가로 선(橫線)은 위緯가 된다. 또 실로써 꽃을 엮고 세로 선(經)으로써 가로 선(緯)을 지탱하는 것은 바로 경과 실의 성질이 같음을 말하는 것이고, 습관상 구별한 것에 지나지 않는다.

'반야바라밀다심般若波羅蜜多心'과 '경經'의 8자를 종합하여 말하면 4가지 의미로 말할 수 있다. 첫째, 이 경은 '반야般若'의 관조에 의지하여 수행함으로써 생사의 고해를 넘어가서 열반인 '피안'에 도달하여 몸소 참다운 '마음(眞心)'을 증득하는 하나의 경전이다. 둘째, 이 경은 '지혜'와 '구경'을 수행하여 이룸으로써 참다운 '마음'을 철저히 보게 하는 하나의 경전이다. 셋째, 이 경은 반야경 600권 중에서도 가장 '구경'의 중심이 되는 중요한 경전이다. 넷째, 이 경은 모든 보살이 이에 의지하여 '구경', '열반'을 증득하는 하나의 중심되는 중요한 경전이다〔이 경에서 "보리살타는 반야의 의지하여 …… 구경열반을 얻었고, 삼세제불도 반야에 의지하여 …… 무상정등각을 얻었다(菩提薩埵依般若 …… 究竟涅槃 三世諸佛依般若 …… 得阿耨多羅三藐三菩提)"라고 하였다〕. 그런 까닭에 '반야바라밀다심경'이라고 한 것이다.

이를 종합하여 말하면, 반야의 관조에 의지하여 수행하면 '구경열반 究竟涅槃'을 증득할 수 있는 까닭에 '반야般若' 뒤에 '바라밀다波羅蜜多'란 네 글자가 있는 것이다. 또 구경열반을 증득함으로 인하여 몸소 참다운 마음(眞心)을 증득하는 까닭에 '바라밀다' 뒤에 '심心'이라는 한 글자가 있는 것이다. 반야를 어떻게 수행해야 구경열반을 얻고 몸소 진심을 증득할 수 있는가? 이는 마땅히 경전에서 말하는 도리道理와 방법을 관조하여 수행해야 한다. 그러므로 '반야바라밀다심' 뒤에 '경經'이라는 한 글자가 있는 것이다〔이상은 '반야'라는 두 글자를 통해 그 뒤의 글자를 해석한 것이다〕. 다음으로는 경전 속의 도리를 관조함으로써 참다운 수행과 참다운 경지를 얻으면 곧 '마음(心)'을 밝혀 성품을 볼 수 있는(明心見性) 까닭에 '경'이라는 글자 위에 '심'이 있는 것이다. 이미 진심을 증득하였으므로 스스로 생사를 벗어나 열반인 불생불멸의 피안에 도달할 수 있는 까닭에 '심'자 위에 '바라밀다'가 있는 것이다. 그러나 '열반의 피안'에 도달하기 위해서는 마땅히 '반야'의 공력功力에 깊이 의지해야 하기 때문에 '바라밀다' 위에 반야라는 두 글자가 있는 것이다〔이상은 경이란 글자를 통해 위의 글자들을 해석한 것이다〕.

경의 제목 8글자를 살펴보면 그 뜻에 4가지 상대되는 것이 있다. 통별通別, 능소能所, 법유法喩, 인과因果가 서로 상대되는 것이 그것이다.

첫째는 통通과 별別이다. '반야바라밀다심'이라는 일곱 글자는 개별적인 제목(別題)인데, 다른 경과는 이름이 같지 않기 때문이다. '경'이라는 한 글자는 공통적인 제목(通題)인데, 모든 부部를 다 같이 경이라고 부르기 때문이다.

둘째는 능(能, 주관)과 소(所, 객관)이다. 경전 속의 모든 문자는 능전(能詮: 설명하는 문장)이 되고, 반야바라밀다심이란 7자〔반야는 비추어 관하는 묘행(觀照妙行)이고, 바라밀다는 과를 증득하여 돌아가는 곳(證果歸處)이며, 심은 실상의 理體이다〕는 소전(所詮: 문장에 의해 드러나는 의미)이 된다〔전詮은 저장한다는 말이다. 비유하면 하나의 유리병에 맑은 물이 들어 있는 것과 같다. 병은 저장하는 것이며, 물은 저장되는 것이다. 능전과 소전의 의미는 바로 이와 마찬가지이니, 역시 글자의 의미를 잘 드러냈다고 할 수 있다〕.

셋째는 법法과 유喩이다. 반야는 법이고 바라밀다는 비유이다.

넷째는 인因과 과果이다. 반야 2글자는 인因이 되고, 바라밀다와 심이란 5글자는 과果이다.

【종합하여 해석함(合釋)】

이것은 사람들에게 '반야般若'의 비춤에 의지하여 묘법을 수행함으로써 문득 번뇌의 생사고해를 벗어나 구경에 안락한 열반인 '피안(波羅蜜)'에 이르러, 불생불멸의 참된 '마음(心)'의 실상을 몸소 증득하는 '경전(經)'임을 가르치는 까닭에 반야바라밀다심경이라고 한 것이다. 이상으로 경 제목 8자에 대한 강의를 마친다.

2. 번역한 사람

위에서는 경의 제목을 해석하여 하나의 강요綱要를 제시함으로써 사람들로 하여금 경의 대의大意를 쉽게 이해하도록 하였는데, 지금까지는 대체로 괜찮다고 할 수 있다. 그러나 번역한 사람에 대해 설명하는 것은 중요한 일이 아닐까? 마땅히 알아야 한다. 오늘 우리들이 이 수승한 경전을 독송하고 들을 수 있는 것은 다 이를 번역하신 역경법사님들의 은혜를 입었기 때문에 우리들이 현재 이 경을 강연할 수 있다는 것을! 번역한 사람을 해설하는 것과 겸하여, 모름지기 여러분은 번역하신 법사님으로부터 막대한 은혜를 받고 있음을 알아야 함과 동시에, 그분들은 불교에 지극히 위대한 공헌을 하였다는 것을 인식하여 존숭과 우러러 공경하는 마음을 내어야 할 것이다.

唐三藏法師玄奘譯
당나라 삼장법사 현장 번역

'당唐'은 당나라를 말한다. 당나라 고조高祖 이연李淵은 수隋나라 공제恭帝에게서 나라를 넘겨받고 수도를 장안長安에 나라를 세우고 국호를 당이라고 하였다.

'삼장三藏'은 부처님께서 말씀하신 가르침인데 이를 종합하여 경장經藏, 율장律藏, 논장論藏이 성립되었다. 혹은 이를 장경藏經이라고도 한다. 삼三은 수량을 말하며 장藏은 함장含藏하다는 말이다. 도대체 함장이란 무엇인가? 여기서 삼三이란, 이를 형식상으로 말하면 제각기 많은 문자로 기록된 책들을 포함하고 있다는 말이다. 이를 실질적으로 말하면 모든 미묘한 도리를 포함하고 있으므로 삼장三藏이라고 한다. 또 이는 귀중한 경전을 국고에 귀중하게 보존하는 것이므로 장경藏經이라고 한다. 부처님께서 평생 동안 설교하신 것을 경經이라고 하며, 부처님께서 제자들로 하여금 삼가고 지켜야 할 것을 규정하신 것을 율律이라고 하며, 부처님과 제자들이 교리를 토론한 것과 역대 조사들이 저술한 것을 논論이라고 한다. 결론적으로 말하면, 경經은 교리를 열어 드러내는 것이고, 율律은 거듭하여 삼가야 할 행위를 규정한 것이며, 논論은 경과 율에 내포되어 있는 도리를 해석하고 발휘하는 것이다. 이 삼장三藏이 내포하고 있는 도리를 요약하면 계정혜戒定慧 삼학三學을 벗어나지 않는다. 이른바 경은 한마음을 밝히는 것이기에 정학定學에 포섭되며, 율은 삼업三業을 규정하기에 계학戒學에 포섭되며, 논은 정사正邪를 분별하기에 혜학慧學에 포섭된다. 이것은 지나가는 말 같지만, 사실은 하나하나의 장藏마다 모두 제각각 계정혜의 삼학을 갖추고 있다. 그렇지 않다면 경장 가운데는 혜학과 계학이 없게 되며, 율장 가운데는 혜학과 정학이 없게 되며, 논장 가운데는 정학과 계학이 없게 된다.

부처님의 모든 법문은 중생의 모든 마음병을 대치하기 위함이라는 것을 알아야 한다. 불법이 비록 광대하여도 이를 총괄하면 곧 계정혜 삼학이며, 중생의 마음병이 비록 많다고 하여도 가장 심한 것은 바로 탐진치貪瞋痴 삼독三毒이다. 그러므로 계戒로써 탐내는 마음을 대치하고, 정定으로써 성내는 마음을 대치하며, 혜慧로써 어리석은 마음을 대치한다. 부처님께서 말씀하신 삼장묘법三藏妙法의 근본이 바로 여기에 있다. 경에 말하기를 "탐진치가 있으면 곧 계정혜를 세운다(爲有貪瞋痴 卽立戒定慧)"라고 하였다.

'법사法師'에서 '법法'은 부처님 법을 말하며, '사師'는 스승을 말한다. 즉 이는 삼장인 불법에 통달하여 인천人天의 스승이 되므로 법사라고 하는 것이다. 또 위로는 위대한 법을 넓히고, 아래로는 사람들의 스승이 됨을 말한다. 법에 의지하는 스승이 되어 스스로 수행하여 지니는 것을 자리법사自利法師라고 하고, 모든 중생들에게 강의하여 제도하고 인도함으로써 사람들의 스승이 되는 것을 이타법사利他法師라고 한다. 이 경을 번역한 분은 자리自利와 이타利他를 겸비한 법사이다.

'현장玄奘'은 이 경을 번역한 사람의 이름이다. 통속적으로 삼장三藏은 인도에 가서 경을 얻어오는 자를 말하는데, 바로 이 현장법사를 가리킨다. 본래는 마땅히 현장법사가 인도에 가서 삼장三藏인 불교경전을 얻었다고 말하거나 혹은 삼장三藏에 통달한 법사가 인도에 가서 경전을 얻었다고 말해야 하는데, 왜냐하면 삼장이란 불교 경전 모두를 말하는 이름이지 사람의 이름은 아니기 때문이다. 만약 삼장이 경을 얻었다고 말한다면, 경이 경을 얻은 것이 되므로 모순이 된다. 이는 다 예로부터 잘못 전해진 것이다. 구마라집과 같은 분들은 모두 삼장법사이다. 현장법사는 당나라 역사에서는 아주 위대한 분이었기에 당 삼장법사唐三藏法師라 하면 일반 범부들조차 모르는 사람이 없을 정도였다.

현장의 속성은 진陳씨이고, 이름은 위偉이며, 하남성 낙양 사람이다. 형인 장첩법사長捷法師가 일찍이 낙양의 정토사淨土寺에 출가하였는데, 현장도 또한 13세에 정토사에 들어가 출가하여 도기道基[24]의 제자가 되었다. 총명함과 예지가 비상하여 많은 경전들을 모두 읽고서 나라 안을 두루 돌아다니면서 모든 선지식들을 참방參訪하여 철저하게 대승불교를 연구하였다. 그 결과 중국에는 아직 경론이 완비되지 않았음을 깨닫게 되었고, 더욱이 당시에 중국에 번역된 여러 경전에는 이해되지 않은 부분들이 많았고 그 말하는 뜻이 제각기 달라 이를 따르는 사람들도 알지 못하고 있었다. 이에 불법을 드러내고자 하는 아주 웅대한 뜻을 품고서 인도에 가서 법을 구하고자 발원하였던 것이다. 그리하여 문득 태종 정관貞觀 3년(623) 4월 1일, 모두가 말리는 것을 무릅쓰고 혼자 길을 떠났다. 기나긴 여행길은 험난하였으니 800여 리나 되는 사막을 홀로 말을 타고 건너갔다. 위로는 나는 새가 없고 아래로는 달리는 짐승이 없었으며, 물이나 풀도 없었다. 오직

---

24 도기(道基, 573~637)는 하남 동평河南東平 사람으로 『섭대승론攝大乘論』에 통달한 인물이다.

말 한 필을 타고 홀로 가다가 여러 악귀들을 만나거나 기이한 일들을 당하게 될 때는 오로지 심경(반야심경)만을 염송하였다〔심경은 전에 구마라집이 번역한 것이며, 천축을 지나갈 때 우연히 만난 승려가 구두로 법사에게 전해주었다는 말이 있다〕. 심경을 소리 내어 외우면 모든 괴로움이 없어졌다. 이 경은 의리가 정묘精妙할 뿐 아니라 이를 지니고 독송하는 영험이 아주 비상한 것이었다. 천신만고 끝에 마침내는 5만여 리를 모험하여 정관 7년(627년)에 인도에 도착하였다. 모든 나라를 돌아다니면서 널리 거룩한 가르침을 배우면서 각종의 언어를 통달하고, 가는 곳마다 사람들에게 환영과 우대를 받았다. 나란타사那爛陀寺에서 당시에 최고의 명성을 가지고 있었으며 불교의 태두泰斗인 계현논사戒賢論師[25]를 만나 유식唯識의 종지를 이어받고, 『유가사지론瑜伽師地論』 등의 모든 대승경전을 배우고 여러 차례 종교토론회에 참석하여 우수한 성적을 거둠으로써 명성이 차차 높아져 갔다. 그리고 오래지 않아 나란타사의 두 번째 가는 강사(副主講)가 되었다.

현장법사는 당시 인도 계일왕戒日王[26]의 존숭尊崇을 크게 받았으며, 일찍이 곡녀성曲女城[27]에서 특별히 큰 대회를 열었을 때 법사가 여기에 초대되어 논을 강의하는 주빈主賓이 되었다. 여기서는 대승불교의 교의를 널리 앙양하고자 하여 사방에서 많은 청중들을 소집하고,

---

25 계현논사(戒賢論師, Silabhadra)는 대승불교 유가행파瑜伽行派의 논사로서 정법장正法藏이라고도 불렸다.

26 계일왕戒日王은 당시(7세기경) 중인도를 통치했던 왕 이름이다. 불교를 보호하였으며, 현장이 방문했을 당시에 매우 환대하였다고 한다.

27 곡녀성曲女城은 계일왕이 중인도 일대를 통치할 당시의 도읍이었다.

또 모든 나라에서 여러 논사들을 초청하였는데, 이들 모두가 법사의 강의를 경청하였다. 이들을 말하자면, 18개국의 국왕과 대소승의 승려 3,000여 명과 바라문 2,000여 명과 나란타의 승려 1,000여 명이었다. 법사가 법좌에 올라 강연을 할 때 대중에게 다음과 같은 말을 하였다.

"제가 말하는 것이 만약 한 글자라도 이치에 맞지 않은 것이 있어, 능히 잘못을 깨뜨릴 수 있는 사람이 있다면 제 목을 베어서 사죄하겠습니다(我所說的如有一字無理 能難破者 請斬首以謝)."

연이어 십수 일을 강의하여 마치니 대중들이 귀를 기울여 듣고는 모두가 감복하였으며, 마침내는 한 사람도 감히 잘못된 것을 말하는 사람이 없었다. 법회가 끝날 때에는 모두가 기뻐하였으니, 그러한 찬탄은 일찍이 없던 일이었다. 이때에 계일왕과 각국의 왕들은 모두가 크게 칭찬하면서 존경의 예의를 다하였다. 그 당시의 믿을 만한 다른 기록에 의하면, 법사는 각지에서 경론을 강의하여 당시의 저명한 순세順世외도 등을 절복시켰고, 연이어 사자광논사獅子光論師도 역시 절복시켰다고 전하고 있다. 이런 사실이 일시에 천축국에 퍼져 그 명성이 널리 알려지게 되었으며, 승속을 막론하고 모두가 존경하고 흠모하지 않음이 없었다고 한다.

법사는 인도에 10여 년을 머물면서 30개국을 순방하고 부처님의 자취를 탐방하였으며, 또한 많은 유명한 스승을 찾아가서 배웠고, 범어 경전 600여 권을 얻게 되었다. 정관 19년(639) 1월에 비로소 귀국하였는데, 태종이 낙양궁洛陽宮에서 맞이하여 법사를 후하게 대접하고 위로하였으며, 조정에서는 극진한 예우로 대접하였다. 태종은 법사를 홍복사弘福寺에 거주하게 하였으며 옥화궁玉華宮에서 번역 사업에 전념하게 하였다. 법사가 번역한 경론은 무려 75부部이며 모두 1,335권에 이르렀다. 그 중에서 600여 권의 『대반야경大般若經』은 걸작이라고 할 수 있으며, 이 외에도 『중론中論』, 『파악견론把握見論』, 『진유식량眞唯識量』, 『팔식규구송八識規矩頌』이 후세에까지 전해지고 있다.

중국의 불교는 현장법사의 인도 구법행으로 말미암아 더욱 불교의 근본적인 뜻에 가까워졌으며, 이로 인하여 중국에서 불교가 번성하게 되었다. 현장법사의 이런 구법행은 불교에 위대한 공헌을 하였으니, 그는 일생동안 유식학唯識學의 교의敎義를 더욱 연구하여 유식종의 초조가 되었던 동시에 중국 불교사에서 위대한 공신功臣이 되었던 것이다. 그러므로 양계초梁啓超는 그를 칭찬하여 말하기를 "중국불교의 제1공신"이라고 하였다.

고종高宗 인덕麟德 원년元年(664) 2월 5일 법사는 장안 서명사西明寺에서 입적하였으니 나이는 65세였다. 백록원白鹿原에서 장사를 지내는데, 모인 사람들이 수만 명이었다고 한다. 입적할 때에 황제도 대성통곡을 하였고 3일 동안 조정에 나아가지 않았으며, "나는 국보 하나를 잃어버렸다"고 말했다고 한다. 그 당시에 법사를 국가에서 얼마나 중히 여겼으며, 국민들에게 도덕적으로 얼마나 많은 영향을 주었는지는 상상해보지 않아도 잘 알 수 있을 것이다.

이 『반야심경』은 태종 정관 23년(643) 5월 24일 종남산 취미궁翠微宮에서 번역한 것이다.

2. 번역한 사람

"역譯"은 바꾸다(易)는 말이다. 이른바 범어로 된 문장을 한문으로 번역했다는 뜻이다. 주周나라 제도에는 사방四方에 역관譯官이 있었는데, 동쪽에는 기寄, 남쪽에는 상像, 서쪽에는 적제狄鞮, 북쪽에는 역譯이었다. 본래 인도는 서쪽에 있어서 마땅히 적제라고 해야 하지만, 지금 여기에서 역譯이라고 말한 것은 당시에는 북쪽의 역관이 서쪽 언어에 능통했었고, 가섭마등迦葉摩騰과 축법란竺法蘭이 처음(67년경) 번역할 때부터 '역譯'이라고 하였기 때문에 지금까지 역이라고 부르며 전해진다. 이 경은 전부터 7사람에 의하여 번역되어 전한다고 하나, 실제로는 모두 8가지 번역이 있다.

(1) 『마하반야바라밀다대명주경摩訶般若波羅蜜多大明咒經』, 402년 요진姚秦 구마라집 역

(2) 『반야바라밀다심경般若波羅蜜多心經』, 649년, 당唐 현장玄奘 역

(3) 『불설반야바라밀다심경』, 700년, 당 의정義淨 역

(4) 『보편지장반야바라밀다심경普遍智藏般若波羅蜜多心經』, 733년, 당 법월法月 역

(5) 『반야바라밀다심경』, 790년, 당 반야공리언般若共利言 역

(6) 『반야바라밀다심경』, 850년, 당 지혜륜智慧輪 역

(7) 『불설성불모반야바라밀다경佛說聖佛母般若波羅蜜多經』, 980년, 송宋 시호施護 역

(8) 『반야바라밀다심경』, 연대불명, 법성法成 역

이 외에도 당나라 불공不空과 송宋나라 자현慈賢 등의 번역본이 있으나 명나라 이후에는 전해지지 않는다. 이상의 8가지는 같은 책이

지만 번역이 다른 것이다. 비록 이름은 다르지만 내용과 문자는 적은 부분만 같지 않을 뿐 뜻에서는 서로 차이가 없다. 바로 현대인들이 외국 책을 번역하는 데에서 그 번역하는 책이 제각기 다른 것과 같다.

모든 번역한 책 가운데에서 현장법사가 번역한 것이 아주 간단하여 외우기가 좋고, 일반인들이 불교를 배우는 데 있어서 가장 적합하므로 이 번역본이 널리 알려지게 되었던 것이다. 구마라집의 번역본이 일본 불교에 전해진 것을 제외하고, 나머지 6종의 번역본들은 겨우 불교 연구나 고증하는 데 쓰이고 있을 뿐 유통되지는 않는다. 지금 강의하고자 하는 것은 현장의 번역본에 의거하였다.

【종합하여 해석함(合釋)】

이 『반야심경』은 '당'나라 시대에 '삼장三藏'에 능통한 '현장법사'가 번역한 것이므로 "당삼장법사현장역唐三藏法師玄奘譯"이라고 하였다. 이상으로 번역한 사람에 대한 강의를 마친다.

3. 본문 해석(正文)

【먼저 해석함(預釋)】

불교 경전은 정밀한 조직을 가지고 있어 하나하나의 경전마다 다 서분序分, 정종분正宗分, 유통분流通分을 갖추고 있다. 서분〔序論〕은 한 경전이 생기게 된 이유를 서술하고 있다. 정종분〔本論〕은 한 경전의 종요(宗要: 주요 종지)를 정면으로 설하고 있다. 유통분〔結論〕은 대중들이 마땅히 신수봉행信受奉行하기를 권함과 아울러 이 경전을 세상과 후세에 유통시키기를 부촉하고 있다. 서분은 다시 통서通序와 별서別序의 둘로 나누어진다. 통서는 또한 증신서證信序라고도 하는데, 여섯 가지 성취(六種成就)[28]로써 이 경이 부처님의 친설親說임을 증명하여

---

28 6종성취六種成就: 모든 경전은 증신서가 있는데 증신서에는 6가지 조건이 있다. 즉 6가지 조건이 있으면 경전에 대한 믿음과 확신이 서게 되는 것이다. 이를 6종성취六種成就, 또는 6성취라고 한다. ①신信: '틀림없다'고 믿음. 여시아문 ②문聞: 들은 사실 ③시時: 들은 때 ④주主: 설법의 주체, 곧 부처님 ⑤처處: 설법 장소 ⑥대중(衆): 설법을 듣는 청중.

사람들로 하여금 믿음을 내도록 하기 때문이다. 통서는 모든 경전에 공통적으로 있는 것으로서, 곧 경의 첫머리에 '여시아문如是我聞' 등이라고 하는 것이다. 별서는 또한 발기서發起序라고도 하는데, 각각의 경전마다 그 경전이 생기게 된 연유를 설명하는 것이다. 그런데 이 『반야심경』은 서분 중의 통서와 삼분(三分: 서분, 정종분, 유통분) 중의 유통분이 없다. 아마도 이것은 번역한 사람이 수행자들로 하여금 받아 지니기(受持) 간편하도록 하기 위해 생략한 것이리라. 그러나 경전의 뜻과 이치(義理)에 대해서는 조금의 영향도 미치지 않는다.

이 경의 여덟 가지 번역본 중에서 구마라집, 현장, 의정의 세 가지 번역을 제외한 나머지 다섯 가지는 모두 삼분三分을 갖추고 있다. 예컨대 반야공리언般若共利言의 번역본은 다음과 같이 말한다. "이와 같이 내가 들었다 한때에 부처님께서 왕사성 기사굴산에 계시면서 위대한 비구의 무리와 보살의 무리와 함께 계셨다. 이때에 세존께서는 이름이 광대심심廣大甚深한 삼매三昧에 들어가셨다. 이때에 무리들 속에 보살마하살菩薩摩訶薩이 있었는데 이름이 관자재觀自在였다. 관자재보살이 깊은 반야바라밀다를 수행할 때에, 그 순간 사리불이 부처님의 위신을 입어서 합장공경하며 관자재보살에게 여쭈었다. 선남자시여! 만약 깊고 깊은 반야바라밀다를 배워서 수행하기를 바라는 사람이 있다면 어떻게 수행하여야 합니까? 이때에 관자재보살이 존자 사리불에게 말하였다(如是我聞 一時佛在王舍城耆闍崛山中 與大比丘衆及菩薩衆俱 時世尊卽入三昧 名廣大甚深 爾時衆中有菩薩摩訶薩名觀自在 行深般若波羅蜜多時 卽時舍利弗 承佛威力 合掌恭敬 白觀自在菩薩摩訶薩言 善男子 若有欲學甚深般若波羅蜜多行者 云何修行 爾時觀自在菩薩

告尊者舍利弗言)." 이렇게 말한 다음 『반야심경』을 설하는 것이다. 또 말하기를 "이와 같이 말을 마치자, 그 순간 세존께서는 광대하고 깊은 삼마지(三摩地: 삼매)에서 일어나시어 관자재보살을 칭찬하여 말씀하시기를 '옳고 옳도다! 선남자야! 그와 같고 그와 같다. 네가 말한 깊고 깊은 반야바라밀다행은 반드시 이와 같이 수행하여야 하느니라.' …… 모두가 크게 환희하며 믿고 받아서 받들어 행하였다(如是說已 卽時世尊從廣大甚深三摩地起 讚觀自在菩薩摩訶薩言 善哉善哉 善男子 如是如是 如汝所說甚深般若波羅蜜多行 應如是行 …… 皆大歡喜 信受奉行)"라고 하고 있다. 하지만 지금의 『반야심경』에는 간략하게 하기 위하여 머리말(서분)과 꼬리말(유통분)이 없다. 만약 짧은 편의 경전을 보면 오히려 서문과 발문이 없어 비교적 간결하므로 일반 사람들에게 환영받을 수 있다.

경문의 '관자재보살觀自在菩薩'에서부터 '도일체고액度一切苦厄'에 이르기까지의 문장은 경을 결집한 사람이 첨가한 것이다. 왜냐하면 이 경은 관자재보살이 친히 증득한 경계에서 나온 가르침이기 때문에 특별히 이 대목을 끌어들여 이 경의 발기發起로 삼았으며, 동시에 이 대목은 또한 경전의 강요(綱要: 개요)가 되기 때문이다.

1) 반야를 드러내어 설함(顯說般若)

(1) 보살이 수행하여 증득하는 경계를 전체적으로 보임(總示菩薩修證境界)
① 관하는 주체인 사람을 밝힘(明能觀人)

觀自在菩薩
관자재 보살께서

'관자재보살觀自在菩薩'에서부터 '사바하娑婆訶'까지의 전체 260글자가 정문正文이 되며, '관자재보살'에서부터 '조견오온개공照見五蘊皆空'까지의 구절은 보살이 깊은 반야를 수행한 공부로 힘을 얻은(得力) 경계를 밝히고 있다.

【나누어 해석함(分釋)】
관자재觀自在라는 세 글자는 개별적인 이름(別名)이며, 보살菩薩이란 두 글자는 공통적인 이름(通名)이다. 예컨대 '선생'은 가르치는 사람을 공통적으로 부르는 이름이며, 아무개 선생은 바로 그 선생을 가리키는 개별적인 이름인 것과 같다. 먼저 개별적인 이름(別名)에 대해서 강의한다. 관자재는 바로 관세음보살觀世音菩薩을 말한다. '관觀'은 관조觀照이며, 바로 관하는 주체의 지혜(能觀之智)를 말한다. 관觀은 바로 요달(了達: 완전히 이르다, 통달하다)의 뜻이며, 그저 관찰한다고만 해석하는 것은 옳지 않다. '자재自在'는 해탈하여 걸림이 없다는 뜻이다.

지금은 먼저 저 보살의 명호가 생긴 연유를 설명하고, 그런 다음

'관觀'과 '자재自在'의 의미를 상세히 설명하겠다. 이 보살님을 무슨 까닭에 관자재 또는 관세음보살이라 부르는가? 먼저 관세음이라는 성스러운 이름을 해석하자면, 그 뜻에 두 가지가 있다. 첫째로 원인 중에서 보면 스스로의 이익을 위해(自利) 수행하는 공부이며, 둘째로 결과상에서 보면 다른 이들의 이익을 위해(利他) 중생을 제도하는 큰 작용(大用)이다.

첫째, 원인 중에서의 자리(因中自利): 이는 저 보살이 원인자리(因地)에서 수행할 때 반야의 묘하게 관하는 지혜(般若妙觀智)를 사용하여 이근耳根의 한 문門에 깊이 들어감으로 말미암아 번뇌의 티끌을 벗어버리고 깨달음에 합치하며(背塵合覺), 사유思惟하고 수습修習함으로써 삼마지(三摩地, 正定)에 들어간 까닭에 소리를 들어도 소리를 따르지 않을 수 있게 되었으니, 이른바 세간의 모든 음성을 들어도 허망한 알음알이로 분별을 일으키지 않는 것이다. 또 '자성을 돌이켜 들음(反聞自性)'으로써 소리로 인한 경계에 끄달리지 않고 이문원통耳門圓通[29]을 증득한 까닭에 관세음보살이라고 부르는 것이다. 이것은 『능엄경楞嚴經』에 의거한 해석이다[『능엄경』 제6권에서 관세음보살이 스스로 원통을 얻은 과정을 열거한 곳을 자세히 살펴보라]. 범부는 식에 의해 허망함을 이루나니(依識成妄), 이근耳根이 소리의 경계(聲境)를 대함으로 말미암아 이식耳識을 일으켜 소리에 끄달리어 전전하기 때문에 탐진치貪瞋痴의 미혹(惑)을 일으킨다. 이를 일러 허망하게 듣는 것(妄聞)이라 한다. 보살은 성품에 맞는 지혜를 일으키어(稱性起智) 이근耳根으로부

---

[29] 『능엄경』 제6권에 나오는 관세음보살의 이근원통耳根圓通.

터 모든 음성들을 듣되 듣는 성품을 들으므로, 들리는 소리를 분별하려는 허망한 식을 일으키지 않고, 다만 듣는 성품을 관조觀照할 뿐이니, 이것이 곧 자성을 돌이켜 듣는 '반문자성反聞自性'이다. 이를 일러 참으로 듣는 것(眞聞)이라 한다. 『능엄경』 제6권에 말하기를 "저는 이문耳門을 원만히 관조하는 삼매를 닦음으로써 반연하는 마음이 자재하게 되었기 때문에, 이러한 흐름에 드는 수행(入流相)을 통해 삼마지에 얻어 보리를 성취하는 이것이 제일인가 합니다. 세존이시여! 저 부처님여래께서 제가 원만하게 통한 법문(圓通法門)을 잘 얻었다고 찬탄하시고, 큰 모임에서 저에게 수기하시어 '관세음'이라는 이름을 주셨으니, 이는 제가 듣는 것을 관함으로 말미암아 시방이 원만하게 밝아졌기 때문에 관세음이란 이름이 시방세계에 두루하게 된 것입니다(我從耳門圓照三昧 緣心自在 因入流相 得三摩地 成就菩提 斯爲第一 世尊 彼佛如來 難我善得圓通法門 於大會中 授記我爲觀世音號 由我觀聽 十方圓明 故觀世音 徧十方界)"라고 하였다. 이상은 비록 관음觀音이라는 이름이 있게 된 이유를 말한 것이지만, 상세하게 말하자면 관세음보살은 들음을 관함이 원명圓明하여 대자재大自在를 얻어 공空을 관하여도 공에 염착하지 않으며, 유有를 관하여도 유에 염착하지 않으므로 근根과 진塵이 모두 소멸하여 공과 유에 걸림이 없으므로 관자재라고 하는 것이다. 『능엄경』에 말하기를 "내가 듣고 사유함으로 말미암아 육진을 벗어난 것은 마치 소리가 담을 넘어감에 걸림이 없는 것과 같다(由我聞思 脫出六塵 如聲度垣 不能爲碍)"라고 하였다. 이는 자재自在의 의미를 밝힌 것이다.

둘째, 결과상에서 남을 이롭게 함(果上利他): 보살은 대비大悲가 있는 까닭에 세간의 모든 중생들이 재난을 당하였을 때에 한마음으로 보살의 성호를 부르면서 염하면, 보살은 지혜로 비추어보고서 그대로 두지 않고 즉시 대비의 마음을 일으켜 부르는 소리를 찾아 감응하게 되는데, 구하면 감응하지 않음이 없고 뽑아내지 않는 고통이 없으니, 이런 까닭에 관세음보살이라고 부른다. 이는 『법화경』에 의거한 해석이다. 『법화경 보문품』에 "만약 한량없는 백천만억 중생들이 모든 고통을 받을 때, 관세음보살에 대해 듣고서 한마음으로 명호를 부르면 관세음보살은 바로 그 음성을 관하시어 모두를 해탈하게 한다(若有無量百千萬億衆生 受諸苦惱 聞是觀世音菩薩 一心稱名 觀世音菩薩卽時觀其音聲 皆得解脫)"라고 하였다. 만약 중생이 고뇌하면 이를 관찰하여 중생의 근기에 따라 와서 구제하여 모두를 고난에서 벗어나게 하고 해탈의 안락을 얻게 하는 것이다〔자재自在의 뜻〕. 이것이 관자재觀自在라고 불리는 이유인 것이다.

보살의 이 성스러운 이름인 관음觀音은 위에 열거한 두 가지 사실에 근거함을 밝히는 것으로, 이는 바로 원인으로서는 자기를 이익하게 하는 것(因中自利)과 결과적으로는 남을 이롭게 하는 것(果上利他)으로 이루어진 것이다. 여기서 주의를 요하는 것이 있다. 즉 '관觀'은 능관能觀의 지혜가 되고, '세음世音'은 소관所觀의 경계이다. 능관의 지혜는 원인과 결과에 모두 동일하지만, 소관의 경계는 동일하지 않다. 원인 중에 수행하는 소관의 경계란 바로 소리를 듣는 주체의 듣는 성품을 가리킨다. 결과상에서 남을 이롭게 하는 수행에서 소관의 경계는 바로 세간의 모든 고뇌하는 중생이 보살을 생각하여 부르고 구하는 음성을 가리킨다는 것을 잘 알아야 한다.

모름지기 보살은 위로는 보리를 구하고 아래로는 중생을 교화해야(上求菩提 下化衆生) 하며, 당연히 자타自他를 함께 이롭게 하여 보살의 종지(宗旨: 으뜸 되는 취지)에 조금도 위배되지 않아야 한다. 이는 스스로를 이롭게 하는 측면에서 이를 관함과 동시에 다른 사람을 이롭게 하는 것도 잊지 말아야 한다는 것이다. 또 다른 사람을 이롭게 하는 측면에서 관하는 동시에 자기를 이롭게 공덕功德을 버리지 말아야 한다는 것이다. 이와 같은 재능을 갖춘 사람을 보살이라고 한다. 이른바 보살은 스스로 이익 되는 공덕을 수행함으로써 바로 다른 사람을 이익 되게 하는 일들도 하며, 다른 사람에게 이익 되는 일을 함으로써 또한 스스로 이익 되는 공덕을 장엄하는 것이다. 이에 근거한다면 위에서『능엄경』에 의거한 것은, 보살은 스스로를 이익 되게 수행함과 동시에 반드시 남을 이롭게 하는 공덕을 갖추어야 함을 밝힌 것이다. 그러므로『능엄경』에 말하기를 "저는 스스로 소리를 관함으로써가 아니라 관하는 것을 관함으로써 시방에서 고뇌 받는 중생들로 하여금 그 음성을 관하게 하여 곧바로 해탈하게 하였으니, 혹은 자애로움과 위엄으로 혹은 선정과 지혜로써 중생을 구제하고 보호하여 대자재함을 얻게 합니다(由我不自觀音 以觀觀者 令彼十方苦惱衆生 觀其音聲 卽得解脫 或慈或威 或定或慧 救護衆生得大自在)"라고 한 것이다. 이것은 바로 남을 이롭게 하는 것을 경문에서 밝혀 드러낸 것이다.『법화경』에 의거하면, 보살이 남을 이롭게 하는 큰 작용(大用)을 밝히는 것은 동시에 반드시 자기를 이롭게 하는 공덕도 있음을 밝히는 것이다. 그러므로 보살이 무상無上한 깨달음을 구하는 데 뜻을 둔다면 의심할 바 없이 중생을 제도하기 위해 불토를 장엄하는 것이 목표가 되어야 하는 것이니, 중생을 제도하지 않으면 근본적으로는 성불成佛의 희망이 없다. 이는 곧 보살이 남을 이롭게 하는 것이 또한 바로 자기를 이롭게 하는 것을 뜻한다. 이른바 '원인은 결과의 바다를 갖추고 있고, 결과는 원인의 근원을 꿰뚫고 있다(因該果海 果徹因源)'라는 말이 바로 이 뜻이다.

다음으로 관자재보살觀自在菩薩의 성스러운 이름은 특별히 이 『반야심경』의 근거가 되는데, 이는 관자재보살이 수행하여 증득한 공부에 의하여 성립된 것이다. 보살이 깊은 반야를 수행함으로 인하여 깊고 깊은 훌륭한 지혜(勝慧)로써 오온五蘊인 신심身心이 공적空寂한 것을 비추어 보시고 모든 고액苦厄을 벗어나셔서 위대한 해탈을 얻었으니, 자재自在의 두 글자는 이로써 이름을 얻게 된 것이다. 보살의 자재하고 신묘한 작용은 오온이 공적함을 비춰봄으로써 얻어진 것이다. 왜냐하면 오온이 허망하여 진실하지 않다는 것을 명료하게 통달한 까닭에 집착하는 마음이 일어나지 않고 전도되지 않게 되어, 이로 인해 자재한 해탈에 이르게 된 것이므로 이 경에서는 이를 관자재보살이라고 부르는 것이다.

무슨 까닭에 일반에서는 모두 관세음觀世音이라고 부르고 관자재라고는 부르지 않는가? 참으로 이 보살님은 염부중생閻浮衆生과 특별한 인연이 있기 때문이다. 중생의 부류에 따라 몸을 나타내고, 부르는 소리를 찾아내어 고통에서 구제하시니, 이는 그분이 역겁 동안 중생을 제도하겠다는 비장한 원력(悲願)에 의한 것으로서 이로 인해 관음觀音의 성스러운 이름이 보편화되었으며, 동시에 이 보살은 자비의 마음(悲

心)으로 중생을 고통에서 구제하여 이롭게 하는 일이 깊다는 것이 사람들 마음에 하나의 표징이 되었다는 것을 말한다. 보살은 위대한 지혜가 있으므로 모든 사리事理에 통달하여 걸림이 없으니, 그것이 곧 자재自在이다. 큰 자비(大悲)가 있으므로 부류에 따라 몸을 나타내고, 음성을 관하여 고통에서 구제하므로 관음觀音이라고 한다. 이상으로 보살의 명호가 건립된 도리를 간략히 설명하는 것을 마친다.

현재 '관觀'에 대한 해석에는 다음의 세 가지가 있으니 공관空觀, 가관假觀, 중관中觀이 그것이다. 무엇을 공관이라고 하는가? 간단하게 말한다면, 반야의 지혜를 이용하여 먼저 모든 외부 경계를 관하면 모두가 연기緣起에 의한 가상假相이며, 그 당체는 바로 공空이므로 본래 참다운 진리가 아니다. 다음으로 임시로 화합하여 있는 사대四大를 관하면 마침내는 무너지고 없어지니, 이 사대를 떠나서 바깥에 본래의 실다운 나는 없다. 다음으로 육식六識의 허망한 마음을 관조하면 생멸生滅하여 무상無常하니, 근根과 진塵을 떠나서 바깥에 본래의 자성自性이라는 것이 없다고 관하는 것이다.

무엇을 가관假觀이라고 하는가? 반야의 지혜를 이용하여 모든 경계境界를 관조하면 비록 본체로는 공의 뜻(空義)에 통달했다 해도 연기의 모든 법은 없앨 수가 없는 것이니, 사물에 응하여 인연을 따르더라도 모든 경계에 집착하지 않는 것이다.

무엇을 중관中觀이라고 하는가? 반야의 지혜를 이용하여 모든 법을 관조하면 모두가 중도中道이니, 성품(性)과 현상(相)이 둘이 아님과 색色과 공空이 다르지 않은 이치를 철저히 증득하고, 집착하지도 않고 없애지도 않아 원융圓融하여 걸림이 없는 것이다. 결론적으로, 공관空

觀은 모든 법에 집착하지 않는 것이고〔모든 법은 자성이 없다는 것을 아는 것〕, 가관假觀은 모든 법을 버리지 않는 것이며〔모든 법은 허깨비와 같다는 것을 통달함〕, 중관中觀은 모든 법이 원융하여 비록 집착하지 않으나 또한 버리지도 않는 것이다〔모든 법은 있는 것도 아니고 없는 것도 아니며 생기는 것도 아니며 다른 것도 아님을 명료히 아는 것〕. 관자재보살은 바로 이 삼관三觀으로 말미암아 자재함을 얻었던 것이다.

다음으로, 자재自在에도 또한 다음 세 가지가 있다.

첫째, 관경자재觀境自在이다. 이는 보살이 반야의 지혜를 이용하여 진여眞如의 경계를 명료히 비추어 모든 법에 원통하여 걸림이 없는 것이다.

둘째, 관조자재觀照自在이다. 보살이 반야를 수행하여 관조할 때에 깊이 생각하는 것을 기다리지 않고 곧바로 철저히 오온이 모두 공한 것을 비추어, 한 치의 간격이나 미혹(惑)과 장애가 없이 명명백백하게 실상을 몸소 증득하는 것이다. 이것이 관조자재의 이치이다. 예를 들면 강연을 잘하는 사람은 당연히 강연할 때에 언어적인 측면에서 거침이 없이 유창하게 말하며 논리적인 측면에서도 하나하나가 모두 이치에 계합하는데, 이 때문에 연설이 자재하다고 말한다. 이것은 관자재보살에 대한 비유이다. 처음 공부하는 사람이 강연하는 것은 이와 같지 않아 엉뚱한 곳으로 가기도 하는데, 강연할 때에 언어와 태도도 말할 것도 없이 이곳저곳의 감각도 부자연스럽다. 예를 들면 온 몸이 부들부들 떨리기도 하고 부끄러워서 언어를 구사하는 것이 자연스럽지 못하여 점점 잘못되게 되는데, 이것은 장애가 있기 때문이며 자재한 공부가 없기 때문이다. 이는 방편으로 가르치는 권교보살權

敎菩薩에 대한 비유이다. 그로 인해 수행하는 관조공부가 이와 같이 깊어져서 조예가 있게 되면 관자재라고 하는데, 이는 임시로 권교보살이라고 하는 것과 같다. 관조를 수행하는 공부의 근본은 관조에 있는 것이 아니고 자재함에 있다.

셋째, 작용자재作用自在이다. 보살이 깊은 반야를 수행할 때에 몸소 법신法身이 본래 있다는 것을 증득하고, 본체(法身)를 따라서 작용을 일으키니(從體起用) 일체의 신통한 일들이 모두 자재함을 얻어 인연을 따라 감응하는 데에 걸림이 없다. 또 자재는 바로 자성이 항상 존재(自在)하여 변하지 않는다는 것이다. 보살은 관조반야觀照般若에 의하여 실상반야實相般若에 증득해 들어가는데, 실상반야는 바로 진여자성眞如自性을 말한다. 이 성품(性)은 바로 만고에 불변하는 것이고 겁이 지나도 항상 존재하니, 항상 존재한다는 것은 진실로 존재한다는 말이다. 오온은 허깨비처럼 허망(幻妄)한 것이니 진실로 존재하는 것이 아니며, 오직 이 진여자성만이 진실로 존재한다. 이른바 보살은 깊고 묘한 반야를 수행하고 훈습하여 자성이 항상 존재(自在)하는 이치를 몸소 증득하여 깨달음을 얻은 사람이므로 이를 관자재보살이라고 부른다. 또한 자재自在에다가 관觀을 말한 것은, 바로 보살의 자재가 반야지혜를 관함으로 말미암아 얻은 것임을 정면으로 드러내 보인 것이다.

결론적으로 자재의 의미를 해석하면 체體와 용用의 두 가지 뜻을 벗어날 수 없다. 즉 앞에서 말한 '관경觀境', '관조觀照', '작용作用'은 용用의 방면에 속한다. 관경觀境은 관해지는 경계(所觀)가 자재함을 밝히는 것이며, 관조觀照는 관하는(能觀) 지혜가 자재함을 밝히는 것이니, 이 두 가지는 지혜에 속하며 원인에 속하며 자리自利에 속한다. 작용作用은 바로 중생을 제도하는 것이 자재함을 밝히는 것으로, 자비慈悲에 속하며 결과에 속하며 이타利他에 속한다. 뒤에 말하는 '항상 존재하는 자성을 몸소 증득했다(親證自性常在)'는 것은 체體의 방면에 속한다. 앞의 '지혜를 관하여 수행하고 훈습(觀智修習)'한다는 것이 바로 이 '항상 존재하는 자성(自性常在)'을 증득해야 한다는 것이다. 뒤의 '자비심으로 중생을 제도하는 것(悲心度生)' 또한 여기에 근거하지 않음이 없다.

'보살菩薩'이란 두 글자는 범어로서 갖추어 말하면 보리살타(菩提薩埵, bodhi-sattva)인데, 이를 줄여서 보살이라고 한다. 보리菩提는 깨달음(覺)이라고 번역하며, 살타薩埵는 유정有情이라고 번역한다. 이를 합하여 말하면 각유정覺有情이 된다. 유정이란 중생을 말한다. 예전 번역에서는 중생이라고 하였으나 새 번역에서는 유정이라고 한다. 중생이란 말은 무정無情의 식물 또한 내포하는 뜻이 있으나, 실은 유정이라는 말과 견주면 정확하지는 않다. 대개 지각이 있고 정신활동을 하는 모두가 유정이다. 말하자면 정식情識과 정견情見과 정애情愛 등의 의사意思가 있는 모든 사람과 동물 등 생명이 있는 모든 것을 포괄적으로 말한다. 지금 간단하게 인간적인 측면에서만 말한다면 각유정은 바로 깨달은 사람을 말한다. 바로 위로는 불도佛道를 구하여 스스로 '깨닫고(覺)', 아래로는 '유정有情'을 교화하여 남을 깨닫게(覺他) 하는 것이다. 바꾸어 말하면 보리인 불과佛果는 위로 구함(上求)이고, 살타인 유정은 아래로 교화함(下化)이다. 보리는 구하는 바의 불과(果)이며, 살타는 제도되는 중생이다. 그러므로 보살이라고 한다.

이에 의하면 보살의 기본조건은 바로 위로는 불도를 구하고 아래로는 중생을 교화하는 것을 벗어날 수 없다. 위로 불도를 구하는 것은 지혜의 추구로서 이성적으로 철두철미해야 하며, 아래로 중생을 교화하는 것은 복덕福德을 북돋아 주는 것으로 정성껏 지니고 수행해야 한다. 전자는 지혜(智)로서 이치(理)에 속하면서 자리自利가 되고, 후자는 자비(悲)로서 현실(事)에 속하면서 이타利他가 된다. 요컨대 위로 불도를 구하는 정신과 아래로 중생을 교화하는 책임을 느껴서 자비와 지혜를 모두 갖추고, 자타自他를 모두 이롭게 하는 이것이야말로 '보살의 자격'이라고 부를 만한 것이다.

이를 더 자세히 말하면 세 가지 뜻이 있다.

첫째는 자리自利, 곧 자각自覺이다. 말하자면 보살은 이미 완전히 깨달음을 얻은 유정, 곧 각유정覺有情이다. 이는 일반적으로 우리가 말하는 미혹에 빠진 유정이 아니다. 또 보살은 여래가 깨달은(覺) 도를 부분적으로 증득하였으나, 미세한 정견(情見, 妄見)이 남아 있어(有情) 다 없애지 못했으므로 바로 등각보살等覺菩薩이며, 오히려 일품一品[30]의 생상무명生相無明[31]이 끊어지지 않아 비록 깨달았음(覺)에도 오히려 정견이 남아 있는(有情) 까닭에 각유정이라고 말한다. 여기서

---

[30] 천태天台의 원교圓敎에서는 끊어야 할 무명無明을 원교보살圓敎菩薩의 42계위(十住・十行・十廻向・十地・等覺・妙覺)에 따라 모두 42품品 무명으로 나눈다. 그 중 등각보살은 마지막 1품 무명을 끊지 못한 보살로, 이 마지막 1품의 생상무명을 끊으면 묘각妙覺인 부처의 지위에 오른다.

[31] 생상무명生相無明: 무명을 있게 한 최초의 일념망념. 본래 중생은 여래의 진여각성(眞如覺性, 佛性)을 갖추고 있으나, 홀연히 일념망념이 일어나 근본무명이 있게 되어 본래의 깨달음(本覺)을 잃게 되었다고 한다.

깨달음(覺)은 보살의 자각自覺을 가리키고, 유정有情은 보살 자신을 가리킨다.

둘째는 이타리타, 곧 각타覺他이다. 이른바 보살은 자기가 깨달았다고 해서 모든 일을 다 했다고 생각하지 않고, 대비심으로 생사고해에 들어가서 미혹한 유정들에게 깨달음이 드러나게 함으로써 모두를 깨달음의 길로 돌아오게 하여 함께 해탈을 얻게 한다. 이는 곧 "이 도로써 이 백성을 깨닫게 한다(以斯道覺斯民)"[32]라는 뜻이다. 그러므로 각유정이라고 말한다. 여기서 깨달음은 각타覺他를 가리키고, 유정은 모든 중생을 가리킨다.

셋째는 자타겸리自他兼利, 곧 자각각타自覺覺他이다. 이른바 보살은 널리 육도만행六度萬行을 수행하여 성불의 희망이 있는데, 성불하기 위해서는 중생들을 널리 제도하지 않을 수 없다. 그런 까닭에 보살은 위로 불도의 깨달음을 구하고(自利), 아래로 중생의 미혹함을 교화하는(利他) 것이므로 각유정이라고 말한다. 여기서 깨달음은 불도佛道를 가리키고, 유정有情은 바로 모든 중생을 가리킨다.

보살은 바로 위의 세 가지 의미를 갖추고 있다. 우리들이 만약 이러한 발원과 의지를 가지고 있다면 바로 상구보리 하화중생의 철저한 보살 수행을 하여야 한다.

이 경에서 '오온五蘊을 비추어 보니 공空'이라는 구절은 바로 지혜(智)의 작용이며, '고액苦厄을 건넜다는 것'은 자비(悲)의 작용이다. 이는 보살이 자비와 지혜를 함께 운용(智悲幷運)해야 하는 것을 나타낸

---

[32] 『맹자』「萬章上」제7장에 나오는 말.

다. 또 '오온이 공하다'는 것은 무아無我로서, 이는 수행하는 방면에 속하는 것이니 자리自利이다. '고액을 건넜다'는 것은 큰 자비(大悲)로서, 이는 구제하는 방면에 속하는 것이니 이타利他이다. 이는 보살의 무아대비無我大悲와 자타겸리自他兼利의 의미를 나타낸다.

【종합하여 해석함(合釋)】
어떤 성자가 모든 법의 실상實相의 이치를 관찰하고, 자재함을 얻어서 경계에 끄달려 유전되지 않고, 미혹에 빠진 고통 받는 중생들을 구하여 제도하는 것은 모두가 자각각타自覺覺他와 자리이타自利利他의 정신을 갖춘 것이므로, 그런 까닭에 관자재보살이라고 부른다.

② 수행의 대상을 밝힘(明所修行)

行深般若波羅蜜多時
깊은 반야바라밀다를 수행하였을 때에

여기서 '심深'이라는 글자는 위아래로 다 통한다. 즉 위로는 공과 행(功行)이 조예가 깊은 것으로서 얕은(淺) 행이 아니며, 아래로는 신묘한 반야가 깊은 것으로서 얕은 반야가 아니다.

【나누어 해석함(分釋)】
'행行'은 관행觀行, 공행功行이며 수행의 방면에서 말하는 것을 가리킨다. 행에는 네 가지가 있다. 소승행小乘行은 사제와 12연기를 수행하여 나한과羅漢果와 벽지불과辟支佛果를 구한다. 대승행大乘行은 육도만행을 수행하여 널리 중생을 제도하고 불과佛果를 증득하고자 한다. 점차행漸次行은 십신十信[33], 십주十住[34], 십행十行[35], 십회향十回向[36], 십지十地[37]에 의해 등각等覺[38]과 묘각妙覺[39]에 이르는 것으로 점차적으로 닦아나가는 것인데 또한 변성행徧成行이라고도 한다. 원돈행圓頓行은 원교법문圓敎法門에 의하여 여러 계위 중에서 하나의 행을 닦는 것이 곧 모든 행을 구족하는 것으로, 이를 원행圓行 또는 돈성행頓成行이라고 한다. '깊은 반야를 행한다(行深般若)'는 것은 이 수행에 속하는 것이다.

---

[33] 십신十信은 신심信心, 염심念心, 정진심精進心, 정심定心, 혜심慧心, 계심戒心, 회향심回向心, 호법심護法心, 사심捨心, 원심願心이다.

[34] 십주十住는 초발심주初發心住, 치지주治地住, 수행주修行住, 생귀주生貴住, 방편구족주方便具足住, 정심주正心住, 불퇴주不退住, 동진주童眞住, 법왕자주法王子住, 관정주灌頂住이다.

[35] 십행十行은 환희행歡喜行, 요익행饒益行, 무진한행無瞋恨行, 무진행無盡行, 이치란행離癡亂行, 선현행善現行, 무저행無著行, 존중행尊重行, 선법행善法行, 진실행眞實行이다.

[36] 십회향十回向은 구호일체중생이중생상회향救護一切衆生離衆生相回向, 불괴회향不壞回向, 등일체불회향等一切佛回向, 지일체처회향至一切處回向, 무진공덕장회향無盡功德藏回向, 수순등관일체중생회향隨順等觀一切衆生回向, 여상회향如相回向, 무박무저해탈회향無縛無著解脫回向, 법계무량회향法界無量回向이다.

[37] 십지十地는 환희지歡喜地, 이구지離垢地, 발광지發光地, 염혜지焰慧地, 난승지難勝地, 현전지現前地, 원행지遠行地, 부동지不動地, 선혜지善慧地, 법운지法雲地이다. 한편, 이를 통교通敎의 십지로 보면 건혜지乾慧地, 성지性地, 팔인지八人地, 견지見地, 박지薄地, 이욕지離欲地, 이작지已作地, 벽지불지辟支佛地, 보살지菩薩地, 불지佛地이다.

[38] 부처의 깨달음과 동등한 것으로, 묘각妙覺의 불과佛果에 가장 근접한 지위. 다음 생에 부처의 지위에 오르는 일생보처一生補處이다.

[39] 각행覺行이 원만하여 부처님의 과보를 성취한 것이다.

'심심深'은 얕음(淺)과 상대되는 말로서 공과 행(功行)이 초월적이라는 것을 나타내는 말이다. 만약 인공반야(人空般若, 共般若라고도 함)를 수행하면 다만 아집我執만을 없앨 뿐 법집法執은 없애지 못하여 다만 공空은 보되 불공不空은 보지 못한다. 이는 성문과 연각과 방편보살(權敎菩薩)들이 공히 수행하는 것으로 얕은 행(淺行)이라고 한다. 법공반야(法空般若, 不共般若)를 수행하면 아집과 법집을 다 없애고, 공도 보고 불공도 보아 공공空空에 이른다. 이와 같으면 세 가지 미혹(三惑: 見思惑, 塵沙惑, 無明惑)을 원만히 끊고(圓斷) 두 가지 생사[40]를 영원히 없애 중도실상中道實相인 제일의공第一義空[41]에 증득해 들어가게 된다. 이는 대승보살이 독자적으로 수행하는 것으로 '깊은 수행(行深)'이라고 한다. 또 수행할 대상의 관觀에 공空·가假·중中의 세 가지가 같지 않으므로 석공관(析空觀: 色을 멸하고 空을 성취한다), 체공관(體空觀: 色이 바로 空이다), 차제삼관(次第三觀: 석공관을 따라 一心三觀에 이른다), 일심삼관(一心三觀: 석공관도 실상이며, 체공관과 차제삼관도 실상이다)의 차별이 있다. 만약 단지 공관空觀 혹은 가관假觀, 차제삼관次第

---

40 두 가지 생사(二死): 분단생사分段生死와 변역생사變易生死를 말한다. 분단생사는 모든 번뇌의 착하고 착하지 않은 업이 번뇌장煩惱障의 인연으로 말미암아 도와주는 세력이 삼계의 거친 이숙과異熟果를 초래하는 것을 말한다. 수명과 신체의 길고 짧음이 인연의 세력을 따라서 결정되고 한정되기 때문에 분단생사라고 한다. 변역생사는 번뇌가 없이 분별하는 업이 소지장所知障의 인연으로 말미암아 도와주는 세력이 수승하고 미세한 이숙과를 초래하는 것을 말한다. 큰 자비심의 원력으로 몸과 수명을 바꾸는 데에 결정되어 한정된 것이 없으므로 변역생사라고 한다. (부록 3을 참고할 것).

41 제일의공(第一義空, paramārtha-śūnyatā): 18공十八空의 하나로 대승에서의 지극한 열반과 제법실상의 공을 말한다.

三觀만을 수행한다면 '깊다(深)'고 말할 수 없다. 보살은 원만하게 일심삼관을 수행하여 일경삼제一境三諦⁴²를 명료히 비추어 보아, 경계(境)와 지혜(智)가 하나가 되어 주관과 객관을 모두 잊고서 즉시에 실상반야를 증득함으로써 진심眞心의 본체가 철저하게 현전하게 할 수 있다. 이런 까닭에 '깊은 행(行深)'이라고 부른다.

'반야般若'에도 또한 셋이 있다. 문자반야文字般若는 다만 이치를 이해하는 부분에 속하며, 관조반야觀照般若는 다만 수행하는 부분이며, 오직 실상반야實相般若만이 비로소 몸소 증득하는 경계이다. 앞의 둘인 문자반야와 관조반야는 얕은 것이며, 뒤의 실상반야만이 깊은 것이다. 또 달리 말하자면, 이승二乘이 오온五蘊을 전환하여 오분법신五分法身⁴³을 성취하는 것[부록 1]을 '얕은 반야를 행한다(行淺般若)'라고 하고, 대승이 오온을 전환하여 삼덕三德⁴⁴을 성취하는 것[부록 2]을 '깊은 반야를 행한다(行深般若)'라고 한다. 반야지般若智에 이르면 역시 세

---

42 일경삼제一境三諦: 여기서 일경一境은 하나의 사물이나 대상경계를 말하고, 삼제三諦는 공·가·중을 말한다. 중도실상, 즉 실상의 중도는 공과 가를 포섭하는 중도로서, 사물 그 자체를 가리켜 중도라고 부른다. 원융의 중도란 공도 가도 중도 절대 그 자체란 뜻이다. 공도 가와 중에 대립하는 공이 아니라 가와 중을 내포한 공이며, 중도 공과 가에 대립하는 중이 아니라 공과 가를 내포한 중도라고 하는 것이 원융의 중도이다. 이와 같은 원융의 진리는 추상적인 논리만이 아니고 세계 인생의 사사물물은 전부 원융의 이치를 구족하므로 만물이 모두 공이고 가이며 중이다. 우리가 경험하는 일체의 법은 모두 원융의 중도의 진리이다. 이와 같이 보는 것을 일경삼제라고 한다.

43 오분법신五分法身: 계신戒身, 정신定身, 혜신慧身, 해탈신解脫身, 해탈지견신解脫知見身. (부록 1을 참고할 것).

44 삼덕三德: 법신덕, 반야덕, 해탈덕. (부록 2를 참고할 것).

가지 지혜(三智)가 있는데, 일체지一切智, 도종지道種智, 일체종지一切種智가 그것이다. 위에서 언급한 삼관三觀은 바로 관하는 주체(能觀)의 지혜로서 원인(因)에 속하며, 반야의 삼지三智는 증득되는 지혜로서 결과(果)에 속한다. 공관空觀을 수행하여 성취하면 바로 일체지를 증득하여 견혹과 사혹(見思)[45]의 번뇌를 끊게 되고, 가관假觀을 수행하여 성취하면 도종지를 증득하여 진사塵沙의 번뇌[46]를 끊게 되며, 중관中觀을 수행하여 성취하면 일체종지를 증득하여 무명無明의 번뇌[47]를 끊는다. 만약 일체지와 도종지를 증득하면 '얕은 반야를 행한다(行淺般若)'고 하며, 세 가지 지혜(三智)를 원만히 증득하면 '깊은 반야를 행한다(行深般若)'고 말한다. 다음으로, 만약 견사見思의 번뇌만을 끊으면 분단생사를 없애고 유여열반有餘涅槃을 증득하는데, 이는 하나의 '얕은 바라밀을 행하는 것(行淺波羅蜜)'으로 위에서 말하는 깊이

---

[45] 견혹과 사혹(見思): 견혹見惑이란 그릇된 도리를 분별하여 일으키는 아견我見이나 변견邊見 등의 번뇌이고, 사혹思惑이란 세간의 대상에 집착하여 일으키는 탐욕과 성냄, 어리석음, 교만 등의 번뇌다. 이 두 혹은 바로 삼계의 생사의 인이 되는 것이므로 이를 끊어야 생사에서 벗어나게 된다. 견혹을 끊는 단계를 견도위見道位, 사혹을 끊는 단계를 수도위修道位라 한다. 견사혹, 진사혹, 무명혹의 삼혹三惑 가운데 견사혹은 성문, 연각, 보살이 함께 끊을 수 있는 것이므로 통혹通惑이라고도 한다. (부록 4를 참고할 것).

[46] 진사혹塵沙惑: 진사塵沙란 많음을 비유한 말이다. 티끌이나 모래같이 끝이 없는 현실의 일들에 대해 그때마다 정확히 판단하여 대처해 가는 능력이 없는 것을 말한다.

[47] 무명혹無明惑: 중도의 이치에 미혹하여 밝은 지혜가 없는 번뇌로 장중도혹障中道惑이라고도 한다. 중도관을 닦아야 이를 끊을 수 있다. 삼혹 가운데 진사혹과 무명혹은 보살만이 끊는 것이므로 별혹別惑이라고도 한다.

행하는 것이 아니다. 무명의 번뇌를 끊으면 변역생사를 없애고 구경열
반究竟涅槃을 증득하는데, 이것이 비로소 '깊은 바라밀을 행하는 것(行
深波羅蜜)'이라 일컬을 수 있다. 여기서 바라밀은 '피안에 이름(到彼岸)'
이라 번역하며, 열반을 비유하는 것으로 앞에서 이미 설명했다.

'시時'는 보살이 깊고 깊은 반야바라밀을 행하는 공부를 하여 공력功
力을 얻었을 때(時)를 말한다. 또 문자반야로 인하여 관조반야를 일으
키고 실상반야를 증득하였을 때를 말한다. 또한 고요함과 비춤이
둘이 아니어서(寂照不二) 듣는 것이 원명圓明하고 자재하여 걸림이
없을 때를 말한다. 또 만 가지 인연이 모두 고요하여(寂) 증득함조차
없는 때이다. 또 주관과 객관이 모두 없어져서 경계(境)와 지혜가
나누어지지 않고, 실상반야가 현전하는 때이다. 『대반야경』에 말하기
를 "모든 보살마하살이 깊은 반야바라밀다를 수행할 때에 이와 같은
등의 모든 분별이 없어지니, 무슨 까닭인가? 깊고 깊은 반야바라밀다
는 분별이 없는 까닭이다(諸菩薩摩訶薩 行深般若波羅蜜多 無如是等一切
分別 何以故 甚深般若波羅蜜多 無分別故)"라고 하였다.

보살이 성취한 이와 같은 깊고 깊은 반야의 공과 행(功行)은 곳마다
반야 아닌 곳이 없고, 때마다 반야 아닌 때가 없다. 원력願力의 행이란
그 때를 잃지 않는 것이다. 여기서 주의할 것은, 보살이 바로 깊고
깊은 '반야를 행하여 닦을 때'라고 해석하지 않아야 하는 것이다.
이 구절은 '조견오온照見五蘊 개공도일체고액皆空度一切苦厄'과 연관되
어 있으며, 그 뜻은 보살이 반야를 수습하여 공과 행이 깊고 깊음을
'성취하였을 때'이다. 그러므로 오온이 모두 공함을 비추어 보아 일체의
고액을 건널 수 있었기에 '반야를 행하였을 때'라고 해석해야 한다.

만약 '반야를 행하여 닦을 때'라고 해석하면 (수행의 과정에서는 아직 반야가 명료하게 드러나지 않았으므로) 능히 오온이 공함을 비추어 보아 일체의 고액을 건널 수가 없게 되므로 문제가 된다.

【종합하여 해석함(合釋)】
성자인 관자재보살이 깊고 묘한 반야를 수습할 때는 공과 행이 궁극에 이르러 구경열반(彼岸)을 증득함에 이르렀을 때이므로, "깊은 반야바라밀다를 수행했을 때(行深般若波羅蜜多時)"라고 한 것이다.

③ 관해지는 경계를 밝힘(明所觀境)

앞에서 깊은 반야를 행함으로 말미암아 오온이 모두 공함을 조견照見할 수 있었다고 했는데, 다만 여기서 말하고자 하는 공空은 단멸공斷滅空이나 사견공邪見空이 아니다. 단멸공이란, 곧 모든 선악과 인과를 말할 수 없는 동시에 모든 선행의 복덕과 불과佛果를 장엄하는 것도 닦을 필요가 없다고 보는 것이다. 사견공이란, 삿되게 보는 사람이 공에 집착하여 공해탈空解脫의 법문을 듣고는 모든 공덕을 수행하지 않고 단지 공을 얻기를 바라면서 또한 이것이 구경이라고 인식하는 것이니, 이것이 삿되게 보는 공(邪見空)이다. 비유하자면 소금은 모든 음식물과 조화롭게 섞였을 때 음식물의 맛을 좋게 하는 작용이 있는데, 이를 소금 자체에 다양한 맛이 있는 걸로 인식하여 공복에 볶은 소금을 먹으면 치아가 시리고 입을 상하게 하여 스스로 토하게 되는 것과 같으니, 이런 어리석은 사람과 무슨 차이가 있겠는가? 『능가경』 제3권에 말하기를 "나는 '차라리 인견人見을 수미산과 같이 취할지언정 있지도 않는 공견空見의 증상만增上慢을 일으키지 않는다'고 말한다(我說寧取人見如須彌山 不起無所有增上慢空見)"라고 하였다. '단멸'과 '사견'의 두 가지 공에 떨어지지 않아야 비로소 반야공의 뜻을 말할 수 있다. 그러나 반야공의 뜻은 아주 심오하여 간단하게 그 이치를 모두 드러낼 수 없다. 이를 다음의 두 가지 뜻과 연관시켜 간략히 설명하겠다.

첫째, 방편문方便門에 의거하여 말한다. 이는 현실적인(事) 방면에 속한다. 공空은 허망하여 실재적인 뜻이 없다. 왜냐하면 우주만물은 모두 여러 인연에 의해 이루어진 것이기 때문이다. 이것은 일종의 생멸무상生滅無常하는 환상幻相으로 실재하는 자체가 없으므로 공이라고 말한다. 『대지도론』에 말하기를 "인연으로 생기는 법을 공상이라고 한다(因緣生法是名空相)"라고 하였다. 이에 근거하여 공을 증명할 수 있으니, 이는 인연으로 생기는 것은 실재하지 않는다는 뜻이다.

둘째, 진실문眞實門에 의거하여 말한다. 이는 이치적인(理) 방면에 속한다. '공空'은 진공실상眞空實相의 제일의공第一義空을 가리키는 것으로, 오온의 허망한 상相 속에서도 당체는 바로 진공인 실상이다. 거짓이 아닌 진실眞實이며 상相을 벗어났으므로 공이라 하며, 진여眞如의 이성理性은 모든 미혹한 정情과 망상妄相을 벗어나 있다. 비록 모든 미혹한 정과 망상을 벗어났지만, 모든 미혹한 정과 망상의 당체는 곧 진공실상이다. 그러므로 진공이라고 한다. '실상實相'은 환상幻相에 상대하여 말한 것으로, 환상은 임시로 잠시 나타난 까닭에 있다(有)고 말하는 것이며〔임시로 잠시 나타나는 상(假相)을 환상幻相이라 부른다〕, 실상은 상이 없는(無相) 까닭에 공이라고 말한다〔실상은 본래 공적空寂하다〕. 비록 공하여도 자성自性이 없는 것은 아니므로, 이른바 상이 없지만 상이 아님도 없다(無相無不相). 그러므로 실상이라고 한다. 요컨대 인연에 의해 생기는 만유는 실재하지 않으니 이것이 허망한 공이고, 만유의 당체는 곧 참되니 이것이 제일의공第一義空이다. 제일의공은 곧 실상이고, 실상은 곧 진여불성眞如佛性이며 또한 열반묘심涅槃妙心이다. 『관불삼매경觀佛三昧經』에 말하기를 "진여실상이 제일의 공이다(眞如實相 第一義空)"라고 하였다. 『열반경』 제17권에서는 "불성을 제일의공이라 부른다(佛性名第一義空)"라고 하였고, 『삼장법수三藏法數』 제46권에서는 "열반의 법은 공하여 상이 있을 수 없는데, 이것이 제일의공이다(涅槃之法空無有相 是爲第一義空)"라고 하였다. 이는 곧 불성佛性, 진여眞如, 실상實相, 열반涅槃이 모두 공空의 다른 이름들인데, 지금은 실상을 가지고 공의 뜻을 해석하는 것으로, 이것은 근거가 있다. 이는 곧 제일의공에 대하여 바로 실상이라고 한 것이니, 실상이 바로 제일의공의 도리임은 의심할 여지가 없다. 마땅히 알아야 한다. 허망한 공은 반야의 소극적인 파괴 작용이며, 제일의공은 반야를 적극적으로 일으켜 세우는 측면임을. 이하 경문 가운데 이야기하는 공空은 모두 이 두 가지 뜻에 의거한다.

전자는 점오문漸悟門에 속하고 후자는 돈오문頓悟門에 속하는데, 이 경에서 반야의 바른 뜻(正義)은 당연히 후자인 제일의공第一義空을 말한다. 비록 그렇다고 하여도 다만 소승인을 상대하여 설법할 때는 전자를 말하여야 하고[허망하여 실재가 아니라는 공], 대승인을 상대하여 말할 때는 후자를 말해야 한다[진공실상의 공]. 이는 여래께서 근기에 따라서 가르침을 베풀어 주시는 취지와 잘 부합한다. 속담에 이르기를 "약은 조잡하고 묘한 것에 관계없이 증상에 상대하는 것이

귀하며, 법은 얕고 깊음에 관계없이 근기에 맞추는 것이 중요하다(藥不
分粗妙 貴在對症 法無論淺深 要在投機)"라고 했으니, 이야말로 확실한
이야기라 하겠다.

또한 '조견오온照見五蘊空'의 한 구절은 곧 실상반야의 미묘한 관문임
을 알아야 하며, 위의 '행심반야行深般若'의 2구와 합해져야 경 전체의
핵심요체를 이루게 되니, 배우는 사람들은 행여나 소홀히 하여 지나치
지 말기 바란다.

照見五蘊皆空
오온을 관조하여 보니 다 공하여

'조견照見'은 관하는 주체의 지혜이며 '오온五蘊'[48]은 관해지는 대상의
경계이다. 모든 중생들은 오온인 신심身心이 미혹하여 생사가 다하지
못하게 되는 것이므로, 경의 첫머리에 먼저 '(지혜로) 비추어 보니
오온이 다 공하더라(照見五蘊皆空)'는 한 구절로서 이를 경계하여 깨우
치도록 한 것이다. 몸과 마음(身心)의 두 법(二法)은 모두가 허망한
인연으로 인하여 생기는 것임을 자세히 관찰하게 한 것이니, 이미
허망한 것의 근본을 없애버리면 자연히 미혹하지 않게 되어 해탈을

---

48 오온(五蘊: skandna): 색온(色蘊: 五根, 五境 등 유형의 물질 모두를 말함), 수온(受蘊:
경계에 대하여 사물을 받아들이는 작용), 상온(想蘊: 경에 대하여 사물을 생각하는
마음의 작용), 행온(行蘊: 기타의 경에 대하여 탐진 등의 선악에 관한 일체 마음의
의지작용), 식온(識蘊: 경에 대하여 사물을 了別하고 식별하는 마음의 본성)

얻게 된다.

【나누어 해석함(分釋)】

'조照'는 곧 비추어 관하는 것(觀照)이며 견見은 곧 꿰뚫어 보는 것(徹見)이다. 마땅하게 관하는 때를 조照라고 하고 철두철미하게 이치를 증득하는 것을 견見이라 한다. 조照는 삼지三智의 작용이며, 견見은 오안五眼의 작용이다. 또 조照는 반야의 지혜로 비추는 것이지 범부가 허망한 번뇌로 비추어보는 허망한 조가 아니다. 견見은 바로 원명圓明한 참다운 견이며, 범부가 번뇌를 따라 유전하는 허망한 견이 아니다.

'오온五蘊'은 곧 색온色蘊, 수온受蘊, 상온想蘊, 행온行蘊, 식온識薀을 말한다. 온蘊은 '쌓아 모은다'는 뜻이다. 도대체 쌓아 모으는 것은 무엇인가? 이는 바로 오법(五法: 色受想行識)을 쌓아 모으는 것이며, 이를 원소原素로 하여 중생이 되며 삼혹(三惑: 見思惑, 塵沙惑, 無明惑)의 번뇌를 쌓아 모아서 생사를 받는다. 또 오음五陰이라고도 하는데〔신역은 오온, 구역은 오음이라 번역〕, 음陰은 '가리고 덮는다'는 뜻이다. 이는 오법五法이 우리의 본각本覺 진심을 덮어서 가림으로써 본각을 드러내지 못하게 하는 것이다. 상세히 말하자면, 오온 중에 하나하나의 온蘊은 모두 저마다 쌓아 모으는 본래의 공능이 있다. 색온은 사대와 오근을 화합하여 쌓아 모아 몸(身)을 이룬다. 수온은 오식五識과 오진五塵을 화합하여 쌓아 모을 수가 있는 것이다. 곧 눈(眼)으로는 색色을 받아들이고, 귀(耳)로는 소리(聲)를 받아들이고, 코(鼻)로는 향기(香)를 받아들이는 등……. 상온은 의식과 육진을 화합하여 쌓아 모아 상想이 있는 것이다. 곧 의식은 색에 염착染着하여 색을 생각(想)

하게 되고, 음성에 염착하여 음성을 생각하게 되는 등……. 행온은 의식이 대상경계(塵境)를 생각하고 선악의 모든 업을 조작하여 생각 생각이 끊이지 않고 화합하여 쌓아 모아 행하는 것이다. 식온은 모든 법을 분별하여 인식(了別)하는 본체로서, 모든 염정染淨의 종자種子를 움켜 지니어(執持) 화합하여 쌓아 모으는 것을 식이라고 한다.

요점을 말한다면, '색色'은 모여서 합함으로써 있게 되며, '수受'는 접촉함으로써 이루어지며, '상想'은 연상작용(緣影)으로써 생기며, '행行'은 집착하여 헤아리는(遍計) 것으로써 이름(名)을 삼으며, '식識' 은 분별하여 인식하는(了別) 것으로써 상相이 된다. 이를 자세히 설명하면 다음과 같다.

1. 색온色蘊: 이는 형질이 있어 장애가 되는 것(質礙)을 뜻하는데, 무릇 형질이 있고, 장애가 있는 것은 모두 색色이라고 한다. 멀리로는 세계에 있는 모든 만물을 가리켜 외색外色이라 하고, 가까이로는 우리들 눈앞에 있는 사대로 이루어진 육체를 가리켜 내색內色이라고 한다. 나아가 허공 같은 것 등도 모두 색법色法에 포함된다. 이를 개괄적으로 말하면 세 가지가 있다.

(1) 볼 수 있고 장애가 있는 색(可見可對[49]色): 얼굴빛이 푸르고 누렇고 붉고 창백한 등의 안색이나, 형상이 길고 짧고 모나고 둥근 등의 형색이나, 동작을 취하거나 가만히 있거나 구부리거나 펴는 등의 표색表色 등은 모두 다 형질이 있는 것들이어서 눈으로 볼 수

---

[49] 여기서 對란 글자는 형질이 있어 걸림과 장애가 있다는 뜻이다.

있는 것이므로 '볼 수 있고 장애가 있는 색'이라고 말한다.

(2) 볼 수 없고 장애가 있는 색(不可見可對色): 소리와 향기와 맛과 같이 눈으로 볼 수는 없지만 귀나 코와 혀로써 접촉하여 받아들이는 것(接受)이 가능한 까닭에 '볼 수 없고 장애가 있는 색'이라고 말한다.

(3) 볼 수도 없고 장애도 없는 색(不可見無可對色): 무표색無表色이라고도 한다〔비록 명료하게 분별할 수는 있지만 장애되는 표시가 없으므로 무표無表라고 함〕. 이는 바로 제6법진法塵을 말하는 것으로, 눈으로 볼 수 없고, 귀나 코로 혀 등으로 접촉할 수 없는 까닭에 '볼 수도 없고 장애도 없는 색'이라고 말한다. 여기에서는 간단하게 우리들의 지수화풍 사대四大로 구성된 색신色身을 가지고 말하는 것이다.

2. 수온受蘊: '수受'는 받아들인다는 뜻이다. 즉 경계에 대하여 사물을 받아들이는 마음의 작용이란, 안의 오근五根이 밖의 오진五塵을 대함으로써 오식五識을 일으켜서 모든 경계를 받아들이는 것을 말한다. 순경계(順境)를 받아들이는 것을 낙수樂受라 하는데, 바로 탐내는 마음(貪心)을 불러일으킨다. 역경계(逆境)를 받아들는 것을 고수苦受라 하는데, 바로 성내는 마음(嗔心)을 불러일으킨다. 또 즐겁지도 않고 괴롭지도 않은 경계(不樂不苦境) 것을 중용수(中庸受, 不苦不樂受)라고 하는데, 바로 어리석은 마음(癡心)을 불러일으킨다. 여기서 받아들인다(受)고 하는 것은 곧 전5식을 말한다. 이는 오식의 받아들이는 힘이 특별히 강하기 때문이다. 본래 수온受蘊은 여섯 가지로 받아들임(六受)을 구족하고 있어 6식識에 통하지만, 지금은 사온(四蘊, 수상행식)으로써 8식識에 분배하고자 하기 때문에 여기서는 간단하게 오수五受만을 밝히는 것이며, 법진法塵의 일수一受는 상온想蘊 안에 포함하

고 있다. 또 안안眼 등의 오식五識이 순경계를 받아들일 때를 낙수樂受라 하고, 만약 제6의식이 순경계를 받아들이는 것은 희수喜受라고 한다. 또한 안안眼 등의 전5식이 역경계를 받아들일 때를 고수苦受라 하고, 제6의식이 역경계를 받아들이는 것은 우수憂受라고 한다. 고와 낙의 이수二受가 약한 것은 앞의 5식이 거두는 것에 속하며, 이는 앞의 5식의 생각하는 힘이 약함에 기인한다. 우憂와 희喜의 이수가 강한 것은 제6식이 거두는 것에 속하는데 이는 6식의 생각하는 힘이 강함에 기인한다.

3. 상온想蘊: '상상想'은 상상想像의 뜻이다. 즉 경계에 상대하여 사물을 상상하는 마음의 작용이란, 이미 받아들인 경계에 상대하여 거듭하여 분별하고 상상하는 것을 말하는 것이다. 여기서 상상想이라 부르는 것은 제6식을 가리킨다. 6식의 상상(想)하는 힘이 가장 큰 까닭이다.

4. 행온行蘊: '행行'은 변천하여 흐르며(遷流) 조작한다는 뜻이다. 이는 항상 과거, 현재, 미래를 인연하여 모든 선악의 마음으로 작용하는 것으로, 앞의 것이 없어지면 뒤에 것이 생겨나 생각 생각에 머무르지 않는 까닭에 행행行이라고 부르는데, 제7식인 의근意根을 가리킨다. 7식의 생각(思)하는 힘이 가장 큰 까닭이다.

5. 식온識蘊: '식식識'은 분별하여 인식한다(了別)는 뜻이고, 그 본체는 곧 8식은 심왕心王이다. 즉 경계에 대하여 요별하여 사물을 알아서 인식하는 마음의 본체란, 모든 식의 성품과 경계를 분별하여 모든 종자와 한평생의 수명을 집지執持하는 것으로, 바로 제8아뢰야식第八 阿賴耶識을 가리킨다. 8식은 전신全身을 집지하는데, 만약 8식의 견분 見分이 모든 근근根을 비추지 않으면 곧 전7식은 전혀 분별하여 인식하는

공능이 없게 된다. 소승종小乘宗에서는 오로지 안식 등의 6식만 인정하지만, 대승종大乘宗에서는 8식을 다 밝히고 있다.

    총괄하여 말하면, '색色'은 물질의 모든 현상을 말하는 것이며, '수受' 등의 사온四蘊은 일종의 정신적인 작용이다. '수受'는 대상경계(塵境)에 접촉하여 생겨난 감각이며〔고수와 낙수가 있다〕, '상想'은 경계를 취하여 분별하는 지각을 말한다. '행行'은 조작하거나 사려하는 작용을 말하는 것이다. '식識'은 앞의 네 가지 마음의 힘을 총괄한다. 8식은 모두 골고루 분별하는 능력이 있다. 전6식은 모든 사상事象을 요별了別[50]하는 까닭에 6식 또는 분별사식分別事識이라고 하는데, 곧 색 등의 육경六境을 분별하는 것이다. 제6식은 겸하여 법진法塵을 인연(緣)한다. 7식은 모든 망상을 요별하는데, 과거의 오진五塵에 인연하여 영상적影像的인 것을 투사하는 것이다. 8식은 진실 자체를 요별하는데, 항상 자신의 식에 나타나는 경계를 요별한다. 이러한 오온은 유정계有情界에서도 똑같이 나타난다. '색온'은 생리적인 것에 속하는데, 이는 부모에게서 생겨난 사대가 합하여 이루어진 몸이다. 나머지 사온은 심리적인 것에 속하는데, 이는 접촉의 경계에서 일어난 허망한 마음이다. '색온'이 생리상의 현실적인 생명체임은 위에서 말한 것과 같다. '수受' 등의 '사온'은 심리적인 감정(受), 관념(想), 의지(行), 인식(識)의 이치와 서로 같다.

---

50 요별了別은 대상을 분별하여 아는 것(알음알이)이다. 모든 식이 다 대경對境을 요별하는 작용이 있지만, 전6식은 거칠게 요별한다. 그래서 특히 전6식을 요별경식了別境識이라고도 한다.

오온五蘊이 서로 생겨나는(相生) 순서를 말하면 식識, 수受, 상想, 행行, 색色이어야만 하는데, 이는 무엇을 말하는 것일까? 식識의 인식하는 마음이 있고 난 뒤에야 비로소 받아들이는 수受가 있게 되고, 수가 있고 난 뒤에야 비로소 상상하는 상想이 있게 되고, 상상이 있고 난 뒤에야 비로소 조작하는 행行이 있게 되고, 조작하는 직업이 있고 난 뒤에야 비로소 색신色身이 있게 되는 것이다. 여기서 색온을 먼저 열거한 것은 색온의 거친 상에 사람들이 쉽게 집착하기 때문이며, 색온은 아집의 근본이고 모든 악의 근원이기 때문이다. 중생들은 이에 집착하는 것이 견고하여 없애기가 어려우니, 만약 이 집착 하나만을 없앨 수 있으면 나머지 모든 집착은 녹아 없어지기 때문에, 바로 이런 의미에서 색온을 앞에 나열한 것이다.

이상에서 오온의 내용을 모두 강의하여 마쳤다. 그런데 여기서 다시 오온이 모두 공空하다고 하는 의미를 무엇인가? 이를 간단히 말하면, 이 오온의 몸과 마음(身心)은 모두 인연으로 생겨난 법(因緣所生法)이니, 이른바 색色은 사대四大가 임시로 화합하여 있는 것이고, 수상행식受想行識은 분별망상으로 말미암아 있는 것이다. 그러므로 끝내 실체가 없고 하나라도 공이 아닌 것이 없다(無一不空). 그러므로 "모두가 공이다(皆空)"고 한 것이다. 『유마경』에 말하기를 "모든 법은 구경에 있지 않다는 것이 바로 공의 뜻이다(諸法究竟無所有是空義)"라고 했다.

이를 자세하게 말하면, 삼계三界에 있는 모든 것을 통틀어 관하면 색과 심의 두 가지를 벗어나지 않으니, 색은 물질적인 것이고, 심은 정신적인 것이다.

먼저 물질적인 측면에서 말한다. 우주 속에 있는 모든 존재는 다 물질적인 현상에 지배를 받으니, 밖으로 산하 국토와 안으로 신체 형상에 이르기까지 참으로 실재하는 것이 하나라도 있는가? 세상 사람들은 미혹하여 허망하게 집착함을 일으켜 실제로 대상(實法)이 있고 실제로 나(實我)가 있다고 인식한다. 단적으로 사람들이 육체라고 말하는 것을 보면, 근본이 지수화풍地水火風의 사대요소로 이루어진 것으로서 원래 자체自體가 없는 것인데, 어찌 실제의 나(實我)가 있겠는가! 골육과 손톱과 머리는 견고하여 지地에 속하며, 침과 피와 땀은 수水에 속하며, 몸에 온기가 도는 것은 화火에 속하며, 호흡과 움직이는 것은 풍風에 속한다. 사대四大가 화합하면 몸이 이루어지고, 분산하면 몸이 없어지는 것이다. 이루어지고 없어지는 것은 무상無常하고 허망하여 실재하지 않는 것이다. 이를 자세히 살펴보면, 죽었을 때에는 이 몸이 섞어 문드러지고 없어져 골육骨肉은 지地로 돌아가고, 습성濕性은 수水로 돌아가고, 따뜻한 기운은 화火로 돌아가고, 호흡은 풍風으로 돌아가고 마는데, 이때 이 몸이 있는 곳은 어디인가? 소위 나란 것이 끝내 어디 있는가? 『원각경』에 말하기를 "사대가 제각기 떠나면 지금의 이 허망한 몸은 어느 곳에 있겠는가?(四大各離 今此妄身 當在何處)"라고 하였다. 그러므로 공空이라고 말하는 것이다. 이는 허망하여 참되지 않는 공의 뜻으로 색온을 밝힌 것이다. 다시 한걸음 더 나아가 말하면, 죽은 뒤에 사대가 분산되기 시작하면 공을 말할 필요도 없거니와 죽지 않았더라도 사대가 임시적으로 화합한 것의 당체는 공이 아님이 없다.

다음으로 정신적인 측면에서 말한다. 대개 마음이 일어나고 생각이 움직이는 것은 모두 정신적 작용에 속한다. 이를 불경에서는 육식망심六識妄心이라고 한다. 이 마음의 일어남에는 또한 여러 인연들이 모이니, 육근과 육진의 화합은 허망하고 진실하지 않은데 하물며 찰나에 생멸하는 것은 바뀌어 변화하여(轉變) 무상하다. 근根과 진塵이 만나지 않아 한 생각이 일어나지 않는 그때에는 누가 받아들이며(受蘊), 누가 상상하며(想蘊), 누가 탐내는 생각을 내며(行蘊), 누가 분별하여 인식하는가(識蘊)? 이에 근거하면, 곧 받아들이는 것(受) 등의 망심妄心은 모두 대상경계(對境)로 인하여 있는 것이다. 상대되는 대상(所對)인 색온이 이미 공하면 곧 상대하는(能對) 사온은 자연히 없다. 이로 인하여 수상행식도 또한 하나하나가 모두 공하지 않음이 없다. 그러므로 "오온이 모두 공하다"고 말한 것이다. 이는 허망하여 참되지 않는 공의 뜻으로 수상행식의 사온을 밝힌 것이다.

총체적으로 말하면, 세간의 모든 법은 크거나 작거나 마음이거나 색色이거나 모두가 인연에 의탁하여 일어난 환영이므로 진실한 것이 아니고, 인연이 모이면 생기고 인연이 흩어지면 사라지는 것이다. 즉 인연에 의하여 생기고 없어지는 것이다. 바로 생기지 않았을 때에는 본래 공하며, 없어졌을 때에도 또한 공한 것이다. 없어지지 않았을 때에도 역시 공의 체상體上에서 일시적으로 존재하는 허깨비 모습(幻相)에 불과한 것이다. 그러므로 모든 법은 구경에는 공인 것이다. 범부들은 미혹한 까닭에 실제로 있다고 집착하고, 보살은 깨달은 까닭에 모두가 공임을 요달한다. 『대반야경』에 "오온은 환영幻影이고 허망하여 진실하지 않다"는 비유의 글이 있는데, 여기서는 그 글을 참고하여 설명한다.

'색色'은 물거품이 모인 것과 같다. 색은 우리의 몸이며 물거품은 물보라로서 바람으로 인해 물이 물거품이 된 것인데, 이는 허망하게 있는 형상形狀으로 그 본체는 본래 진실한 것이 아니므로 순식간에 없어지는 것이다. 그러므로 중생의 몸은 사대가 화합하여 모인 것으로 거품이 모인 것과 같이 허망하고 임시적인 것이어서 진실하지 못하다.

'수受'는 물거품과 같다. 물거품은 물이 바람으로 인하여 움직여서 다른 사물에 부딪쳐서 갑자기 물거품을 일으키고 금방 없어진다. 이는 중생들이 모든 일에서 고통과 즐거움을 받는 것 또한 물거품과 같이 생기고 없어지는 무상無常한 것이라는 비유이다.

'상想'은 아지랑이(陽燄)와 같다. 아지랑이는 봄에 들녘을 멀리 바라보면 햇빛이 불꽃같이 일어나는데, 이것은 마치 물이 출렁이는 것과 같지만 사실은 물이 아닌데도 목마른 어리석은 사람이 물이라고 상상하는 것이다. 『능가경』 제2권에 말하기를 "비유하면 한 무리의 사슴과 같아서, 목마르면 봄에 아지랑이를 보고는 물로 생각하고 미혹되어 어지럽게 달려 나가지만 물이 아니라는 것을 모른다. 물을 얻을 수 없음에도 갈구하고, 애착하는 인연으로 허망하게 이와 같은 상상을 일으킨다(譬如群鹿 爲渴所迫 見春時燄 而作水想 迷亂馳趣 不知非水 水不可得 渴愛因緣 妄起此想)"라고 하였다. 이는 중생들의 망상이 진실이 아니라는 것을 아지랑이에 비유한 것이다.

'행行'은 파초芭蕉와 같다. 파초는 그 자체가 연하여 견실하지 못하다. 중생의 허망한 생각은 변천하여 흐르며 모든 행동을 조작하는데 이는 또한 파초가 허약하고 나약하여 견실하지 못한 것과 같음을 비유한 것이다.

'식識'은 환사幻事와 같다. 환사幻事는 곧 환술(幻術, 요술)에 의한 일이다. 이른바 요술쟁이가 요술을 일으켜서 갖가지 요술을 나타내는 것인데, 주술로서 흙에서 참외가 생기게 한다든가 물이 고기로 변하게 하는 등은 모두가 환의 힘으로 이루어지는 것이어서 본래는 있는 것이 아니니, 이는 중생들이 식심識心으로 모든 현상(諸法)을 분별하는 것이 다 망상에 속하는 것임을 비유한 것이다.

요컨대, '공空'의 뜻은 아집(我執, 自性見)을 깨트리는 일종의 설법이다. 간단하게 말하면, '공'은 우리가 집착하지 않아야 한다는 것을 가리키며, 일체가 전혀 없다는 말은 아니다. 만약 잘못 체득하게 되면 공에 허망하게 집착하여 세상을 싫어하고 공만을 추구하게 되는데, 이는 현실 도피이다. 혹자는 공을 얻었다면서 밥도 먹지 않고 옷도 입지 않으려고 하는데, 이를 어찌 훌륭하다고 하겠는가! 이는 공의 뜻을 정확히 이해하지 못한 것이다! 이런 모습은 하나의 잘못된 생각에 빠져 인과가 없는 삿된 견해에 빠져 들어가게 된 것이니, 얼마나 가련한 노릇인가! 이상은 모두 현상적(事)인 측면에서 공의 뜻을 해석한 것이다.

다시 이치적(理)인 측면에서 이를 해석해 보자. 보살이 깊은 반야공부를 수행하여 힘을 얻으면 성스러운 지혜가 현전하여 모든 법의 진실 그대로의 모습(如實之見)을 꿰뚫어보며 오온의 당체 하나하나가 모두가 진공실상眞空實相이어서 안으로의 신심身心과 밖으로의 세계와 삼라만상이 활연豁然하고 공적空寂하여 한 물건도 얻을 것이 없는 데에 이른다. 이런 도리는 아주 심오하므로 하나의 비유로 설명하겠다. 바닷물 위에 일어나는 파도는 비록 하나의 물거품 현상으로 허망하여 진실한 것이 없지만 당체는 바로 물이다. 나타나는 현상은 허망하지만 당체는 진실한 것이다. 지금 여기서 말하는 오온은 바로 우리 진심의 본체에서 일어나는 허깨비 같은 현상의 그림자로서, 비록 허망하여 진실한 것이 없지만 그 당체는 바로 진심의 참된 모습(眞心實相)이다. 우주만물에서 일어나는 현상들은 바로 우리 마음에서 일어나는 파도와 같은 것이다. 오온의 당체는 곧 진공실상이라는 것이 바로 이런 뜻이다. 백장百丈 선사가 말하기를 "다만 허망한 인연만 여의면 바로 여여한 부처이다(但離妄緣 卽如如佛)"라고 하였다. 『금강경』에서는 "만약 모든 상이 상이 아님을 본다면 바로 여래를 본다(若見諸相非相卽見如來)"라고 하였으며, 『능엄경』에서는 "음입처계[51]는 본래 여래장의 묘한 진여성眞如性이다(陰入處界 本如來藏妙眞如性)"라고 하였다. 또 말하기를 "상을 관하면 원래 허망하여 지적하여 말할 것이 없으며, 자성自性을 관하면 원래 진실하여 오직 묘한 깨달음의 밝음뿐이다(觀相元妄 無可指陳 觀性元眞 唯妙覺明)"라고 하였다. 그러므로 "오온이 모두 공한 것을 비추어 본다(照見五蘊皆空)"고 말한 것이다. 이는 앞에서 해석한 글 중에서 진공실상眞空實相, 제일의공第一義空으로 오온이 모두 공한 것을 밝힌 것이다.

 요약해서 말하면, 오온의 모습은 환유(幻有. 虛妄)이며, 오온의 본체는 진공眞空이다. 중생들은 허망한 마음으로 분별하여 오온을 허망하다 하여 진공을 내버리지만, 보살은 반야지般若智를 사용하여 비추어 보므로 진공은 드러나고 오온은 사라지는데, 이는 오온의

---

51 음입처계陰入處界: 五陰, 六入, 12處, 18界의 四科를 말한다.

허깨비 모습(幻相)의 당체가 바로 진공이기 때문이다. 비록 환유幻有가 진공을 가리어 덮어 환유가 나타나면서 진공의 이치가 감추어져 보이지 않는다고 말하지만[이는 미혹함이다], 환유는 진공을 장애하지 못하는 까닭에 진공이 한 번 나타나면 환유의 모습은 곧 사라진다[이는 깨달음이다].

여기에는 연구해볼 만한 문제가 상당히 있다! 이른바 '조견오온개공照見五蘊皆空'이라고 했을 때 이 공은 결국 무엇인가? 이것은 공상空相인가, 공성空性인가? 통상적인 해석은 오온의 상相이 공하다고 말하는데, 이것은 어떤 점에서는 타당하지 않다! 이 말이 잘못된 것은 아니다. 오온은 인연이 화합하여 생겨난 것(因緣和合所生)으로 본래 자성自性이 없으며 자성이 없으므로 공이라고 말하지만, 임시적인 상(假相)까지도 또한 없다는 것은 아니다. 이는 의리상義理上의 공으로서 없어져 멸하는 공이 아니다. 『현양성교론顯揚聖敎論』에 말하기를 "모든 법을 추구해도 자성을 볼 수 없으나, 일체의 종류가 다 얻을 것이 없는 것은 아니다(推求諸法不見自性 非一切種都無所得)"라고 하였다. 간혹 어떤 사람이 말하기를 "이것은 공성空性이라고 말하는데, 이는 성립할 수 없는 이론이다. 자성自性이 없으므로 공空이라고 말했는데, 만약 자성이 있다면 어떻게 이것을 공이라고 말할 수 있는가? 이에 대한 도리를 명확하게 밝혀야 한다"라고 한다. 다시 어떤 사람이 말하기를 "당신은 스스로 과오를 말하고 있다. '오온의 모습을 비추어보면 그 당체가 진공실상眞空實相'이라고 했는데, 그렇다면 진공실상은 바로 오온의 자성인 것이다. 여기에서 착오하지 없기를 바란다"라고 한다. 당체가 곧 진공실상이란 말은 진공실상이 곧바로 자성自性이라는 것이 아니다. 이는 이미 실상이라고 말하였으니 공이라고도 말할 수 없기에 진공실상이라고 말하였으며, 모든 상을 벗어나되 모든 법에 즉하며, 불생불멸不生不滅이며 공空 또는 불공不空이라고 할 것도 없는 것이다. 만약에 공이라고 한다면 어떻게 진공실상이라고 부를 수 있겠는가? 이를 잘 고려해 볼 필요가 있다. 요컨대 공이라고 하는 것은 오온이 자성이 없으므로 공이라고 말한다는 것이 정확한 것이다. 당唐나라 법월法月 스님의 번역본에 의하면 "오온을 비추어보니 자성이 모두 공하다(照見五蘊自性皆空)"라고 하였다. 여기서 공은 '없다'는 뜻이며, 이는 방편적으로 해석하는 데 불과한 것이지, 만약 실상의 관점(實相門)에서 이렇게 해석한 것은 아니다. 이 말을 명백히 하기 위해서는 바로 "오온을 비추어보니 자성이 모두 없다(照見五蘊皆無自性)"라고 하면 아주 명백해질 것이다. 자성은 바로 '나(我)'의 뜻을 지닌 것이고, 무자성은 곧 무아성無我性이다. 왜 오온이 없는데도 나의 성품(我性)이라 하는가? 이는 먼저 나(我)의 정의를 명백히 밝히고 난 다음에 해결할 수 있는 문제이다. 나(我)는 두 가지의 뜻을 내포하고 있다.

첫째는 자주(自主, 스스로 불변의 주체가 있음)의 뜻이며, 둘째는 자재(自在, 스스로 영원히 존재할 수 있음)의 뜻이다. 자주自主와 자재自在가 있기에 내(我)가 있다고 말하는 것이다. 묻기를 "이 오온은 연기하는 허망한 법인데, (오온일 뿐인) 우리가 어떻게 자주를 얻을 수 있으며, 영원히 변하지 않고 자재自在할 수 있는가?" 내가 생각하기에, 불법을 점점 인식해가는 사람들은 이를 도무지 절대로 부인할 거라고 생각한다. 그래서 본 강의에서는 "사대四大가 임시로 화합한 허망한 몸에는 본래 실재하는 내가 없으며, 수상행식 모두가 자기 마음의 환상으로 나타난 그림자로 본래 자체가 없으며, 찰나에 생멸하고 바뀌어 변하는 무상無常한 것이다(四大假合 虛妄之身本無實我 受想行識皆是自心幻現 影子 本無自體 刹那生滅 轉變無常)"라고 말한다.

그래서 실재하는 '아성我性'이 없으므로 공空이라고 하는 것이다. 이에 근거하면 곧 알려지는 공의 대상이 아성我性, 곧 자성임을 알 수 있으며, 아울러 연기緣起하는 오온의 모습 모두가 공이라는 것은 아니다. 만약 그렇지 않다면 바로 색을 멸하고 공을 취하는 병폐를 낳게 되어 실로 반야에서 밝히는 공의 뜻에 위배된다. 이 때문에 반야의 공은 모든 법의 자성에 있는 공이며, 아울러 연기의 가명假名을 없애는 것도 아닌, 이른바 자성공自性空이면서도 연기하는 유有를 장애하지 않는다. 이렇게 볼 때 비로소 바른 뜻(正義)에 합치하는 것이다. 『대반야경』에 말하기를 "모든 법은 자성이 공하다(一切法自性空)"라고 하였다. 곧 모든 법은 무자성이다.

이를 요약해서 말하면, 오온은 인연으로 일어나는(緣生) 법으로 무상無常이며, 무상이므로 고통(苦)이 있고, 고통이 있으므로 내가 없고(無我), 내가 없으므로 공空이라고 말한다. 이 속에서 무상無常하지 않기를 바라고 고통이 없기를 바라도 끝내 얻지 못하게 된다. 이로써 자주自主와 자재自在의 아성은 없다는 것을 알 수 있다. 그런 까닭에 "오온개공五蘊皆空"이라고 말하는 것이다. 저 오온에 만약 자성이 있다면 곧 자주自主, 자재自在할 수 있으므로 마땅히 무상하지도 않고 괴로움도 없을 것이니, 당연히 그것을 공이라고 말해서는 안 된다. 오온에 어떠한 법이 있어 그것을 멸하고 공이 되게 하는 것이 아님을 분명히 알아야 한다. 실은 자성이 본래 공한 것(自性本空)이다. 경(『대반야경』)에 말하기를 "색의 자성이 공한 것은 공으로 인한 것이 아닌 까닭이다(色自性空 不由空故)"라고 하였다. 색이 멸함으로 인해 그 이후에 공이 시작되는 것이 아니다.

이쯤에서 여러분들은 오온이 자성이 없는 까닭에 공이라고 말하는 도리를 어느 정도 명백히 알아 의문이 없게 되었을 줄 생각한다. 참고로 『잡아함경雜阿含經』 제5권 제110번 경(대정장 99, p.35上)에 오온의 자성이 없음(無自性)과 자주가 없음(無自主)에 대한 자세한 설명이 있는데, 이것을 여기에 기록하는 것은 번잡하다고 생각되어 생략하였으니 스스로 꼭 찾아보시기 바란다.

오온의 환법幻法은 본래 물위의 달과 허공 꽃(水月空華)과 같아서 실체가 없으나 미혹하고 우매한 중생들은 모두가 공한 이치를 알지 못하고 허망하게 집착을 일으킨다. 지금 반야의 뛰어난 지혜로써 우리 앞에 나타나는 신심身心을 관조해보자. 이 환幻으로 생긴 몸을 관하면 사대四大가 임시로 화합한 것 이외에 따로 나라는 것이 있지 않으니, 당체는 곧 공이다(當體卽空). 이 한 생각 허망한 생각이 일어나는 곳을 관하면 자성은 없지만 당체는 곧 참이다(當體卽眞). 이와 같이 오온이 이미 공하여 신심이 해탈하면 실상반야實相般若가 현전하게 된다. 그래서 즉시에 생사를 초월超越하여 피안彼岸에 오를 수가 있으니, 반야의 공력功力이 아주 광대하고 위대한 것을 잘 알 수 있다.

지금 다시 비유로 설명하겠다. 오온은 집과 같고, 번뇌는 대문과 같으며, 집착은 자물쇠와 같고, 진공실상은 집안에 있는 보물과 같다. 또 반야는 열쇠와 같으며, 법을 관하는 것(觀法)은 자물쇠를 여는 방법과 같고, 관조觀照는 자물쇠를 여는 것과 같으며, 집안의 보물을 보는 것은 실상을 증득하는 것과 같다. 중생들은 시작 없는 과거로부터 허다한 번뇌를 쌓아 모으고는 갖가지 집착을 일으키는데, 진공실상을 오래토록 오온의 집안에 묻어놓고서 거의가 이를 열어서 발굴해 가지려 하지 않으며, 또한 여는 곳과 방법을 모르고 있다. 우리는 모름지기 반야에 의지하여 참답게 수행하고 노력해야 한다. 그럼 바로 반야묘관般若妙觀의 열쇠를 사용하여 집착의 자물쇠를 타개하고 번뇌의 문을 열고서 오온의 집안을 통과하여 오랫동안 잠겨 있던 진공묘리眞空妙理의 미묘한 보물을 발견하게 되는 것이다. 바로 이때가 되면 크게 수용하여 유쾌한 심정과 미묘한 경계를 얻게 됨을 알아야 하니, 어떤 사람인들 알아보지 못하겠는가! 자물쇠를 여는 때를 일러 비춘다(照)고 하고, 자물쇠를 열고 문을 열어 집안에 있는 물건이 나타나는 것은 본다(見)고 한다. 우리들이 가지고 있는 갖가지 집착의 자물쇠는 이 반야의 묘법, 바로 세상에서 가장 중요하고 절묘한 반야의 열쇠로 바르게 잘 사용하면 열리지 않는 자물쇠가 없으며 열리지 않는 문이 없나니, 배우는 사람들은 마땅히 이에 힘쓰기 바란다.

【종합하여 해석함(合釋)】

성자 관자재보살이 반야의 깊고 깊은 훌륭한 지혜를 사용하여 사대로 구성된 신체(색온)와 수상행식의 심리적 작용을 관찰하니, 모두 인연으로 생겨나 본래 자성이 없고 당체가 곧 공함을 증득하였다. 그러므로 "오온을 비추어 보니 모두가 공하였다"고 말한 것이다. 아래는 오온에 대한 설명을 표로 정리한 것이다.

[표7] 오온표

색온色蘊	사람 몸의 사대四大를 말하는데, 오근五根은 안의 색色이며 세계에서의 오진五塵은 밖의 색이다. 이 모두는 색법色法에 속한다(색에 미혹됨이 적기에 합하여 말하고 나누지 않았다).
수온受蘊	오근五根 중에 오식五識이며, 오진五塵의 나타나는 경계를 받아들이는 전오식前五識이다.
상온想蘊	오진五塵의 그림자(緣影)의 망상妄想을 분별하는, 바로 제6의식이다.
행온行蘊	제8식 견분을 나(我)로 집착하여 생각 생각에 멈추지 않는, 곧 제7식 의근意根이다.
식온識蘊	오직 모든 식의 성경性境[52]을 알아 모든 선악의 종자가 의지하게 되는 제8식이다. 위의 사온四蘊은 모두 심법心法에 속한다(마음에 미혹되는 것이 많기에 넷으로 나누었다).

④얻게 되는 이익을 밝힘(明所得益)

度一切苦厄

모든 고액을 도탈하였다

(오온을 비추어보니 모든 것이 공이므로 일체의 고액을 도탈할 수 있었다.)

【나누어 해석함(分釋)】

'도度'는 도탈의 뜻이다. '일체一切'는 모든 것을 개괄하는 말로서 세간의 고통과 재난의 일이 무량하여 끝이 없으므로 일체라는 말로 개괄한

---

52 성경性境: 독영경獨影境, 대질경帶質境과 함께 3류경三類境의 하나. 능연能緣인 주관심이 소연所緣인 대상을 오류 없이 인식하는 것을 말한다. 인식대상을 대상 그대로 사려분별 없이 인식하는 것을 말한다. 제8아뢰야식의 상분相分을 성경性境이라고 한다.

것이다. '고苦'는 고뇌이며 몸과 마음을 핍박하는 것이다. '액厄'은 재액災厄을 말하며 이는 재앙이 험하여 말하기 어려움을 가리킨다. 육도六道에서 나고 죽는 등의 고통은 큰 재앙이니, 한 생각 차이로 어긋나면 삼도三途의 매우 고통스럽고 험난한 곳으로 떨어진다. 여기서 말하는 모든 고통이란 근본적으로 '분단分段'과 '변역變易'이라는 두 가지 생사를 벗어나지 못한다. 변역變易은 삼계 밖의 성자들이 받는 생사이고, 분단分段은 육도六道의 범부들이 받는 생사인데, 만약 생사가 없다면 일체의 고액도 전혀 없다. 이를 단순히 인간계에 국한하여 말하더라도 그 가운데 받는 고통은 비유로 말할 수 없는 것인데, 하물며 삼악도야 말해 무엇 하겠는가? 여기에서는 삼고三苦와 팔고八苦의 의미를 간단하게 설명하겠다.

무엇이 삼고인가?

첫째, 고고苦苦는 새어나감이 있는 몸(有漏之身, 번뇌의 몸)을 받아서 여러 고통이 서로 섞여서 모인 것을 말하는데, 또 여기에 천재지변과 인재人災가 겹쳐져서, 모든 험악한 환경에 핍박받으며 고통 받는 까닭에 고고라고 한다.

둘째, 괴고壞苦는 즐거운 일이 물러감으로 말미암아 고뇌가 생기는 것을 말한다. 말하자면 즐거움이 극치에 이르면 슬픔이 생기게 되는 것이니, 마치 부유한 집안의 자식이 한번 실패하여 받는 고통과 같은 것인 까닭에 괴고라고 한다.

셋째, 행고行苦에서 행行은 변천한다는 뜻인데, 신심身心과 환경이 항상하지 않고 변하고 바뀜에 따라 생기는 고통이므로 행고라고 한다. 새어나감이 있는 법(有漏之法)은 항상 안온하지 못하다. 마치 젊음이 바뀌어 늙어지고, 건장하였다가도 별안간 병이 들며, 살아 있다가도 갑자기 죽는 이 모두가 항상하지 않고 변하고 바뀌어 생기는 고통이다.

총괄해서 말하면, 역경逆境을 만나 고통을 받을 때는 오로지 고통뿐이며 즐거움이 없는데, 이를 고고苦苦라고 한다. 순경順境을 만나 즐거움이 있다가도 즐거운 시간이 지나가면 슬픔이 생기는데, 이를 괴고壞苦라고 한다. 고통도 아니고 즐거움도 아닌 가운데에서도 무상하게 전환하는 신심을 받아 불안한데, 이를 행고行苦라고 한다. 더욱 상세히 말해보겠다. '고고苦苦'는 인간계와 수라계와 지옥계와 아귀계에서 받는 고통을 가리킨다. '괴고壞苦'는 욕계의 육천六天과 색계 사선천인四禪天人들이 받는 고통이다. 천상계가 인간계에 비하여 즐거움이 많다고 하는데, 육욕천인(六欲天人: 四王天, 忉利天, 夜摩天, 兜率天, 化樂天, 他化自在天)으로서 의식주를 마음대로 하고 장엄한 궁전의 즐거움을 누리더라도 오직 번뇌가 있는 십선十善에 감응하는 것이어서 끝내는 복이 다하여 타락하는 날이 오고, 또 오쇠상(五衰相: 의복이 남루하고 때가 묻으며, 머리 위에 꽃이 시들며, 몸에서 악취가 나며, 악취가 나면서 침을 흘리며, 본래의 자리가 즐겁지 않다)이 나타나는데, 그때에 고통은 무서운 것이다. 『열반경』에 말하기를 "천상에는 큰 고뇌하는 일이 없다고 하여도 오쇠의 상이 나타나면 큰 고통을 받는데 이는 지옥과 같다(天上雖無大苦惱事 然五衰相現極受大苦 與地獄同)"라고 하였다. 색계의 초선천初禪天에서 생生을 벗어나 희락정喜樂定의 즐거움을 얻으며, 이선천二禪天에서는 정에서 생긴 희락정喜樂定의 즐거움을 얻으며, 삼선천三禪天에서는 기쁨(喜)을 벗어나 묘락정妙樂定의 즐거움을 얻으며, 사선천四禪天에서는 평등한 생각(捨念)으로 청정淸淨한

정定의 즐거움을 얻는데, 이 모두는 세간의 새어남이 있는(有漏) 선정에 감응하는 것이니 또한 없어지거나 무너질 수 있다. 이 정定이 깨어질 때에 커다란 고뇌가 일어나는데, 생각(念)에 따라 타락하게 되는 것이니, 이를 '괴고壞苦'라고 한다. '행고行苦'는 바로 무색계無色界의 사공천인四空天人이 받는 고통이다. 이 천天에서 사공정四空定을 수행하여 모두가 움직이는 것을 싫어하고 적정한 것을 즐기며 무색無色의 바탕이 쌓여서 공정空定의 즐거움이 있는데, 그 최고의 비상비비상천非想非非想天에 오게 되면 그들은 선정의 힘에 의지하여 충분히 이 마음(六識)을 굴복시켜 8만4천 대겁大劫 동안 움직이지 않다가, 다만 8만3천9십9겁의 반쯤에 이르러 선정의 수명이 다하였을 때에 이 마음(6식)이 점차 일어나기 시작하여 움직임의 흐름이 그치지 않게 되어 마침내는 윤회에 떨어지게 된다. 이때에 생기는 커다란 오뇌懊惱는 사람의 몸에 화살이 박힌 것과 같은데, 그 고통은 평상시에 느끼는 것보다 곱절이나 더하다. 『지도론』에 말하기를 "위의 2계의 중생들이 죽을 때에는 커다란 오뇌가 일어나는데 하계보다 심하니, 비유하면 마치 아주 높은 곳에서 떨어져 부서지고 문드러지는 것과 같다(上二界死時 生大懊惱 甚於下界 譬如極高之處 墮落碎爛)"라고 하였다. 이에 근거하면 그들이 받는 고통을 설명하지 않아도 알 것이다. 비록 타락하지 않아도 항상 행음(行陰: 七識)을 받는 것을 면할 수 없어 생각 생각이 변해 흐르는 고통이 있으므로 '행고行苦'라고 한다. 옛사람이 말하기를 "욕계는 세 가지 고통을 다 갖추었고, 색계는 고고가 없으며, 무색계는 오직 행고만이 있다(欲界具三苦 色界無苦苦 無色界唯行苦)"라고 하였는데, 바로 이러한 뜻을 말한 것이다.

다음에 팔고八苦는 어떤 것인가? 표로 나타내면 다음과 같다.

〔표8〕 팔고八苦

팔고 八苦	생고生苦	어머니 자궁 속에 있는 것이 마치 죄수가 감옥에 갇힌 것과 같다.
	노고老苦	힘이 약해져서 모양이 쇠약해지며, 정신이 쇠약하고 지혜가 둔해진다.
	병고病苦	육체(根)가 고통스럽고 아파서 앉으나 누우나 편안치 못하다.
	사고死苦	사대四大가 분리되니 힘줄이 터지고 뼈가 부서진다.
	애별이고愛別離苦	사랑하는 친지와 권속을 살아서나 죽어서 이별하는 것이다.
	구부득고求不得苦	일이 마음대로 되지 않고, 얻으려 하지만 그조차도 잃어버린다.
	원증회고怨憎會苦	원수를 우연히 만나니 마치 눈에 못이 박힌 것과 같다.
	오음치성고五陰熾盛苦	오음五陰의 번뇌가 치성한 것이 불이 달아오르는 것 같은데 이는 신심身心을 태운다(앞의 7가지 고통 이외의 다른 모든 고통은 이 고통 안에 있다.)

팔고八苦에서 앞의 넷은 몸에 속하고〔몸에서 일어나는 까닭이다〕, 뒤에 셋은 마음에 속하며〔마음에서 일어나는 까닭이다〕, 마지막의 하나는 신심身心에 모두 속하는 것이다. 또 앞의 일곱 가지 고통은 별개의 것인데, 별개의 것이란 한 가지를 말하는 것으로 이는 바로 과거에 감응하게 되어 나타난 결과이다. 뒤의 하나의 고통은 총체적인 것인데, 신심身心의 모든 고통을 총괄하여 말하는 것으로 현재에 마음에서

일어나는 동작이 미래에 고통의 원인이 되는 것이다. 인과因果가 연달아 계속되어 상속相續하는 것이 끊이지 않으면서 끝이 보이지 않는 이 고통에서 언제 해탈할 것인가? 바로 반야에 의해 수행하여야만 도탈度脫할 수 있는 것이 아닌가! 이 외에도 삼재고三災苦, 팔난고八難苦, 십고十苦, 백고百苦 등의 무량한 여러 고통이 있으니 말로 다할 수가 없다. 그런데 우리들로 하여금 이러한 모든 고통에 감응하게 하는 것은 궁극적으로 누구인가? 이 근본적인 원인을 추구하면 모두가 일체 중생이 미혹하여 오온에 집착하기 때문이다. 환영幻影과 같이 허망한 신심身心을 진실한 나라고 인식하여 아집我執의 울타리를 만들어 깨뜨리지 못하고, 아집으로 말미암아 탐심을 일으켜 취하고 집착하는 것이다. 이 병의 원인은 오온이 공함을 비추어 보지 못하기 때문이다. 다시 간절하게 진실을 말하면, 원인은 모두 색온色蘊이 진실이 아님을 알지 못하는 까닭에 경계에 대하여 탐내고 그리워하여 이를 받아들여서 상相을 생각하고, 상을 생각하는 것에 의해서 업을 짓게 된다. 업이 식을 끌어당김으로 인해 생사를 받게 되고, 생사를 받음으로 인해 모든 고통과 재앙(一切苦厄)이 있는 것이다. 보살은 반야 무상관無相觀을 사용하여 이 오온의 신심은 모두 인연으로 생기므로(緣生) 성품이 없고(無性) 바로 당체가 곧 공空임을 관조한다. 그러면 자연히 스스로 사사로움과 나(我)라는 전도된 집착이 없어지고 모든 불합리적인 악업惡業을 짓는 일을 멀리 벗어나게 된다. 악업은 고통의 원인이며 생사는 모든 고통의 근본인데, 고통의 원인이 없다면 생사는 영원히 없어져서 모든 고액苦厄을 받지 않게 된다. 이른바 '원인이 없어지면 결과가 편안해진다'는 것이다. 그러므로 보살은 오온이 공함을 깨달아 모든 고액을 벗어날 수 있다. 색온色蘊이 공하면 바로 팔고八苦 중에서 몸에 의해 일어나는 앞의 사고四苦를 벗어날 수 있다. 수상행식受想行識의 사온이 공하면 팔고 중에서 마음으로 일어나는 뒤의 사고四苦를 벗어날 수 있다. 오온이 공하면 곧 탐진치 등의 번뇌가 일어날 이유가 없는데 어찌 망령되이 그런 오역五逆[53]과 십악十惡의 삼도三途에 떨어지는 악연을 지을 수 있겠는가? 이때에는 다른 이들의 고액苦厄을 벗어나게 할 뿐 아니라, 바로 지옥, 아귀, 축생의 삼악도의 괴로운 과보도 모두 없앤다. 더욱이 모든 악의 원인을 만들지 않으면 모든 고통의 과보가 없으므로 일체의 천재天災와 인재人災의 모든 고액이 사라지니, 바로 이것이 '모든 고액을 벗어난다(度一切苦厄)'는 뜻이다.

또한 동시에 도대체 누가 이 오온에 대한 집착을 몰고 와서 그런 고뇌와 재액災厄의 일들을 불러일으키는가를 알아야 한다. 이를 주동主動하는 것은 바로 삼혹三惑으로 인한 번뇌煩惱이다! 삼혹의 번뇌에 가려져 있기 때문에 오온이 공한 것을 비추어 볼 수 없는 것이다. 범부는 견혹과 사혹의 번뇌에 가려져서 오온, 십이입, 십팔계에서 아집을 만들어 분단생사分段生死의 괴로움을 초래하며, 이승二乘은 진사혹의 번뇌에 가려져서 사제, 십이연기의 편벽된 공(偏空)의 법집에 치우치며, 방편을 사용하는 보살(권교보살)은 무명의 번뇌에 가려

---

53 오역죄五逆罪를 말한다. 첫째는 탑이나 불상을 훼손毁損하고 삼보의 재물을 탈취하는 것, 둘째는 성문과 연각과 대승법을 훼방하는 것, 셋째는 출가하여 수행하는 사람을 방해하거나 죽이는 것, 넷째는 소승의 오역죄에서 하나를 범하는 것, 다섯째는 업보가 없다고 하면서 선하지 않은 업을 수행하는 것이다.

져 육바라밀(六度)에서 일어나는 환유幻有의 법집으로 인해 변역생사
變易生死의 괴로움을 초래한다. 지금은 보살이 깊은 반야관般若觀의
지혜가 명료해져 오온五蘊이 모두 공함을 비추어 볼 뿐만 아니라
바로 사제, 십이연기와 육바라밀 등의 법이 그 자리에서 모두 다
공함을 하나하나 비추어 보는 것이다. 그러므로 아래 글에서 "이런
까닭에 공 가운데는 색이 없고(是故空中無色) …… 지혜도 없고 얻음도
없다(無智亦無得)"고 말한 것이다. 이 경에서 단지 오온을 비추어 보았
다고 하는 것은 문장을 간단하게 위한 것일 뿐이며, 이치에 근거한다면
마땅히 오온 등과 '십팔계, 사제, 십이인연, 얻은 지혜(智得)' 등이
다 공함을 비추어 보았다고 말해야만 비로소 아래의 글에서 "공 가운데
는 색이 없고(空中無色) …… 지혜도 없고 얻음도 없다(無智亦無得)"는
문장과 서로 비추어 상응하게 되는 것이다. 그러므로 필자는 여기서
미리 "모든 고액(一切苦厄)"이라는 글귀를 총체적으로 해석하여 표출
한 것이다. 그렇지 않으면 '일체고액'이 단지 범부의 분단생사만을
없애는 것을 가리키게 되니, 이는 반야의 대승 교의에는 부합하지
않는 것이다. 삼장법사三藏法師 의정(義淨, 635~713)이 번역한 경에
보면, '조견오온照見五蘊' 아래에 '등等'이라는 한 글자가 첨부되어 있
다. 당唐나라 규기대사(窺基大師, 632~682)의 『반야바라밀다심경유
찬般若波羅蜜多心經幽贊』과 정매靖邁의 『반야바라밀다심경소疏』에 모
두 '등等'이라는 글자가 있는데, 이는 연구해 볼 가치가 있다.

　오온과 십팔계, 십이입(入, 處)이 공함을 깨침으로써 육도六道의
미혹된 마음(迷情)을 없애버리면 곧 견사혹을 끊어 분단생사를 벗어나
게 된다. 사제四諦의 인연이 공해져 이승二乘이 집착하는 견해가 없어

지면 곧 진사혹이 끊어진다. 지혜도 없고 얻음도 없어 시방보살十方菩薩을 성취하고 삼세 모든 부처님의 아뇩다라삼먁삼보리를 증득하면 곧 무명혹이 끊어져 변역생사도 벗어나게 된다. 삼혹三惑을 원만하게 끊으면(圓斷) 분단과 변역의 두 가지 생사가 영원히 없어지는데, 다시 일체의 고액이야 말할 것이 있겠는가? 대개 번뇌는 암흑과 같고 반야는 등불과 같아서, 등불로써 암흑을 비추면 암흑은 사라지지 않음이 없고, 반야로 비추면 미혹함이 제거되지 않음이 없다. 삼혹은 업을 만들어 고통에 감응하는 것의 근본이 되는데, 근본이 이미 사라지면 괴로움의 과보는 스스로 없어지고 모든 고액은 남김없이 자연히 도탈度脫하게 된다. 한마디로 말해 미혹한 때는 허망하게 모든 상이 실제로 있다고 보아 탐착하여 범부가 되기 때문에 모든 고액이 있는 것이다. 깨달은 때는 모든 법이 모두 공하다는 것을 철두철미하게 보아(徹見) 취하고 집착함이 일어나지 않는 보살이 되므로 모든 고액이 없는 것이다.

위에 말한 것을 종합하면, 반야는 관찰하는 지혜가 되고, 오온은 관찰되는 경계가 된다. 수행 관찰의 결과는 공空이며, 얻어지는 이익은 자재함과 모든 고액에서 도탈하는 것이다. 자재함은 즐거움을 얻는 면에서 말한 것이며, 고액에서 도탈하는 것은 고통을 벗어나는 면에서 말한 것이다.

지금껏 이야기한 것을 다시 비유로 설명하여 결론을 짓고자 한다. 마음은 실상으로 하늘 위의 밝은 달과 같고, 오온은 물밑의 달그림자와 같다. 어린아이는 무지하여 달이 하늘 위에 있음을 알지 못하고 달은 물밑에 있다고 한다. 마음에 탐애하는 일어나면 달을 그릇으로 건져내려고 하거나 혹은 물에 들어가 손으로 더듬기도 하지만, 달을 얻지 못할 뿐만 아니라 발을 헛디뎌 물에 떨어질 위험이 있다. 이것이 곧 고액이다. 이는 어리석은 범부에 비유한 것으로, 본래 구족한 불성佛性을 알지 못하여 오온五蘊의 환법幻法이 실재하는 나라고 허망하게 인식하므로, 업을 지어 과보를 받게 된다. 만약 성인이라면 좋아하는 달이 하늘에 있다는 것을 잘 알고 있으므로 그저 달빛 아래를 거닐면서 마음대로 그윽이 감상하니 얼마나 유쾌한가! 위험이나 어려움도 전혀 없다. 이것이 곧 일체의 고액을 건넜다는 것이다. 이는 보살이 깊은 반야를 행하여 오온이 공한 것을 비추어 보고 모든 고액을 도탈한 것을 비유한 것이다. 다시 하나의 비유가 있으니, 오온의 허망한 법은 마치 도화지 위에 산수나 인물을 그리는 것과 같고, 희극 속에서 왕후장상王侯將相이 되는 것과 같다. 지혜로운 사람은 그림은 가짜로 그린 것(假設)임을 알고 연극도 가짜로 연기한 것(假演)임을 알아 자연히 도화지 위에 산수와 인물, 무대 위에 왕후장상이 실제의 인물과 실제의 사물이 아님을 인식하여 여기에 대해 시비하지 않는다. 그러나 어리석은 사람은 사사건건을 진실한 것이라고 인식하고 여기에 전도되고 집착하여 시비를 들먹이는 것이다. 여기서 지혜로운 사람은 보살이 반야의 신묘한 지혜를 구족함으로써 오온이 모두 공하다는 것을 비추어 볼 줄 아는 것에 비유한 것이다. 어리석은 사람은 미혹한 범부가 지혜가 없는 까닭에 오온의 허망한 법(幻法)에 망령되이 집착을 내어 허망한 악업을 만들어 허망하게 과보를 받게 되므로 모든 고액이 있게 되는 것을 비유한 것이다.

【종합하여 해석함(合釋)】
오온인 몸과 마음은 모든 중생이 업을 지어서 고통을 받는 총체적 근원이 된다. 현재 이미 그것이 공함을 깨달았다면 자연히 모든 고액이 생겨나는 일도 없기 때문에 "모든 고액을 벗어났다"고 말한다.

(2) 반야진공의 진실한 의미를 자세히 밝힘(二詳明般若眞空實義)
① 집착을 버림(遣執)

舍利子 色不異空 空不異色 色卽是空 空卽是色 受想行識 亦不如是
사리자야! 색은 공을 벗어나지 않고 공은 색을 벗어나지 않으니, 색은 공이며 공은 색이요, 수상행식도 역시 이와 같다.

사리자는 이 경을 듣기에 적합한 근기(當機)이다. 그래서 관자재보살이 중요한 법法을 말씀하기 전에 먼저 그를 불러서 다른 사람들의 주의를 환기시킨 것이다. 더욱이 반야의 깊고 깊은 심오한 지혜를 관세음보살이 선양하려고 하면 오직 지혜가 아주 훌륭한 사람이 아니면 함께 말할 수 없으므로 특별히 부처님 제자 중에서 지혜제일인 사리불에게 이를 말한 것이다. 법월(法月, Dharmacandra, 653~743)이 번역한 경(『普遍智藏般若波羅蜜多心經』)에서 말하기를 "이에 관자재보살께서 삼매의 힘으로 깊은 반야바라밀다를 수행할 때에 오온의 자성自性이 모두 공한 것을 비추어 보시고, 삼매에서 일어나서 혜명 사리불에게 말씀하셨다. '보살에게 반야바라밀다심이 있으니 이름을 〈넓고 두루한 지혜 곳간)이라 한다. 너는 지금 자세히 듣고 바르게 생각하여라. 나는 마땅히 너를 위하여 분별하여 해설하리라'(於是觀自在菩薩 以三昧力 行深般若波羅蜜多時 照見五蘊自性皆空 從三昧起卽告慧命舍利弗 菩薩有般若波羅蜜多心 名普遍智藏 汝今諦聽善思念之 我當爲汝分別解說)"라고 하였다.

【나누어 해석함(分釋)】

"사리자舍利子"는 사람 이름이며 바로 사리불舍利弗을 말한다. 남천축국의 바라문인 제사提舍의 아들이며, 자字는 우바제사優波提舍이고 호號는 사리불이다. '불弗'은 범어로 아들(子)이라고 번역한다. '사리舍利'는 로(鷺: 해오라기, 추로鶖鷺, 백로과에 속하는 새)로 번역하며, 로와 자를 합하여 로자(鷺子, 추로자)라고 한다. 지금 사리자는 중국어(子)와 범어(舍利)를 합친 것이다. 사리는 인도에서 아름다운 눈을 가진 새의 일종으로, 그 모친의 눈이 이와 흡사하다고 하여 사리라고 부르게 되었으며, 존자는 어머니의 이름을 따라 이름을 지었으므로 사리자라고 한다. 곧 '사리의 아들'이라는 말이다.

"색불이공色不異空"에서 '색色'은 몸을 포함한 우주만물의 현상現象을 가리키는 말이다. '불이不異'에서 '이異'[54]는 각각 '다르다'라는 해석이 외에 '벗어나다(離)'라고도 해석할 수 있다. 여기서는 다르다는 뜻으로 해석하지 않고 '벗어나다'라고 해석하는 것이 더 낫다. '공空'에는 두 가지 뜻(인연생멸의 공, 진공실상의 공)이 있는데, 앞에서 이미

---

54 이異는 변화變化라고도 해석할 수 있다. 예컨대 생주이멸生住異滅이라 할 때 쓰인 異자는 변화하다의 뜻이다. 변화는 모든 사물의 특징이다.

설명하였으므로 지나간다. 여기에서는 먼저 사구四句[55]를 가지고서 문장의 뜻을 간단히 해석하고자 한다.

　연기緣起하는 가상假象을 일러 색色이라 하고, 연하여 생기는(緣生) 것은 무성無性이므로 공空이라고 한다. 그러므로 비록 가상이 있어도 모두 실체가 없는 까닭에 '불이不異'라고 말한다. 말하자면 색이 비록 분명히 나타나도 실체가 없는 까닭에 '색불이공色不異空'이라고 말한 것이며, 비록 실체는 없지만 분명하게 나타나므로 '공불이색空不異色'이라고 말한 것이다. 모든 색법色法은 다 여러 인연이 모여서 생기는데 본래는 자성自性이 없으며, 색이 멸한 이후에 공이 비롯되는 것이 아니며, 존재할 때에도 역시 일종의 환상幻相에 불과하여 당체가 공이 아님이 없다. 그러므로 '색즉시공色卽是空'이라고 말한다. 자성이 공함(性空)에 의지하여 일체만유의 색법色法이 허깨비로 생겨나니, 곧 성공性空은 모든 색법色法의 본체이다. 그러므로 '공즉시색空卽是色'이라 말한 것이다. 이상에서 말한 것은 연기의 자성은 공하다(緣起性空)는 뜻이다. 첫째로 인因과 '연緣'이 화합하여 '일어나는(起)' 법은 모두가 '자성(性)'이 없고, 그 본체는 본래 '공空'이므로 '연기의 자성은 공하다(緣起性空)'고 말한다. 여기서 공은 허망하여 진실하지 않다(虛妄不實)로 해석한다. 둘째로 일체의 '연기'하는 제법은 모두 진공이체眞空理體에 의지하여 생기하므로 당체, 곧 그 '자성(성품, 性)'은 바로 참으로

---

[55] 사구(四句, cātuṣkoṭika): 긍정과 부정의 논리로 제법을 분류하는 형식. 예컨대 긍정의 제1구(이것은 A이다), 부정의 제2구(이것은 A가 아니다), 긍정하면서 부정하는 제3구(이것은 A이면서 A가 아니다), 긍정도 아니고 부정도 아닌 제4구(이것은 A도 아니고 A가 아닌 것도 아니다) 등의 논리를 말한다.

'공空'이다. 그러므로 '연기의 자성은 공하다(緣起性空)'고 말한다. 여기서는 허망하다는 의미의 공을 취하여 이를 해석한다.

지금 다시 이를 간략하고 분명하게 설명하겠다.

무엇을 일러 연기緣起라고 하는가? 무엇을 일러 자성이 공하다(性空)고 하는가? 세간의 모든 사사물물事事物物은 전부 제각기 필요로 하는 갖가지 조건, 즉 연緣으로 말미암지 않음이 없다. 이러한 연緣이 조합하여 일어나 생기는 이것을 연기緣起라고 부른다. 모든 사물은 이미 원인에 의지하고 연緣에 의탁하여 생기므로, 자연히 실재로 변하지 않는 개체의 자성(個性)은 없다. 그러므로 '자성이 공하다(性空)'고 말한다. 변하지 않는 자성이 없기 때문에 일정한 조건 아래에서 화합하거나 하여 일종의 사물을 형성되는 것이다. 마치 나무가 불을 만나면 타서 재가 되고 진흙이 가마에서 구워지면 기와가 되거나 벽돌이 되는 것과 같다. 모든 사물에 자성이 있다고 한다면 영원히 변하지 않아야 한다. 그러나 영원히 변하지 않는 것이 아니므로 자성이 없다고 하는 것이며, 자성이 없기 때문에 연기할 수 있는 것이니〔일체 사물이 환상幻相을 이루는 것〕, 연기하기 때문에 자성이 공하다고 말하는 것이다. 이것이 바로 '색불이공色不異空' 등 사구四句의 도리이다. 요점을 말하자면 이렇다. 연기로 인하여 자성이 공하므로 '색불이공色不異空'이고, 자성이 공함을 인하여 연기하므로 '공불이색空不異色'이며, 자성이 없는 연기의 당체는 곧 자성이 공하므로 '색즉시공色卽是空'이고, 연기가 의지하는 성공性空은 곧 연기의 본체이니 '공즉시색空卽是色'이다. 또 말하자면, 연하여 생기는 것(緣生)은 자성이 없으니〔유有이면서 유가 아니다〕 '색불이공色不異空'이다. 자성이 없으면서도 연하여 생기니〔공이면서 공하지 않다〕 '공불이색空不異色'이다. 연하여 생기면서도 자성이 없고 자성이 없으면서도 연하여 생기니〔유에도 즉하고 공에도 즉한다〕 '색즉시공色卽是空 공즉시색空卽是色'이다〔이는 허망하고 실체가 없음(虛妄不實)에 의거하여 공의 뜻을 밝힌 것이다.〕

『중론』에 말하기를 "일찍이 단 하나의 법(존재)도 인과 연을 따라 생겨나지 않은 것이 없다〔緣起〕. 그러므로 모든 법은 공의 뜻이 아님이 없다〔性空〕. …… 공의 뜻이 있기 때문에 모든 법이 성립하는 것이다〔緣起는 곧 性空이다〕. 만약 공의 뜻이 없다면 모든 법은 이루어질 수 없다〔性空은 곧 緣起이다〕(未曾有一法 不從因緣生 是故一切法 無不是空義[56] …… 以有空義故 一切法得成 若無空義者 一切法不成)"라고 하였다. 이 구절에서 연기緣起와 성공性空의 비밀을 파악할 수 있을 것이다〔이상은 '다르지 않음(不異)'에 의거하여 해석한 것이다〕. 또 연기는 성공性空을 떠날 수 없는 것이니, 그 성공性空으로 인하여 모든 만유萬有의 가상假象들이 환의 모습(幻有)으로 나타날 수 있다. 곧 색은 공을 떠날 수 없다(色不離空)는 것이다. 성공도 또한 모든 만유의 현상을 벗어날 수 없고, 모든 만유의 현상이 없다면 곧 성공을 나타내 보일 수 없다. 곧 공은 색을 떠날 수 없다(空不離色)는 것이다〔이상은 '떠나지 않음(不離)'에 의거하여 해석한 것이다〕. 『대반야경』에서 말하기를 "보살마하살이 깊은 반야바라밀다를 수행할 때에 마땅히 색에서 구하지 말아야 하며〔色不異空〕, 마땅히 수상행식에서 구하지 말아야 한다〔受想行識不

---

[56] 『중론』(「관사제품觀四諦品」)의 원문(대정장 1564, p.33中)에는 "無不是空者"로 나온다. 이에 따르면 "모든 법은 공하지 않는 것이 없다"로 옮길 수 있다. 그리고 "以有空義故" 이하의 게송은 "未曾有一法" 앞에 나온다.

異空]. …… 마땅히 색을 벗어나 구하지 말아야 하며[色卽是空], 마땅히 수상행식을 벗어나 구하지 말아야 한다[受想行識卽是空](菩薩摩訶薩 行深般若波羅蜜多 不應於色求 不應於受想行識求 …… 不應離色求 不應離 受想行識求)"라고 하였다.

모든 중생들은 이 오온인 신심身心에 미혹하여 모든 연기緣起의 자성이 공(性空)한 이치를 깨닫지 못하고 인과와 연기에 의해 일어난 잡된 것에 염착하여 유전하며 이로 인하여 생사가 다함이 없으니, 반야의 관법觀法에 의지하여 수행하여야만 문득 생사를 도탈할 수 있는 것이다.

위에서는 연기緣起와 성공性空으로써 '색불이공色不異空' 등 사구四 句의 이치를 해석하였다. 여기서는 다시 진여眞如, 곧 진공실상眞空實相 의 연기를 설명하고자 한다. 진여는 법계평등法界平等의 일대이성一大 理性이며, 우주만유는 연기의 일대계통一大系統이다. 진여의 한 생각 활동으로 인하여 우주만유의 현상이 이루어지는 것이다. 우주만유가 생기하는 것은 다 본체가 되는 진여실상眞如實相에 의해서이다. 진여는 연기하는 것(能緣起)이며, 만유는 연기되는 것(所緣起)이다. 그러므 로 연기의 주체인 진여가 본체에 의거해 한 번 움직이면 연기의 대상인 만유가 형성되는 것이다. 모든 법은 모두 진여에 의하여 일어나 생기며, 바로 우주만유는 진여의 본체 위에 있는 현상이다. 그러므로 그 본체(當 體)는 바로 진여이다. 그러므로 진여의 이성理性은 바로 우주만유의 본체이며, 본체는 현상을 벗어날 수 없다. 오온인 신심身心에 이르러도 어찌 예외일 수 있겠는가? 또한 오온인 신심 모두가 진여의 본체상에서 일어나는 일종의 현상이며 당체는 바로 진여이다. 현상이 비록 생멸하여 무상하다고 하지만 본체는 상주하면서 변하지 않는다. 만상은 그 형상이 존재하는 것에 대한 말이며, 진여는 그 본성의 본체가 영묘靈妙한 것에 대한 말이니, 절대적으로 평등하며 불생불멸하는 진여의 이성理性은 일체만유 현상이 의지하는 본체이다. 이에 의거하면 진여와 만유는 모두가 별개의 다른 것이 아니다. 다만 우리들이 지금 바로 환상幻象의 당체는 곧 진여라는 것을 승인해야 할 것이다.

위에서 말한 것을 명백하게 설명하자면 우주만유는 끝내 진여眞如를 벗어나서 독자적으로 존재할 수 없다. 마치 만물이 허공을 벗어나 따로 존재할 수 없는 것과 같다. 이른바 연기는 진여를 벗어나지 않은 까닭에 '색불이공色不異空'인 것이다. 그리고 평등한 진여 또한 만유가 인연을 따르는 작용을 거절하지 않으니, 마치 광활한 허공이 만상의 드러남을 거절하지 않는 것과 같다. 이른바 진여는 연기를 방해하지 않는 까닭에 '공불이색空不異色'라고 한다. 만유는 진여에 의지하여 생기며 그 당체는 진여이므로 '색즉시공色卽是空'이라고 한다. 진여가 이미 만유가 의지하는 바가 되고 바로 만유의 본체이므로 '공즉시색空卽是色'이라고 한다. 요컨대 만유는 진여에 의지하여 성립되므로 '색불이공色不異空'이며, 진여는 만유가 의지하는 바이므로 '공불이색空不異色'이다. 만유의 당체는 곧 진여이므로 '색즉시공色卽是空'이며, 진여는 만유의 본체이므로 '공즉시색空卽是色'이다. (실차난타 實叉難陀가 번역한) 당역唐譯『기신론』에 말하기를 "모든 법은 진여와 다르지 않다(一切法不異眞如)"라고 하였다. 이것은 곧 오온은 진여와 다르지 않으며 진여는 오온과 다르지 않아서, 진여가 바로 오온이요 오온이 바로 진여라는 말이다. 더 나아가 진여는 바로 제법실상諸法實相의 확실한 증거이다〔이상은 진공실상眞空實相의 제일의공第一義空에 의거하여 공의 뜻을 밝힌 것이다〕.

앞에서 말한 '불이不異'라는 두 글자는 집착을 없애고 습관화된 옛 사고를 타파하는 것이다. 뒤에 말하는 '즉시卽是'라는 말은 적극적인 기상을 취하여 새로운 개념을 다시 정립하는 것이다. 그러므로 '불이不異'로 인하여 모든 상을 벗어날 수 있으며〔일체의 법에 집착하지 않음〕, '즉시卽是'로 인하여 모든 법에 나아갈 수 있다〔일체의 법을 폐하지 않음〕. 『금강경』에 말하기를 "모든 법이라고 말하는 것은 바로 모든 법이 아니므로〔不異〕, 이름하여 모든 법〔卽是〕이라 한다(卽是所言一切法 卽非一切法 是故名一切法)"라고 하였으며, 『중론』에서 말하기를 "인연으로 일어나는 법을 나는 바로 공이라고 말하며〔不異〕, 또 가명이라고도 하고 또 중도의 뜻〔卽是〕이라고도 한다(卽是因緣所生法 我說卽是空 亦名爲假名 亦名中道義)"라고 하였다. 위에서 인용한 '불이不異'와 '즉시卽是'의 도리를 이해하기 위해서는 아주 철두철미해야 한다. 또 '색즉시공色卽是空 공즉시색空卽是色'은 실제로 "마음 밖에 법이 없고 법 밖에 마음이 없으며, 인연을 따르되 변하지 않고 변하지 않되 인연을 따른다(心外無法 法外無心 隨緣不變 不變隨緣)"라고 하는 의미와 서로 같다. 마음 밖에 법이 없으므로 공즉시색空卽是色이라 말하고, 법 밖에 마음이 없으므로 색즉시공色卽是空이다. 인연을 따르되 변하지 않으므로 색즉시공色卽是空이며, 변하지 않되 인연을 따르므로 공즉시색空卽是色이다. 또 색불이공色不異空은 곧 유상有相이 아니고 공불이

색공불이색色空不異色은 곧 무상無相이 아니며, 색즉시공色卽是空 공즉시색空卽是色은 곧 법상法相이 아니며 또한 법상 아님도 아니다.

　위에서는 총괄적으로 성性과 상相이 떨어져 있지 않고 공空과 유有가 둘이 아닌 도리를 밝힌 것이다. 먼저 '불이不異'의 점진적인 의미를 밝히고, 이어서 불이不異이라고 말함으로써 색과 공은 둘이지만 성질상으로는 서로 같은 것임을 분명히 했다. 그래서 다시 한걸음 더 나아가 '즉시卽是'를 밝혀 즉시는 원융의 뜻(圓義)이고, 이것은 곧 색과 공은 원융하여 조금이라도 둘이 아니며 다른 것도 아니어서, 이것이 바로 반야 제일의공第一義空이라고 부르는 것에 부합된다고 하였다. 우리가 만약 관조반야에 의지하여 모든 법의 여실한 실상을 체득하면, 그 당체는 바로 진여眞如인데, 그렇게 되면 곧 구경에 해탈하는 보살이 되는 것이다. 그러나 만약 이 도리에 미혹하여 경계를 따라 생멸하고 전도되어 집착한다면 이는 곧 길이 윤회에 빠져 허덕이는 범부인 것이다.

　이 『반야심경』은 순전히 관조반야觀照般若를 종지宗旨로 하고 실상반야實相般若를 귀의처로 하는 것인데, 이로 인하여 다시 삼관三觀[57]을 밝힐 필요가 있다.

　범부는 연기緣起와 자성自性이 공한 이치를 알지 못하고 모든 것에서 집착하기 때문에 공관空觀을 사용하여 이를 비추어 모든 법의 당체는 다 공空하다는 것을 요달한다. 그 때문에 색불이공色不異空을 말하는 것이다. 이것이 바로 '용을 거두어 본체로 돌아가는(攝用歸體)' 도리이다.

---

57 공관空觀, 가관假觀, 중도관中道觀을 말한다.

이승인二乘人들은 비록 모든 법의 당체는 다 공하다는 도리를 요달하여 아집我執은 이미 타파했으나 아직 공집空執은 없애지 못하여, 삼매주三昧酒를 마시고 무위無爲의 구렁텅이에 빠진 채 한 맛으로 공空을 탐하고 적정寂靜에 얽매여서 삼계三界를 감옥과 같이 관찰하고 중생을 원수와 같이 보면서 중생을 제도하여 구하려 하지 않는데, 이는 다만 홀로 그 자신만 바르게 하고 자기 일만 생각하는 사람(自了漢)이 되어, 대승(上乘)으로 나아가 위없는 도를 구하는 것은 필요 없는 일이라고 말한다. 이로 인하여 항상 부처님으로부터 "싹을 태워 종자를 없앰으로 영원히 성불할 근기가 없다(焦芽敗種 永無成佛之機)"라고 꾸지람을 듣는다. 그러므로 지금 가관假觀을 사용하여 이를 비춰보면, 진공眞空의 이체理體와 아울러 일체의 모든 상相 외에 따로 (무언가가) 있지 않다는 것을 분명히 알게 되니 모든 상相이 진공眞空이라고 보는 것을 어떻게 방해하겠는가? 그러므로 공불이색空不異色이라고 말한다. 이것이 바로 '본체로부터 용을 일으키는(從體起用)' 도리이다.

 방편을 쓰는 보살(權敎菩薩)은 비록 공空에 들어가 도를 증득하고 가假로 나와 중생을 제도한다 해도, 오직 공空에 들었을 때에 이치를 증득한 것이 있다고 생각하는데, 이는 도를 증득하였다고 하는 일종의 집착이다. 또한 가假로 나왔을 때는 제도할 수 있는 중생이 있다고 생각하는데, 이는 중생을 제도한다고 하는 일종의 집착이다. 이는 근본적으로 공空과 법法을 버리지 못하여 원융圓融한 중도中道가 되지 못했기 때문이다. 지금 중관中觀을 사용하여 이를 비춰보면, 공空에 들어가서 도를 증득할 때에 바로 공에 집착하지 않는 동시에 가假로 나와 중생을 제도하며, 가假로 나와 중생을 제도할 때에도 상相에 머물지 않는 동시에 또한 공空에 들어가서 도를 증득할 수 있다. 상相에 들어감 없이 들어가며 상相에서 벗어남 없이 벗어나면 공空은 이미 공이 아니며, 가假 역시 가가 아니며, 색色과 공空이 평등平等하여 두 치우침(二邊)이 있을 수 없고, 당체가 바로 공인 것이 바로 '색불이공色不異空'이며, 당체가 바로 가假인 것이 '공불이색空不異色'이며, 당체가 바로 중中인 것이 '색즉시공色卽是空 공즉시색空卽是色'이다. 그러면 저절로 생각 생각에 중생을 제도해도 제도할 수 있는 중생이 있다고 보지 않고, 마음 마음에 부처를 구해도 구할 수 있는 부처가 있다고 보지 않는다. 이에 바로 증득할 것이 없고 또한 제도할 것도 없게 되는데, 비록 증득할 것이 없고 제도할 것도 없지만 종일 이와 같이 제도하고 이와 같이 증득하며, 공空과 가假가 원융하여 색과 공에 얽매이지 않는다. 그러므로 '색즉시공色卽是空 공즉시색空卽是色'이라고 말하는 것이다. 이는 체體와 용用이 서로 원융하여 색과 공이 둘이 아닌 도리인 것이다.

만약 색이 공과 다르다고 한다면 곧 묘체妙體를 완전히 잃어버린 것이며, 공이 색과 다르다고 한다면 묘용妙用을 완전히 잃어버린 것이며, 색과 공이 서로 즉하지(相卽) 않는다고 한다면 곧 체와 용이 가로막히고 장애가 된다는 것을 알아야 한다. 마땅히 색에 있을 때에는 인연을 따르되 변하지 않을 수 있으며(隨緣不變), 공에 있을 때에는 변하지 않되 인연을 따를 수 있어야(不變隨緣) 하는 것이다. 색을 사용하면서도 색을 잊을 수 있고 공을 증득하면서도 공을 잊을 수 있다면, 자연히 색을 떠나 공을 찾는 것과 공에 집착하여 색을 없애버리는 병폐가 없게 된다. 이것이 바로 실상반야와 더불어 상응하는 것이다! 이런 까닭에 세 가지 관법(三種三觀)을 상세히 설명한 것이다. 요컨대 법이 없음이 역력할 때는 공空이라고 부르며, 법이 있음이 역력할 때는 가假라고 부르며, 이변二變[공과 가]에 머물지 않을 때는 중中이라 부른다. 시종 마음의 요결要訣을 말하면 "진제眞諦란 모든 법을 멸하는 것이며[空觀], 속제俗諦는 모든 법을 세우는 것이며[假觀], 중제中諦는 모든 법을 통일하는 것이다[中觀](中觀眞諦者泯一切法 俗諦者立一切法 中諦者統一切法)"라고 한다. 또 성덕性德의 이치로 말하면 삼제三諦라고 하고, 수덕修德의 이치로 말하면 삼관三觀이라고 한다. 만약 공관이 없다면 어떻게 법신의 본체를 드러내어 세속을 벗어나 도에 들어갈 수 있겠는가? 만약 가관이 없다면 어떻게 법신의 묘용妙用을 드러내어 세속에 들어가 중생을 제도할 수 있겠는가? 만약 중관이 없다면 어떻게 법신의 체용불이體用不二를 드러내어 이변상二邊相을 버리고 원만한 중도를 증득할 수 있겠는가? 크도다! 삼관三觀의 희유하고 불가사의함이여!

위에서 처음에 말한 색불이공色不異空은 바로 범부가 집착하고 있는 아집我執을 타파하기 위해 마땅히 공관空觀을 닦아야 함을 말한 것이다. 다음에 말한 공불이색空不異色은 이승인二乘人이 공에 집착하는 법집法執을 타파하기 위해 마땅히 가관假觀을 닦아야 함을 말한 것이다. 비록 색과 공이 불리불이不離不異한 도리를 명료히 알아야 한다고 말했지만, 더욱이 그 원융상즉圓融相卽할 수 없음을 두려워한 까닭에, 뒤에서 다시 색즉시공色卽是空과 공즉시색空卽是色의 중도中道의 미묘한 도리를 설하여 권교보살이 공과 가의 두 치우침에 집착하는 것을 타파하고자 중관中觀을 닦게 한 것이다. 이 색불이공色不異空 등의 도리는 아주 심오하므로 다시 하나의 비유로써 쉽게 설명하겠다.

가령 어떤 사람이 금으로 제품을 만들면〔금은 진공眞空에, 제품은 색色에 비유〕 거기에는 비녀와 반지와 목걸이와 같은 개별적인 차이가 있는 제품의 모양이 나타내는데, 비록 그 형태는 완연하지만 실제로 본체는 없는 것이다. 이는 무슨 말인가? 이와 같은 금으로 만든 제품들은 금의 근본적 성질을 떠나서는 존재할 수 없다는 말이다. 모양(相)은 임시적인 것이며 그 본체는 바로 금이다. 이 점에 근거하면, 금을 없애버리고 따로 금으로 만든 제품의 존재를 구한다는 것은 있을 수가 없을 뿐만 아니라 동시에 금으로 만든 제품을 부수고 따로 금의 본체를 구할 필요가 없는 것이니, 당연히 제품에서 금을 보게 되고 제품이 바로 금인 것이다. 요컨대 금의 평등상平等相을 인식하는 것이 중요하며 제품의 차별상에 집착하지 않아야 한다. 곧 모든 제품이 모두 금이어서 자연히 금으로 만든 제품에 대해 전도된 시비가 발생할 것도 없는 것이다. 여기에서 이를 회통會通하여 말하면, 이른바 제품은 금과 다르지 않고〔제품은 스스로의 본체가 없고 금에 의하여 만들어졌으므로〕, 금은 제품과 다르지 않으니〔금이 제품의 본체가 되는 까닭에〕, 제품은 곧 금이고〔제품이 이미 금에 의해 만들어졌으니 제품의 당체는 곧 금이다〕, 금은 곧 제품이다〔금이 이미 제품의 의지처가 되므로, 곧 제품의 본체이다〕. 또한 파도와 물로 이것을 비유할 수 있다. 파도는 색色에 비유되고 물은 공空에 비유된다. 파도는 물에 의해 형성되는 것이니 본체는 물이다. 즉 파도와 물은 다르지 없다. 물은 파도의 본체가 되니 전체의 모습(全相)은 물이다. 즉 물은 파도와 다르지 않다. 이와 같이 파도는 바로 물이며 물은 바로 파도인 것이다. 이미 파도가 물인 것을 알면 파도를 버리고서 물을 구할 필요가 없다. 이미 물이 곧 파도임을 알면 어리석게 물을 버리고 파도를 따르지 않는다. 일단 바람이 쉬면 파도는 평온해져 전체가 물이 되는데, 평온하지 않을 때에도 당체는 물이 아닐 수 없다. 이와 같은 도리를 알면 색과 공은 융화하며 가로막힘이나 장애가 없게 되니, 상즉하면서 서로 떨어지지 않음을 알게 된다. 물이 바람을 만나면 파도가 일어나고 마음이 인연을 만나면 색이 생긴다. 파도는 환상幻相으로 생기고 없어지니 무상無常하지만 물의 본체는 담연하여 변하지 않는다. 파도가 비록 환상이지만 당체는 곧 물이다. 이로써 색심色心의 도리를 미루어 알 수 있다.

중생이 참(眞)에 미혹하여 허망한 것을 집착하는 것은 물이 파도를 좇아가는 어리석음과 같다. 그런 까닭에 업業에 따라 육도六道에 유전하면서 쉬지 못하는 것이다. 모든 불보살들이 허망한 것이 곧 참임을 요달하는 것은 파도가 물임을 아는 것과 같다. 그런 까닭에 인연에 감응하여 십법계에 태어남을 보이면서도 걸림이 없는 것이다.

지금 다시 번거로움을 마다하지 않고 가장 이해하기 쉽게 설명하고자 한다. 색色은 물질이고 공空은 정신을 가리킨다. 물질은 정신적 주체를 벗어날 수 없으므로 색불이공色不異空이고, 정신 또한 물질의 작용을 벗어날 수 없으므로 공불이색空不異色이며, 물질은 정신의 작용 결과이니 색즉시공色卽是空이고, 정신은 물질을 거느리고 제어하니 공즉시색空卽是色이다. 이러하니 어떻게 분리하여 서로의 연결을 끊을 수 있겠는가? 물질이 결여되면 현실적 작용이 상실되고, 정신이 결여되면 사고활동이 상실된다. 이른바 물질과 정신활동 모두가 밀접하고도 두루해야 원만하게 되는 것이다. 참으로 외재적인 물질생활에만 치우쳐 정신의 사고활동을 돌아보지 않고 가벼이 버릴 수도 없지만, 동시에 내재적인 정신생활에만 치우쳐 물질을 사용하지 않고 가벼이 버릴 수도 없다. 물질생활에만 기대거나, 혹은 정신의 사고로만 사회활동을 한다는 것은 절대 불가능하다. 또 육체는 정신적인 유지가 없으면 주재할 수 없으며, 정신도 또한 육체적인 활동 없이는 운용되기가 어렵다. 그러므로 육체와 정신은 서로 매우 밀접한 관계를 가지고 있는 것이다. 이것이 바로 '색불이공色不異空 공불이색空不異色, 색즉시공色卽是空 공즉시색空卽是色'의 도리이다.

이어서 "수상행식 역부여시受想行識 亦復如是"를 해석한다. 앞에서는 몸을 관하는(觀身) 방면에서 말한 것이고, 여기서는 마음을 관하는(觀心) 방면에서 말하는 것이다. 오온 가운데에서 먼저 색온色蘊을 열거하였는데, 나머지 사온四蘊도 역시 하나하나가 색온이 허망하여 진실하지 못함과 마찬가지로 당체가 모두 공하지 않음이 없다. 색온은 물질현상이며, 수상행식의 사온은 심리적인 현상이다. 비록 그 성질이 같지 않다고 해도 그 연기하는 본성이 공하기는 한가지이다. 그렇기에 이 사온도 근본은 역시 여러 연緣이 모여서, 즉 육근六根과 육진六塵이 화합하여 형성된 것이며 본래 스스로의 본체는 없으며, 하나하나가 모두 공과 다르지 않고 모두가 곧 공이다. 그러므로 "수상행식도 또한 이와 같다(受想行識 亦復如是)"라고 말한 것이다. 이를 상세히 말하면, 수受도 공과 다르지 않고 공도 수와 다르지 않으니, 수는 바로 공이며 공은 바로 수이다. 상想, 행行, 식識의 삼온三蘊도 이와 같음을 알 수 있다. 법법法을 관觀하는 것도 역시 마치 색온을 타파했을 때의 예와 같다.

【종합하여 해석함(合釋)】
아, 사리불아! 공空에 의하여 허깨비(幻)로 일어나는 저 물질현상(色)은 공을 벗어나지 않으며, 물질현상은 본체가 공이니 공은 색을 벗어나지 않는다. 그렇다면 물질의 본체는 바로 공이며 공의 현상은 바로 물질인 것이다. 수상행식도 또한 이와 같다.

② **자성을 드러내다(顯性)**
앞에서는 관법으로써 여러 집착을 버리게 하였고, 지금은 망상을 깨트려 먼저 실상을 드러내고자 한다.

舍利子 是諸法空相 不生不滅 不垢不淨 不增不減
사리자야! 이 모든 법의 공한 모습(空相)은 생멸하지도 않고 더럽거나 청정한 것도 아니며 증감하지도 않는다.

【나누어 해석함(分釋)】
위에서 말한 색공불이色空不二의 도리는 모든 집착을 없애는 것이며, 한걸음 더 나아가 바로 모든 법의 자성인 본체를 드러내는 것이다. 그러므로 거듭하여 사리자를 부르며 말하기를 "시제법공상是諸法空相"이라고 한 것이다. 여기서 '시是'는 '이것'이라고 번역하는데, 이것은 바로 법법을 말한다. '제법諸法'은 바로 오온을 말하고, 뒤에서는 십이입

十二入, 십팔계十八界, 십이연기十二緣起, 사제四諦 등을 말한다. '공상空相'은 진공실상을 말하는데, 이것은 색수상행식의 오온 등 모든 법은 모두 진여연기眞如緣起의 하나의 현상으로 당체는 바로 진공실상이라는 의미이다. 그러므로 '시제법공상'이라고 말한다.

실상인 진리의 본체(實相理體)는 진실하고 항상하며(眞常) 변하지 않는 것이다. 이것은 만들어서 생기게 할 수 있는 것이 아니며, 부수어 멸하게 할 수 있는 것도 아니다. 또한 반야로 조견照見한 뒤에 비로소 생긴다고 말할 수 없으며[본래가 생기는 것이 아닌 까닭이다], 반야로 조견하지 전에는 없으므로 멸했다고 말할 수 없다[본래가 멸하는 것이 아닌 까닭이다]. 그러므로 "불생불멸不生不滅"이라고 말한다. 실상인 진리의 본체는 본래 스스로 공적空寂한 것이어서, 물들여 더럽게 할 수 없으며 다스려 깨끗하게 할 수 있는 것이 아니다. 또한 비록 악연惡緣에 자성自性이 물들어도 본래는 더러운 것이 아니며, 비록 선연善緣에 자성이 훈습되어도 일찍이 깨끗한 것이 아니다. 그러므로 "불구부정不垢不淨"이라 말한다. 실상인 진리의 본체는 본래 스스로 원만한 것이다. 여기에 더한다고 증가하는 것이 아니고, 덜어낸다고 감소하는 것이 아니다. 또한 반야를 수행할 때 활연히 무명을 깨트려 실상이 나타난다고 이를 증가했다고 말하지 않는다[실상은 본래 증가하는 것도 아닌 까닭이다]. 또한 반야를 수행하지 않았을 때 무명의 장애에 가려서 미혹하여 깨닫지 못했다고 이를 감소했다고 말하지 않는다[실상은 본래 감소하는 것이 아닌 까닭이다]. 그러므로 "부증불감不增不減"이라고 말한다. 바꾸어 말하면, 실상의 이체理體는 원인이 변하지 않는(不變) 까닭에 색이 나타날 때에, 즉 몸이 생긴다고 이를 따라 생기는 것이 아니며, 색이 없어질 때에, 즉 몸이 죽는다고 이를 따라 없어지는 것도 아니다. 원인이 공적한 까닭에 범부가 유루의 악법에 물들어도 이를 따라서 더럽혀지지 않으며, 성인이 무루의 선법을 훈습하여도 이에 인하여 깨끗해지는 것도 아니다. 원인이 원만한 까닭에 중생이 이에 미혹하여도 그 감소하는 것을 보이지 않으며, 모든 부처님께서 이를 증득하여도 역시 그 증가하는 것을 보이지도 않는다. 오묘하구나, 실상이여! 옛날부터 지금까지 변하지 않으니 만겁을 지나도록 항상 여여如如하구나! 중생과 부처는 한 몸(一體)이며 범부와 성인은 차별이 없다. 이른바 현상이 나타나도 생기는 것이 아니며[不生], 연이 다하여도 없어지는 것이 아니다[不滅]. 흐름을 따른다 해서 더러운 것이 아니며[不垢], 장애를 벗어난다고 해서 깨끗한 것도 아니다[不淨]. 미혹함을 끊었다 해서 감소하는 것이 아니며, 덕德이 충만하다고 해서 증가하는 것이 아니다. 이것이 바로 '불생불멸不生不滅 불구부정不垢不淨 부증불감不增不減'의 도리이다.

참으로 진공실상眞空實相은 절대이고 평등하여 이 가운데에 본래 생멸이나 구정垢淨 등의 모습을 말할 수 없다. 다만 중생은 미혹하고 어리석음으로 인해 허망하게 계탁(計度: 헤아려 분별함)하고 집착하는 까닭에 이런 허망한 상이 나타나는 것이다. 즉 인연이 모이면 허망하게 생生이라 보며, 인연이 흩어지면 허망하게 멸滅이라 보는 것이다[범부는 생사와 육도 윤회를 허망하게 생멸로 보는 것이다]. 악연에 따라 허망한 것에 물드는 것을 말하여 더럽다고 하며, 선연에 따라 허망한 것에 훈습하는 것을 말하여 깨끗하다고 하기에, 깨달았을 때는 허망하게 증가하였다고 계탁하며 미혹하였을 때는 허망하게 감소하였다고 계탁하는 것이다.

　지금 반야의 공관空觀으로 이를 비춰보면 바로 진제眞諦의 이치를 보게 되므로 곧 불생不生이다. 가관假觀으로 이를 비춰보면 속제俗諦의 이치를 보게 되므로 곧 불멸不滅이다. 중관中觀으로 이를 비춰보면 중제中諦의 이치를 보게 되므로 곧 불생불멸不生不滅인 것이다. 불구부정不垢不淨과 부증불감不增不減도 이와 같음을 알 수 있다. 이 이치는 아주 심오한 것이니 다시 비유를 들어 말하겠다.

　'불생불멸不生不滅'은 마치 전구에 전기가 통하면 빛이 생겼다고 말하지만 전기는 빛이 생기는 것을 보지 못하고, 전기를 끊게 되면 어두워져 빛이 사라졌다고 말하지만 전기는 또한 빛이 사라지는 것을 보지 못하는 것과 같다. 빛과 어두움은 비록 생멸이 있지만 전기는 오로지 하나의 본체(一體)일 뿐 본래 생멸이 없다.

　'불구부정不垢不淨'은 햇빛이 진흙탕을 비추는 것과 같아서 끝내는 더러운 것을 따라서 더러워지지 않으며, 깨끗한 연못을 비추어도 이로 인하여 깨끗해지지 않는다. 물에는 깨끗함과 더러움이 있지만 햇빛은 오로지 하나의 본체일 뿐 본래 깨끗함과 더러움이 없다.

　'부증불감不增不減'은 땅을 파면 구덩이가 생기는 것과 같다.『능엄경』에 말하기를 "땅을 1자 파면 1자의 구덩이가 생기고 땅을 10자를 파면 10자의 구덩이가 생긴다(掘地一尺 卽有一尺虛空 掘地一丈 卽有一丈虛空)"라고 하였다. 대개 땅을 팔 때 구덩이가 생기지만 허공이 증가하였다고 보지 않으며, 땅을 메웠을 때 구덩이가 없어지지만 구덩이가 감소하였다고 보지 않는다. 땅에는 구덩이와 메움이 있지만 허공은 오직 하나의 본체일 뿐 본래 증감이 없다. 진공실상의 불생불멸,

불구부정, 부증불감의 도리 또한 이와 같다.

또한 마땅히 알아야 한다. 오온, 십이처, 십팔계는 미혹한 범부의 법이며, 사제, 십이연기, 지혜를 얻는 것(智得)은 세간을 벗어나는 성자가 닦는 법이라는 것을. '생멸生滅'은 '온입처계蘊入處界'를 가리키며, '구정垢淨'은 '제諦'와 '연緣'을 가리키며, '증감增減'은 '지혜를 얻는 것'을 가리킨다. 중생은 진여에 미혹함으로 인해 허망한 것을 추구하는 까닭에 생멸이 있게 된 것이다. 십이연기의 '유전문流轉門'은 고집苦集의 이제二諦에 속하며 세간의 인과로는 '더러움(垢)'이 되고, '환멸문還滅門'은 도멸道滅의 이제에 속하며 출세간의 인과로는 '깨끗함(淨)'이 된다. 보살이 수행하여 그 도를 얻었을 때는 '증增'이 되며, 미혹함을 끊었을 때는 '감減'이 된다.

여기에서 말하는 '불생불멸不生不滅 불구부정不垢不淨 부증불감不增不減'은 바로 실상의 진리 자체(理體)여서 본래 범인과 성인, 닦음과 증득, 인과 등의 일들을 말할 수 없고, 반야의 진공眞空을 직접적으로 드러내니, 곧 모든 견해가 떨어져나가고 모든 감정이 끊어지고 사라진다.

【종합하여 해석함(合釋)】

아, 사리불아! 이 오온五蘊 등의 모든 법은, 이것의 현상이 비록 임시적(假)이지만 그 본체는 진공실상眞空實相이다. 본래 인연이 모여서 생生기는 것도 없고, 화합한 인연이 다하여 멸滅하는 것도 없다. 장애를 벗어났다고 깨끗한(淨) 것도 없고 흐름을 따른다고 더러운(垢) 것도 없다. 깨달을 때는 증增이 되고 미혹하였을 때는 감減이 되는 따위의 허망한 상도 없다. 그러므로 말하기를 "이 모든 법의 공한 모습(空相)은 생멸하지도 않고 더럽거나 청정한 것도 아니며 증감하지도 않는다(是諸法空相 不生不滅 不垢不淨 不增不減)"고 한 것이다.

③ 허망함을 깨트리다(破妄分三)
(i) 범부의 아상아상我相을 깨트리다(初破凡夫我相)
ⓐ 마음의 미혹이 무거운 사람을 상대하여 오온을 깨트리다
　(初對迷心重者破五蘊)

是故空中無色 無受想行識
이러한 까닭으로 공 가운데는 색이 없고 수상행식도 없으며

이것은 상을 깨트리는 파상문破相文으로 모두 세 단락이 있으니, 오로지 범부와 이승인二乘人들이 아我와 법法의 이상二相에 미혹한 것을 깨트리기 위하여 시설한 것이다.

　먼저 범부가 오온五蘊에 집착한 아상我相을 깨트린다. 범부가 집착하는 아상我相은 색색과 심심의 두 가지를 벗어나지 못한다. 마음이 미혹하면 곧 사상思想에 집착하게 되고, 육진의 그림자(緣影, 六塵緣影)에 집착하면 허망을 마음으로 삼는다. 색色에 미혹하면 곧 신체와 물질에 집착하게 되어 사대四大의 허황한 물질을 진실한 나(眞我)라고 집착하고, 만유萬有의 가상假象을 진실한 법(實法)이라고 집착한다. 무시이래로 지금까지 범부는 이것을 즐기면서 잠시라도 버리지 못하고 있다. 그로 인해 미혹한 것이 제각기 달라져서 드디어는 개합開合하는 법들이 같지 않게 된 것이다. 즉 마음의 미혹이 무겁고 색의 미혹은

가벼운 자, 색의 미혹이 무겁고 마음의 미혹은 가벼운 자, 혹은 마음과 색에 모두 미혹한 자들이 있어, 부처님 마음(佛心)의 자비와 부처님의 지혜로 그 근기를 감별하여 올바른 방편으로 사람에 따라 법을 가르치는 것이다. 다시 말해 마음의 미혹에 편중偏重되고 색의 미혹이 가벼운 자에게는 곧 오온의 법을 설하되, 색법(지수화풍)은 색온 하나로 합하고 심법心法은 수상행식의 넷으로 개시하니 이것이 색을 합하고 심을 여는 법(合色開心之法)이다. 만약 색의 미혹함이 편중되고 마음의 미혹이 가벼운 자에게는 곧 십이입十二入을 설명하되, 심법을 합하면 한 개 반, 즉 의근意根 하나와 법경法境의 반이라고 설명하고, 색법을 열면 열 개 반, 즉 오근五根, 오경五境, 그리고 법경法境의 반이라고 설명한다. 이것이 심을 합하고 색을 여는 법(合心開色之法)이다. 만약 심과 색 모두에 미혹한 자에게는 곧 십팔계를 설명하되, 색법을 열면 열 개 반, 심법을 열면 일곱 개 반, 즉 식識의 여섯과 의근意根의 하나와 법경法境의 반이라고 설명한다. 이것을 색과 심을 모두 여는 법(心色俱開之法)이라 한다.

【나누어 해석함(分釋)】

"시고공중是故空中"의 4글자는 '무지무득無智無得'이란 구절과 연관되어 있다. '시고是故'는 위의 문장을 이어받아 아래의 문장을 일으키는 말로서, 바로 위의 문장인 '제법공상諸法空相'을 이어받아 아래 문장인 '무색無色 무수상행식無受想行識'에서 '무지역무득無智亦無得'까지의 문장을 일으킨다. '공중空中'은 진공실상眞空實相 중中에서란 말이다. 무색無色 등에서 말하는 '무無'라는 글자는 공空이란 뜻이다. 온蘊이 공한 이치는 위에서 서술한 것과 같다.

앞에서 '오온이 모두 공함을 비춰 본다(照見五蘊皆空)'는 것은 오온으로 된 몸이 본래 허망하다는 것에 맞추어 말한 것이고, 지금은 바로 진공실상眞空實相의 이성理性 속에는 본래 이와 같이 허망한 상이 없다는 것을 말한 것이므로 중복이 아니다.

이것은 마음의 미혹에 편중되고 색의 미혹이 가벼운 자를 위하여 말한 것이다. 그런 까닭에 '안이비설신'은 색온 하나로 합하고, '의意'는 수상행식의 사온으로 연 것이다.

ⓑ 색의 미혹이 무겁고 마음의 미혹이 가벼운 자를 상대하여 십이입을 깨트림
　(對迷色重迷心輕者破十二入)

無眼耳鼻舌身意 無色聲香味觸法
안이비설신의도 없고 색성향미촉법도 없다.

이것은 십이입十二入을 깨트리는 것이다. 육근六根은 안의 육입(內六入)이고 육진六塵은 밖의 육입(外六入)인데, 이를 합하여 십이입이라고 한다. '입入'은 건너 들어온다는 뜻인데 근根은 진塵을 건널 수 있고 진塵은 근根에 들어올 수 있어, 근根과 진塵이 서로가 건너고 들어와서 '식識'이 생기는데, 또한 식識이 들어가는 곳(所入)이 되기도 한다. 이를 다르게 말하여 십이처十二處라고 한다〔예전의 번역에는 입入이라고 하였고 지금에는 처處라고 번역한다. '처處'는 의탁한다는 뜻이 있으며, 이는 바로 식識은 육근과 육진에 의탁하여 생긴다는 말이다〕. 바꾸

어 말하면 육근과 육진은 식識을 일으키게 되는 장소(處)이다. 육근은 의지하는 곳(所依)이 되며 육진은 반연하는 곳(所緣)이 된다.

【나누어 해석함(分釋)】
"안이비설신의眼耳鼻舌身意"는 육근六根이며 이는 안근眼根, 이근耳根, 비근鼻根, 설근舌根, 신근身根, 의근意根을 말한다. 근根은 생기게 할 수 있다는 뜻(能生義)이다. 비유하면 초목의 뿌리는 줄기와 가지를 생기게 할 수 있다. 안근眼根 등의 육근은 안식眼識 등의 육식六識을 생기게 할 수 있다. 즉 안근은 색의 경계(色境)를 대하여 안식을 생기게 하고······ 의근意根은 법의 경계(法境)를 대하여 의식意識을 생기게 하므로 근根이라고 말한다.

눈(眼)은 색色을 반연하는 작용이 있는데 그 근根은 오로지 보는 것을 관장하는 기관이며, 귀(耳)는 소리(聲)를 반연하는 작용이 있는데 그 근은 오로지 듣는 것을 관장하는 기관이며, 코(鼻)는 냄새(香)를 반연하는 작용이 있는데 그 근은 오로지 냄새 맡음을 관장하는 기관이며, 혀(舌)는 맛(味)을 반연하는 기관으로 그 근은 맛을 관장하는 기관이며, 몸(身)은 접촉(觸)의 작용이 있으니 눈 등의 모든 근이 의지하는 총괄적 기관으로, 그 근은 오로지 동작을 관장하는 기관이며, 의식(意)은 지각知覺의 작용이 있으니 그 근은 오로지 생각하는 일을 관장하는 기관이다. 앞의 오근五根은 사대四大로 이루어진 물질에 속하는 것이며, 뒤에 하나의 근(의근)은 마음이 의지하는 근으로 정신적인 것에 속한다. 다만 소승에서는 앞의 생각하는 의식意識으로써 의근意根을 삼고, 대승에서는 팔식八識 중에서 제7말라식末那識으로써 의근意根을 삼는다.

이 육근六根을 만약 생리학적인 술어로 말한다면, 체질적인 면에서 눈, 귀, 코, 혀, 피부, 뇌라고 할 수 있다. 작용적인 면에서 말하면 시각기관은 안근眼根, 청각기관은 이근耳根, 후각기관은 비근鼻根, 미각기관은 설근舌根, 촉각기관은 신근身根, 심리학적 감각기관은 의근意根이다.

또 이 육근에는 부진근扶塵根과 정색근淨色根이라는 차이가 있다. 부진근은 부진근浮塵根이라고도 하는데, 이는 부모로부터 받은 밖으로 나타나 보이는 형상으로 그 바탕은 거칠고 탁하며, 단지 형질만 있고 지각知覺하는 것은 전혀 없다. 경經에서 말하기를 "눈은 늘어진 포도 같고, 귀는 둥글게 말린 새 잎사귀와 같고, 코는 쌍으로 늘어진 발톱과 같고, 혀는 휘어진 초승달과 같고, 몸은 허리가 잘록한 북의 이마와 같고 뜻은 어두운 방에서 보는 것과 같다"[58]라고 하였다. 정근正根, 즉 정색근의 작용을 도와주기 때문에 부진扶塵이라고 한다. 또 눈 등의 육근六根은 공허하고 진실하지 못한 법이므로 부진浮塵이라고 부르니, 허물어짐이 있는 까닭이다. 이 부진근은 소의(所依, 의지하는 곳)가 되고, 이 가운데 따로 의지하는 주체인(能依) 정색근淨色根이 있는데 또한 승의근勝義根이라고도 한다. 이것은 정근正根이 되니, 바로 안이비설신의眼耳鼻舌身意의 여섯 부진근의 실체이며, 식識을 드러내어 경계境界를 취하는 능력이 있어서 부진浮塵보다 뛰어나므로 승의勝義라고 말한다. 또 청정한 사대四大로 이루어진 까닭에 정색淨色

---

[58] 『수능엄경』 제4권에 나오는 내용.

이라고 부른다. 이 정색근은 내부에 숨어 있으며 그 바탕이 미세하고 깨끗하여 마치 유리와 같은데, 육안으로는 볼 수 없고 천안天眼으로만 볼 수 있다. 이는 생리학적으로 말하는 신경세포와 비슷하다. 이 눈 등의 여섯 가지의 정색근淨色根을 생리학적인 술어로 말하면 곧 시신경, 청각신경, 후각신경, 미각신경, 감각신경이라고 할 수 있다〔이 것은 일종의 예에 불과한 것이므로 이를 가지고 시비를 논하는 것은 옳지 않다고 본다〕.

위에서 말한 것과 같이 눈의 부진근은 바로 눈동자이며 눈의 승의근은 시신경인데, 다만 빛이 승의근(시신경)에만 있고 부진근(눈동자)에 없으면 곧 맹인과 마찬가지이며, 혹은 빛이 부진근에만 있고 승의근에는 없으면 어떤 작용도 일으킬 수 없는 것과 같다. 반드시 부진근과 승의근의 둘을 모두 갖추어야만 우리들의 눈이 제대로 기능을 발휘할 수 있다. 다른 이근 등의 모든 근根도 이와 같다.

"색성향미촉법色聲香味觸法"은 육진六塵이다. '진塵'에는 오염과 동요의 두 가지 뜻이 있다. 첫째, 이 여섯 가지는 진심眞心을 오염시키므로 육진이라고 말한다. 둘째, 육진은 항상 생멸하고 변동하므로 동요의 뜻을 가지고 있다. 육진은 또한 육경六境이라고도 말하는데, 색色 등의 육법六法으로 인하여 눈 등의 육근의 대상인 경境이 된다. 앞의 색 등의 오진五塵은 바로 생리적 대상으로 색법色法에 속하며 뒤의 법진法塵은 정신적 대상으로 심소법心所法에 속한다. 따라서 이 육근이 반연하는 여섯 가지 경계가 되므로 육경이라고 한다.

'색경色境'은 눈에 보이는 모든 대상, 즉 푸르고 누렇고 붉고 하얗고(靑黃赤白), 길고 짧고 모나고 둥근(長短方圓) 모양과 남녀의 모습

등의 모든 형상을 말한다. '성경聲境'은 귀로 듣는 모든 대상, 즉 거문고 소리와 비파 소리와 관현악기 소리와 장신구의 소리와 노랫소리와 남녀의 음성 등의 모든 소리를 말한다. '향경香境'은 코로 냄새를 맡는 대상, 즉 용연향과 사향과 전단향과 침향과 화장품과 남녀의 몸에서 나는 체취 등의 모든 냄새를 말한다. '미경味境'은 혀로 맛을 보는 모든 대상, 즉 맵고 짜고 시고 달고 싱거운 등 모든 음식의 맛을 말한다. '촉경觸境'은 몸에 닿아서 지각하는 모든 대상, 즉 차고 따뜻한 것과 가볍고 무거운 것과 부드러운 것과 딱딱한 것과 남녀가 신체 접촉으로 느끼는 촉감 등을 말한다. '법경法境'은 마음(意)이 반연하는 모든 대상, 즉 오진五塵에 투영된 그림자로 과거 모든 사물의 환영幻影을 말한다. 이 육진의 경계는 매 경계 중에 모두 '가의可意'와 '불가의不可意'의 두 가지 및 '구생俱生', '화합和合', '변이變異'의 세 가지를 갖추고 있다. 이른바 '가의색可意色'과 '불가의색不可意色', '가의성可意聲'과 '불가의성不可意聲' 내지는 '가의법可意法'과 '불가의법不可意法'이다. 예를 들어 추악한 경계를 보면 이를 보는 사람으로 하여금 싫어함을 일으키는데 이는 '불가의색不可意色'이며, 아름다운 경계를 보면 기뻐하는 마음을 일으키는데 이는 '가의색可意色'이다. 또 즐거워하는 소리를 듣고 뜻에 합당하면 이는 '가의성可意聲'이며 괴로워하는 소리를 듣고 번뇌를 일으키면 이는 '불가의성不可意聲'이다. 향미촉법香味觸法도 마찬가지이다. '구생俱生'과 '화합和合'과 '변이變異'에 관해서는, 예를 들면 '전단향'과 '침향'과 등의 향기는 생겨날 때부터 본래 갖추어져 있는 것으로 이를 구생향俱生香이라 부른다. 물질과 물질을 화합시켜 인공적으로 만든 향수香水와 같은 것은 '화합향和合香'이라고 부른다. 물질이 변하고 바뀌어 생기는 것, 즉 과일이 익을 때에 많이 생기는 향 등은 '변이향變異香'이라고 부른다. 또 사탕수수는 달고 깽깽이풀(黃蓮)이 쓴 것은 모두가 그 본성에 따라 자연스럽게 이루어진 것으로 이를 '구생미俱生味'라고 부른다. 많은 맛이 화합하여 이루어진 요리의 맛과 같은 것은 '화합미和合味'라고 부른다. 때에 따라서 변하는 맛, 즉 오이가 익으면 달고 생강이 늙으면 신맛이 나는 것은 '변이미變異味'라고 부른다. 나머지도 이와 같다는 것을 알 수 있다.

앞의 오경(色聲香味觸)의 이치는 쉽고 명백하여 이해하기 쉽지만, 오직 법경法境만은 비교적 이해하기가 어려울 것이므로 여기서 다시 간략하게 설명해보자. 예를 들면 어제 혹은 수개월 전에 기쁨을 주는 하나의 물건을 보았거나 또는 귀를 즐겁게 하는 한 마디 말을 들었다고 하자. 그 일은 지나갔지만 마음(意根) 안에는 항상 이 과거의 일들(幻影)을 집착하고 상상하는데, 이런 환영을 법경法境이라고 부르며 또한 법진法塵이라고도 한다.

이 십이처十二處를 각각 모두 법이라고 부를 수 있을 것인데, 무슨 까닭에 오로지 제육경第六境만을 일러 법처(法處, 法塵)라고 말하는가? 왜냐하면 앞의 오경五境은 제각각 구역이 있어서 유한한 것이지만, 오로지 의근意根이 상대하는 경계(法境)는 모든 법을 두루 거두어 한계가 없으므로 특별히 이를 법처法處라고 말한다. 또한 육경六境은 육적六賊이라고도 한다. 색色 등의 육경으로 인하여 눈 등의 육근이 매개체가 되어 항상 자기가 본래 가지고 있는 모든 공덕功德과 법재法財를 노략질하기 때문이다. 『열반경』에 말하기를 "보살마하살은 이 육진을 육대적과 같이 상대하나니, 무슨 까닭인가? 모든 올바른 법을 겁탈하는 까닭이다(菩薩摩訶薩 對此六塵 如六大賊 何以故 能劫一切善法 故)"라고 하였다.

"무안이無眼耳" 등에서의 '무無'는 두 가지 해설이 있다. 첫째는 인연 이 임시로 화합한 것을 떠난 바깥에 눈 등의 육근은 각각 자성自性이 없으므로 색 등의 육진六塵을 건립할 수 없는 것을 말한다. 둘째는 눈 등의 육근이 색 등의 육진을 대하는 가운데 허망한 생각과 분별하는 마음을 일으키지 않으면 근과 진의 허망한 모든 작업이 자연적으로 없어지므로〔눈은 색을 탐착하지 않고 귀는 소리를 탐착하지 않고 등등〕 '무無'라고 말한다. 반드시 알아야 한다. 눈 등의 육근과 색 등의 육진은 모두 진공실상眞空實相 가운데서 하나의 허망한 현상으로 나타나는 것이며 실체가 없다는 것을. 우리들이 만약 허망함이 본래 공함을 깨달으면 상相을 융섭하여 성性으로 돌아올 수 있게 된다. 상은 이미 체體가 없고 성은 스스로 공적하니 무엇이 있어 육근과 육진이라고 말할 수 있겠는가? 그러므로 "안이비설신의가 없고(無眼耳鼻舌身意) 색성향미촉법도 없다(無色聲香味觸法)"라고 말하는 것이다. 『대반야 경』에 말하는 "안처는 다만 이름만 있고 나아가 법처도 단지 이름만 있다. 안처가 공하고 나아가 법처도 공하다(眼處但有名 乃至法處但有名 眼處空 乃至法處空)"는 것이 바로 이 뜻이다.

이상에서는 색의 미혹이 무겁고 마음의 미혹이 가벼운 자를 상대하 여 설명하였다. 그러므로 안이비설신의 오근과 색성향미촉의 오진五 塵, 그리고 법진法塵 중의 무표색無表色 반분半分, 이렇게 모두 열 개 반을 열어 색법으로 삼고, 의근意根과 법진法塵 중의 심소법心所法 반분, 이렇게 모두 한 개 반을 합하여 심법으로 삼은 것이다. 이로써 십이입을 깨트리는 내용을 마친다.

[표9] 십이입+二入(색법을 열고 심법을 합함)

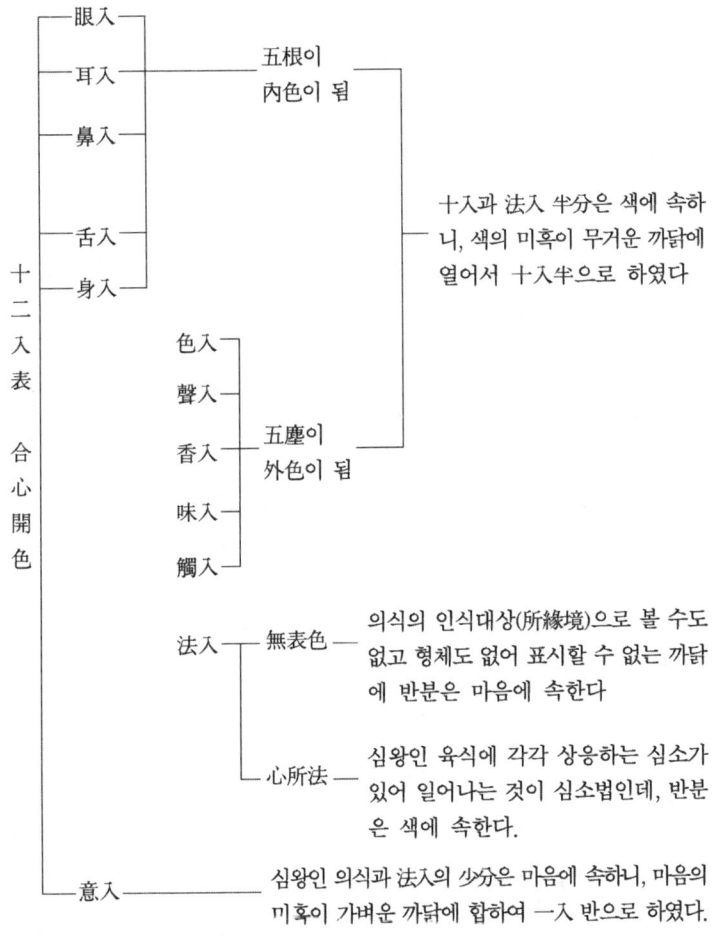

ⓒ마음과 색이 함께 미혹한 사람을 상대하여 십팔계를 깨트림

(對色心並迷者破十八界)

無眼界 乃至無意識界

안계도 없고 나아가 의식계도 없다.

이는 십팔계十八界를 깨트리는 것이다. 육근六根과 육진六塵 외에 다시 육식六識을 더하여 십팔계가 된다. '계界'는 한계(경계)의 뜻이다. 그러므로 이러한 근根과 진塵과 식識의 18법은 제각기 한계가 있어서 서로 섞이지 않는다. 말하자면 육근六根은 육근의 한계가 있고, 육진六塵은 육진의 한계가 있으며, 육식六識은 육식의 한계가 있다. 더 상세히 설명하면 안근眼根은 안근의 한계가 있으며 나아가 의근意根도 의근의 한계가 있다. 색진色塵도 색진의 한계가 있으며 나아가 법진法塵도 법진의 한계가 있다. 안식眼識도 안식의 한계가 있고 나아가 의식도 의식의 한계가 있다. 마치 안근은 색진으로써 경계를 삼고, 이근耳根은 성진聲塵으로써 경계를 삼으며…… 의근意根은 법진法塵으로써 경계를 삼는 것과 같다. 또 색色은 단지 눈의 대상(所緣)이 될 뿐이어서 색을 초월해 있는 것은 볼 수 없다. 소리(聲)는 귀의 대상이 될 뿐이어서 소리를 초월하여 있는 것은 들을 수 없다.…… 법法은 의식(意)의 대상이 될 뿐이어서 법을 초월하여 있는 것은 생각할 수 없다. 색진色塵은 안근眼根으로써 경계를 삼고, 성진聲塵은 이근耳根으로써 경계를 삼으며…… 법진法塵은 의근意根으로써 경계를 삼는다. 눈으로 보는 것은 오직 색이며, 성향미촉법聲香味觸法을 보는 것이 아니며, 귀로

듣는 것은 오직 소리이며, 색향미촉법色香味觸法을 듣는 것은 아니며…… 또 안식眼識은 반드시 안근에 의지하여 일어나는 것이니 다른 근根으로는 일으킬 수 없다. 안근은 안식을 일으키는 것을 제외하고 달리 이비설신의耳鼻舌身意를 일으킬 수 없다. 이를 범부가 미혹해지는 방면으로 설명하면, 원래 하나의 정밀하고 맑은 것(一精明)에 의지한 것이 나누어져 육화합六和合이 이루어지는 것이다. 다른 것들도 이를 미루어 생각하면 알 수 있을 것이다.

　이를 종합하면, 색은 눈의 대상(所緣) 경계가 되고, 눈은 색이 들어오는(所入) 경계이며, 안근과 색진이 합하면 곧 안식이 일어나는(所發) 경계가 된다. 이비설신의도 이와 같음을 알 수 있다. 또 색경色境은 밖에 있는 외계外界가 되고 안근은 안에 있는 내계內界가 되며, 식識은 그 중간에서 일어나는 중계中界가 된다. 각각의 한계로 인하여 서로 같지 않은 까닭에 십팔계라고 하는 것이다. 또 '계界'는 '작용'과 '보호하고 유지함(保持)'이라는 두 가지 뜻을 가지고 있다. 눈은 볼 수 있고, 색은 보이는 것이며, 안식은 알 수 있으니 이것이 작용적인 한계이다. 또 한계가 있음으로 해서 보호하고 유지할 수 있어 자기모습(自相)을 잃지 않는다. 마치 우리나라가 삼천리금수강산의 국토를 가지고 있는 것과 같은데, 만약 한계가 없다고 하면 우리나라만의 자기모습을 잃어버리게 된다. 십팔계의 도리도 역시 이와 같은 것으로, 한계를 잃는다면 육근과 육진과 육식도 없다.

【나누어 해석함(分釋)】

"무안계無眼界 내지무의식계乃至無意識界." 여기서 '내지乃至'는 문장에서 일종의 생략법이다. 십팔계의 이름을 일일이 나열할 필요가 없어서 단지 최초의 안계와 최후의 의식계만을 말하였고, 이계耳界, 비계鼻界, 설계舌界, 신계身界, 의계意界의 오근五根과 색계色界, 성계聲界, 향계香界, 미계味界, 촉계觸界, 법계法界의 육진六塵과 안식계眼識界, 이식계耳識界, 비식계鼻識界, 설식계舌識界, 신식계身識界의 오식五識 등의 십육계는 '내지'라는 말로 생략한 것이다.

볼 수 있는(能見) 근을 안계眼界라고 하며, 들을 수 있는 근을 이계耳界라고 하며, 내지 지각할 수 있는 근을 의계意界라고 한다. 보이는(所見) 경계를 색계色界라고 하며, 들리는 경계를 성계聲界라고 하며, 내지 생각되고 상상되는 경계를 법계法界라고 한다. 색경色境을 분별하여 아는 것을 안식계眼識界라고 하며, 성경聲境을 분별하여 아는 것을 이식계耳識界라고 하며, 내지 법경法境을 분별하여 아는 것을 의식계意識界라고 한다. 모두 합해서 십팔계라고 부른다. 육근과 육진의 내용은 앞에서 이미 설명했으므로 지금은 육식六識의 내용을 설명하겠다.

안근이 소의(所依, 의지하는 것)가 되고 색경이 소연(所緣, 대상)이 되어 분별하여 아는 작용이 일어나는데, 이를 안식眼識이라고 한다. 이근耳根이 소의가 되고 성경聲境이 소연이 되어 분별하여 아는 작용이 일어나는데, 이를 이식耳識이라고 한다. 내지는 의근〔의근은 바로 제7식이다. 오직 제8식 견분을 자기라고 집착하여 아집我執을 이루는데, 아집으로 인하여 의식을 일으켜 만법萬法을 보게 되므로 6식은 7식으로써 뿌리(根)를 삼는다〕이 소의가 되고 법경法境이 소연이 되어 널리 분별하고 계탁計度하는 작용이 일어나는데, 이를 의식意識이라고 한다〔이들 육식은 모두 의지하는 것(소의)에 따라 이름을 얻었다〕. 안식은 색경色

境을 분별하여 아는 작용이 있고, 신식身識은 촉경觸境을 분별하여 아는 작용이 있고, 의식은 법경法境을 분별하여 아는 작용이 있다. 앞의 오식이 의지하는 것은 물질적 색근色根이며, 제육식이 의지하는 것은 정신적 심근心根이다.

엄격하게 말하면, 전오식前五識의 기능은 직접적 지각(直覺)인데 다만 각각 하나의 경계를 대상(緣)으로 할 뿐[안식이 꽃을 연緣할 때는 곧 새는 보지 못하는 것과 같다], 전체적으로 헤아려 분별하는 마음이 없다. 아울러 다만 현재를 대상으로 할 뿐, 과거나 미래를 대상으로 하지 않는다. 제육식의 기능은 분별하고 계탁하는 것으로, 또한 과거를 회상하고 미래를 예상할 수 있으니 이는 중생이 업을 짓는 좋은 매개가 되는 것이다.

눈 등의 육식을 만약 생리학적으로 말하면 바로 시각은 안식, 청각은 이식, 후각은 비식, 미각은 설식, 촉각은 신식, 지각은 의식이다. 전오식은 심리학적으로 '감각'에 상당한다. 색을 보고 향기를 듣는 것(聞香)은, 이것은 색이고 이것은 향기라고 아는 것이지 더 나아가 다른 생각을 일으키지 않는다. 제육식은 심리학적으로 '지각'에 상당하며, 이것은 색이고 이것은 향기라고 알 뿐만 아니라 한 걸음 더 나아가 이것은 꽃의 색이고 이것은 꽃의 향기라는 것도 안다.

앞의 십이입十二入은 색에 속하는 것도 있고 심에 속하는 것도 있지만, 오직 이 육식은 모두 심법心法에 속한다. 이를 종합하면, 식識은 근根에 의지하여 요별了別을 일으키고, 근根은 식識에 의지하여 작용을 일으킨다. 진塵은 근이 작용하고 식이 요별하는 대상이 된다. 또 육경六境은 육근의 소연(대상)이며 육식이 인식하는 대상이 된다. 육근은 육진을 능연能緣[59]하며 육식이 생기는 장소가 된다. 육식은 육근에 의지하여 생기며 육경을 요별하는 기능이 있다. 근根, 진塵, 식識의 이 세 가지는 서로 의지하는 긴밀한 관계를 가지고 있으며, 만약 하나라도 결여되면 모든 사물에 대하여 작용을 일으킬 수 없다. 이로 인하여 근, 경, 식의 셋이 반드시 일치되게 상응하여 갖가지 작용을 일으킨다. 근과 경은 서로 접촉하는데 만약 식이 근, 경과 연락하지 않는다면 어떠한 물질과 정신도 아무런 작용을 일으킬 수 없는 것과 같다. 이른바 (『大學』에서) "마음이 없으면 보아도 보이지 않고 들어도 들리지 않고 먹어도 그 맛을 모른다(心不在焉 視而不見 聽而不聞 食而不知其味)"라고 한 것과 같다.

  육근과 육진이 허망하고 진실하지 못하다는 도리는 앞에서 이미 설명하였다. 그러므로 그 의지가 되는(所依)인 근과 진이 이미 공하니 의지하는(能依) 식심識心은 자연히 없는 것이다. 이른바 안으로 이미 육근이 없고 밖에는 육진이 없고 중간에 육식이 없어져 이 셋이 함께 공하니 곧 신령스런 빛이 홀로 빛나고(靈光獨燿), 안팎과 중간이 융합하여 하나의 성性으로 돌아오니 바로 진공실상이다. 그렇다면 십팔계의 허망한 법이 어느 곳에 있겠는가? 그러므로 "무안계無眼界 내지무의식계乃至無意識界"라고 말한 것이다.

  『능엄경』에 말하기를 "근根과 진塵이 염착을 벗어나면 식識은 의지할 곳이 없다. 근과 진의 체가 없으니 식의 본성은 원래 공한 것이다(根

---

[59] 능연能緣은 감각 기관을 통하여 바깥 세계의 사물을 인식하는 마음의 작용이고, 소연所緣은 마음의 인식작용으로 인식되는 대상을 말한다. 인식주관이 능연이 되고 인식객관이 소연이 된다. 여기서 연緣은 의지하고 반연攀緣한다는 의미이다.

塵脫粘 識無所寄 根塵無體 識性元空)"라고 하였다. 또 말하기를 "만약 어떤 한 사람이 진성을 발하여 근원으로 돌아가면 시방의 허공이 모두 다 소멸한다(若有一人發眞歸元 十方虛空悉皆消殞)"라고 하였다. 시방의 허공이 오히려 모두 소멸하는데 하물며 오온, 육입, 십이처, 십팔계이겠는가? 마땅히 알아야 한다. 이들 허망한 상相들은 모두 범부의 마음이 전도와 집착을 일으킴으로 말미암아 있게 된 것임을! 우리들이 참으로 미혹되지 않을 수 있다면 허망이 곧 진실이며, 모든 상이 다 진성임을 깨달아(了妄卽眞 全相皆性) 바로 모든 법의 당체가 곧 진공실상眞空實相이 되니, 오히려 어떻게 오온과 같은 허깨비 상(幻相)을 말할 수 있겠는가? 여기에 이르면 오온이 바뀌어 삼덕三德[60]이 되고, 십이입이 바뀌어 이상〔二相: 지상智相과 용상用相. 육근이 바뀌어 지상이 되고 육진이 바뀌어 용상이 됨〕이 되고, 팔식八識이 바뀌어 사지四智[61]가 되는 것이다. 육조 혜능慧能이 말하기를 "식은 본래 지혜이니 다시 변하지 않는다. 다만 팔식의 자성이 청정함을 깨달아 얻으면 당체는 바로 대원경지이다(識本是智 更不須轉 只是悟得八識自性淸淨 當體便是大圓鏡智)"라고 하였다. 식이 이 이치를 얻으면 바로 온입처계(蘊入處界: 5온, 6입, 12처, 18계)가 본래 지극히 원융하고 묘하여 모든 근과 모든 진이 자성 아님이 없는 보광명지普光明智인 것이다. 중생이

---

60 삼덕三德: 대열반에 갖추어진 네 가지 덕으로 법신덕法身德, 해탈덕解脫德, 반야덕般若德을 말한다.

61 사지四智: 여래의 네 가지 지혜. 제8식이 전환된 대원경지大圓鏡智, 제7식이 전환된 평등성지平等性智, 제6식이 전환된 묘관찰지妙觀察智, 전5식이 전환된 성소작지成所作智를 말한다.

미혹하고 우매함으로 인하여 허망되이 집착을 일으키므로 증득하지 못하고 깨트리지 못하는 것일 뿐이다.

위의 설명을 종합하면, 이러한 온입처계蘊入處界의 허망한 법은 모두가 진리에 미혹하여 환상幻相으로 나타난 일종의 연기된 가상假相이며, 그것의 본체本體는 공空이다. 범부는 어리석고 미혹하여 이를 참다운 법이라고 인식할 뿐이며, 보살은 반야의 신묘한 지혜로써 이를 관하여 진공실상의 이치를 분명히 아는 것이니, 본래는 이와 같은 허망한 법들이 없기 때문에 하나하나가 없는 것이라고 한다. 반드시 알아야 한다. 만약 현실(事)의 측면에서 말하면, 이 온입처계蘊入處界는 바로 미혹된 감정의 허망한 법이며 본래가 고苦이고 무상無常이며 무아無我이므로 마땅히 힘을 다하여 제거해야 한다는 것을. 또 진공실상은 바로 진실구경의 이치이며 이는 상락아정常樂我淨이므로 마땅히 철저히 증득하여야 한다는 것을. 만약 모든 법이 허망하여 공하지 않다면 어느 곳에서 진공실상을 구할 것인가? 이것이 바로 방편의 뜻이다. 만약 이성理性의 측면에서 말하면, 모든 법의 본성 가운데서부터 일체를 원융하게 관하면 곧 허망한 상相 모두가 다 참되니, 번뇌를 관하면 곧 보리이고 생사가 곧 열반이어서 참으로 조그마한 법도 깨트릴 수 없으며[一切法에 卽함], 역시 또 조그마한 법도 얻을 수 없다[一切相을 떠남]. 일체를 무너트리지도 않고 잃지도 않으며, 얻음도 없고 증득도 없으니 모든 법이 다 실상實相이며, 모든 법이 다 진공眞空이다. 이것이 바로 진실의 뜻이다.

위에서는 마음과 색이 함께 미혹한 사람을 상대하여 설명하였으므로 육근의 안이비설신眼耳鼻舌身의 오계五界와 육진六塵의 색성향미촉

色聲香味觸의 오계五界, 그리고 법진法塵 중에서 무표색 반계半界를 열어 십계반十界半이 되게 했으니, 이는 색법에 속한다. 육식의 안이비설신의眼耳鼻舌身意의 육계六界와 법진法塵 중에서 심소법心所法 반계半界, 그리고 의근意根의 일계一界를 열어 칠계반七界半이 되게 했으니, 이는 심법心法에 속한다. 모두 합하면 십팔계로서 삼과법문三科法門[62]을 이루니, 제각각 중생의 근성에 따라 임의로 하나의 법을 닦으면 바로 깨달음에 들어갈 수 있다. 이른바 하나를 깨달으면 일체를 깨닫는다(一悟一切悟)는 것이다.

【종합하여 해석함(合釋)】

위에서 설명한 '시제법공상是諸法空相'의 도리를 살펴보면, 바로 진공실상의 진리 자체는 본래 청정하고 공적한 것으로 이 속에는 색수상행식의 오온도 없고, 눈 등의 육근과 색 등의 육진과 안식계 등 육식의 허망한 법이 없는 까닭에 "무색無色이고…… 무의식계無意識界"라고 한 것을 알 수 있다.

---

62 삼과법문三科法門: 물질과 정신을 오온(五陰), 십이처(十二入), 십팔계의 삼문三門의 법문으로 분석하여 범부의 아집과 법집을 깨트리기 위하여 시설한 법문을 말함.

[표10] 십팔계十八界(色心俱開: 색과 심을 함께 엶)

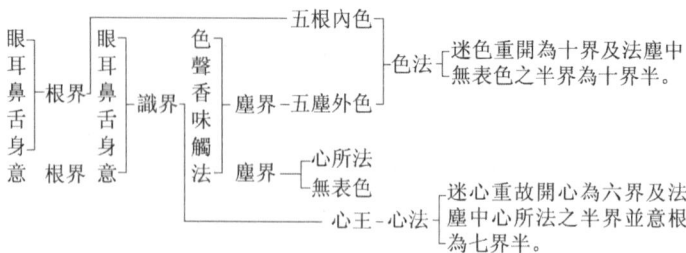

色法 - 迷色重開爲十界及法塵中無表色之半界爲十界半(색에 미혹함이 무거운 자를 위해 십계와 법진 중의 무표색 반계를 열어 십계반이 됨)

心法 - 迷心重故開心爲六界及法塵中心所法之半界並意根爲七界半(마음에 미혹함이 무거운 까닭에 마음의 육계와 심소법 반계와 의근을 열어 칠계반이 됨)

(ii) 이승인의 법상을 깨트림(破二乘法相)

ⓐ 연각의 12연기법을 깨트림(破緣覺十二因緣法)

無無明 亦無無明盡 乃至無老死 亦無老死盡

무명도 없고 무명이 다함도 없으며, 내지 노사도 없고 노사가 다함도 없다.

이것은 십이인연이 공하다는 것이다. 무엇을 일러 인연因緣이라고 하는가? 인因은 바로 직접적인 원인(親因)으로, 마치 씨앗과 같아 능히 씨앗을 싹트게 할 수 있다. 연緣은 간접적으로 도와주는 연(助緣)으로, 마치 비와 이슬과 사람의 일 등이 생기도록 도와주는 역할을 하는 것과 같다. 또 말하자면 모든 일의 기원은 인因이 되며 중간에서 이를 조성하는 것이 연緣이 된다. 인연은 모두 12지支가 있다. (1) 무명無明, (2) 행行, (3) 식識, (4) 명색名色, (5) 육입六入, (6) 촉觸, (7) 수受, (8) 애愛, (9) 취取, (10) 유有, (11) 생生, (12) 노사老死가 그것이다. 이는 모든 중생들이 삼계와 육도를 오르내리며 윤회하는 일종의 내력이다.

　이승인二乘人은 비록 아집我執을 타파했지만 법집法執은 아직도 남아 있다. 왜냐하면 실상문實相門 중에서 만약 한 법이라도 없애지 않은 것이 있다면 모두가 허망하게 존재하게 되고 진공眞空의 원융한 이치를 철저히 증득하지 못했기 때문이다. 그래서 이것 역시 타파하는 것이 중요하다. 이 십이인연은 바로 연각緣覺이 수행하는 법이다. 연각은 범어로 벽지가라辟支迦羅라고 하며 벽지불辟支佛이라고도 한다. '벽지辟支'는 인연으로 번역하며 '불佛'은 각覺으로 번역한다. 합하여 번역하면 인연각因緣覺이라 해야 하는데 그냥 간단하게 연각緣覺 또는 독각獨覺이라고 한다. 일반적인 해석은, 부처님께서 세상에 계실 때에 태어나서 부처님께서 말씀하신 십이연기법을 듣고 불도를 깨달은 사람을 연각이라고 하는데, 실제로는 부처님께서 세상에 계실 때에 태어났다는 것으로 정해진 것은 아니고, 불교의 인연법으로 도를 깨달음을 얻은 사람을 연각이라고 한다. 부처님께서 안 계실 때에 태어난 사람도 다만 선지식善知識의 개시開示에 힘입거나 혹은 자기가 경전을 읽은 인연으로 인하여 불도佛道에 들어간 사람들은 다 연각성자라고 부른다. 그렇지 않다면 부처님 전에 태어났거나 후에 태어난 중생은 영원히 연각을 이루지 못하게 되는 것이 아니겠는가? 만약 부처님께서 안 계실 때에 태어났거나 부처님께서 불법을 전하지 않은 곳에 살고 있어 부처님의 교법이나 선지식의 가르침을 받지 못하고 홀로 외로운 산봉우리에 기거하거나 혹은 곳에 따라 인연에 맡기면서 숙세의 선근善根으로 인하여 사물을 관찰하여 불도를 깨닫는다. 이른바 "가을에는 낙엽이 떨어지는 것을 관하고 봄에는 꽃이 만발한 것을 보고는, 사물이 변하는 것을 간파하여 무상을 깨닫고 시간이 변하는 것에 감지하여 참다운 불도에 들어간다(秋觀黃葉落 春覩百花開 看物變以悟無常 感時遷而入眞道)"라는 것이다. 이와 같이 인연의 생멸하는 도리를 관찰하여 독자적으로 자각하고 깨달아 해탈하는 사람을 독각獨覺이라고 한다. 왜냐하면 비록 인연으로 도를 깨달아도 오직 부처님의 가르침과 선지식의 개시를 받지 않은 것은 같기 때문이다. 실제로 부처님께서 세상에 안 계실 때에 도에 들어간 사람을 독각이라고 하는 것은 일정하지 않다. 부처님께서 세상에 계실 때에 스스로 세존께서 설법하시는 것을 들을 기회가 없어서 독자적으로 인연을 관찰하고 사물을 보면서 도를 깨닫는 사람도 역시 독각이다. 그렇지 않다면 곧 이와 같은 부류의 성자들은 부처님께서 세상에 계실 때에 그들의 지위(연각이라는)가 없었을 것이다. 그렇다면 이는 실로 전제적이고 편협한 사상이 없는 불법의 평등하고 원융한 사상적 종지宗旨에 위배됨과 동시에 불교가 가지고 있는 특징과 장점, 곧 모든 사람들은 스스로 깨달을 수 있는 능력이 있다는 특징을 드러내지 못하게 된다. 결론적으로 십이인연법을 닦고 무생無生의 이치를 깨달아 성스러운 과보를 증득한 사람을 연각緣覺이라고 한다. 이것이 소승 벽지불의 과果이다.

【나누어 해석함(分釋)】

"무무명無無明 역무무명진亦無無明盡 내지무노사乃至無老死 역무노사진亦無老死盡." 이 문장을 순서에 따라 말하면 '무명도 없고, 내지 노사도 없으며(無無明 乃至無老死)'가 한 구절이 되고, '또한 무명이 다함도 없고, 내지 노사가 다함도 없다(亦無無明盡 乃至無老死盡)'가 한 구절이 된다. '무無'는 공空의 뜻으로 해석한다〔무명이 공하고, 내지 노사도 공하다(無明空 乃至老死空)〕. '진盡'은 '없어진다(滅)'의 뜻으로 해석한다. '내지乃至'는 아주 간략하게 생략하는 말이다. 말하자면 십이지十二支에서 최초의 '무명'과 최후의 '노사'만을 열거하고 나머지 중간의 행行, 식識, 명색名色, 육입六入, 촉觸, 수受, 애愛, 취取, 유有, 생生의 십지는 생략한 것이다. 이 십이인연은 십이연기緣起, 십이중성重城, 십이형극荊棘, 십이연환連環이라고도 하며 각각의 이름에 그 의미가 있는데 번잡하여 여기서는 생략한다. 십이인연十二因緣은 유전문流轉門과 환멸문還滅門의 두 가지가 있다. 유전문은 생사에 윤회하는 상태와 모습을 설명하는 것으로, 결국 미혹함으로 말미암아 범부가 되는 것이다. 이것은 괴로움의 원인으로 괴로움의 과보를 받는 것(苦因苦果)이다. 환멸문은 생사를 해탈하는 법문을 가리키는데, 결국 깨달음으로 말미암아 성인의 지위에 들어가는 것이다. 이것은 즐거움의 원인으로 즐거움의 과보를 받는 것(樂因樂果)이다.

무엇을 유전문流轉門이라고 하는가? 이는 하나의 비유이다. 범부의 생사가 다함이 없는 것은 마치 물이 흐르며(流) 쉬지 않는 것과 같고, 수레바퀴가 돌아 굴러가며(轉) 멈추지 않는 것과 같으므로 유전문이라 부르는 것이다. 이것은 바로 육도에 윤회하는 범부의 나고 죽는 법(生死

法)이다. 무엇을 환멸문還滅門이라고 하는가? '멸滅'은 생사인 번뇌가 없어지는 것이고 '환還'은 열반인 진성眞性으로 돌아가는 것이므로 환멸문이라 부르는 것이다. 이것은 삼승三乘의 성자가 해탈하는 법이다.

무명無明은 행行을 반연하고 행行은 식識을 반연하며, 내지 유有는 생生을 반연하고 생生은 노사老死를 반연하는 이것이 유전문이 되는데, 이는 십이인연을 순서대로 관하는(順觀) 것이며 오염된 연기(染緣起)에 속한다. 무명이 멸하면(다하면) 곧 행이 멸하고, 행이 멸하면 곧 식이 멸하며, 내지 유가 멸하면 생이 멸하며, 생이 멸하면 노사가 멸하는 이것이 환멸문이 되는데, 이는 십이인연을 거꾸로 관하는(逆觀) 것이며 청정한 연기(淨緣起)에 속한다. 유전문을 강의하기 이전에 먼저 십이인연의 이름과 의미를 아래에서 간략히 풀이하고자 한다.

'무명無明'은 바로 밝지 못한 것〔바탕은 어리석음이며 미혹하고 우매함을 본성으로 한다〕으로, 이는 모든 번뇌를 통틀어 일컫는 말이다. 최초의 한 생각이 허망하게 일어나 본각묘명本覺妙明을 가리고 막음으로 말미암아 진공실상眞空實相의 이치를 깨닫지 못하고, 이로 인해 모든 집착이 허망하게 생기는데, 이를 무명이라 한다. 한마디로 무명은 바로 마음이 미혹된 것인데, 도대체 무엇에 미혹되었다는 것인가? 아我와 법法의 두 가지 공空한 이치를 깨닫지 못하고 미혹된 것이다. 중생은 오온의 허망한 몸뚱이(幻化)가 진실하지 못함을 깨닫지 못하고, 허망하게 집착하는 사대四大를 자기 몸의 모습(自身相)이라 하고, 육진에 반연하는 그림자(六塵緣影, 곧 6식)를 자기 마음의 모습(自心相)이라고 하니, 이것이 아집我執의 무명이다. 모든 법은 인연으로 생기고 자성이 없다는 이치를 깨닫지 못하고 허망하게 만유萬有의 현상은 진실한 법이라고 집착하니, 이것이 법집法執의 무명이다. 말하자면 안으로는 근신根身에 집착하여 나(我)라고 하고, 밖으로는 삼라만상(器界)에 집착하여 법이라고 한다. 나(我)와 법의 둘이 공하다는 진리에 미혹한 까닭에 무명이라고 부르는 것이다. 이것이 진리에 미혹하여 일어나는 일념불각一念不覺이다.

  이를 보충 설명하면, 무명에는 근본무명根本無明과 지말무명枝末無明의 두 종류가 있다. 이성理性이 공空한 것에 밝지 못함을 일러 '이理에 미혹한 무명'[진공실상이 상相을 여읜 이치를 알지 못함]이라 하니, 이것이 근본무명根本無明이다. 현실상(事相)의 가假에 밝지 못함을 일러 '사事에 미혹한 무명'[허망되이 만법이 실제로 있다고 보는 것]이라 하니, 이것이 지말무명枝末無明이다. 이理에 미혹한 무명이란, 한 생각 허망한 지각(一念妄覺)의 장애로 중도실상中道實相의 이치가 드러나지 못하는 것을 가리킨다. 사事에 미혹한 무명이란, 견혹과 사혹의 번뇌(見思煩惱)가 가로막아 생사의 일을 벗어나지 못하는 것을 가리킨다. 범부가 진제眞諦의 이치에 밝지 못하여 사견邪見에 집착하는 것을 견사무명見思無明이라 하고, 이승인二乘人이 속제俗諦의 이치에 밝지 못하여 공적空寂에 집착하는 것을 진사무명塵沙無明이라 하며, 권교보살이 중도中道의 이치에 밝지 못하여 이변二邊에 집착하는 것을 근본무명根本無明이라고 한다. 결론적으로 말해 진리(眞)에 미혹한 것을 근본무명이라 하며, 허망함(妄)이 일어나는 것을 지말무명이라 한다.

  '행行'은 조작造作의 뜻으로 모든 행위를 가리킨다. 곧 무명에 의지해 만들어진 선악업善惡業이다.

  '식識'은 바로 업식業識인 제팔식[인생의 총체적 과보의 주인]이다.

이 식識은 업에 따라 과보를 받는 것으로 과거의 업력에 쫓겨서 선악을 짓은 종자가 태에 들어와 인연이 있는 부모가 성교를 할 때에 4주간 동안을 암흑에 있다가, 오로지 한 번의 성교를 하는 장면을 보고 명상(明相: 淫光)이 발현되는 곳에 영민하고 예리한 신식神識이 찰나에 부모의 몸 주변에 이르는데, 이때는 혼미하여 홀연히 한 생각 사랑하는 마음이 일어나는데〔남자는 어머니를 사랑하고 아버지를 싫어하며, 여자는 아버지를 사랑하고 어머니를 싫어한다〕, 사랑하는 것이 종자가 되어 식識이 모태에 들어오는 것이다〔한 생각의 애욕심이 흘러서 탄생하는 종자를 받아들이고, 아버지의 정자와 어머니의 난자가 착색하여 포태胞胎가 이루어지게 되는데, 장차 이 신식神識은 더러운 냄새가 나는 자궁 속에 있게 되는 것이다〕. 아! 참혹하구나! 생사의 화근禍根이 장차 이렇게 이루어지며, 일체의 모든 고통이 뒤따라오는구나! 이것이 모태로 들어가는(托胎) 최초의 한 생각이다. 『마하지관摩訶止觀』제9권에 말하기를 "처음 탁태될 때에 이름을 '가라라'라고 하는데, 이때 세 가지 일을 갖추게 된다. 하나는 명命이고 둘은 난煖이며 셋은 식識이다. 이 중에서 과보의 바람은 명命이 되며, 정혈精血이 더럽지 않고 문드러지지 않은 것은 난煖이 되며, 활동하는 것은 식識이 된다. 이때 문득 어머니를 따라 숨이 아래위로 출입하는데, 이를 식위識位라고 한다(初托胎時名歌羅邏 此時卽具三事 一命 二煖 三識 是中以報風爲命 精血不臭不爛爲煖 活動爲識 此時便隨母氣息上下出入 名爲識位)"라고 하였다.

'명색名色'에서 명名은 심식心識〔즉 신식神識이 처음 탁태할 때를 말한다〕을 가리키고, 색色은 형체〔아버지의 정精과 어머니의 혈血이 섞여 이루어진 몸뚱이를 말한다〕를 가리킨다. 한 생각이 애욕에 염착하여 어머니의 몸에 들어가 명名이 되며, 부모의 정자와 난자가 맺힌 것을 가지고 태를 형성한 것이 색色이 된다. 말하자면 마음과 물질(心物)이 화합하여 만들어진 것이 태胎이며 태의 모습(胎相)이 처음 이루어진 것을 명색名色이라고 부른다〔이는 태중胎中에 정신과 물질이 처음으로 갖추어진 모습이다〕. 처음에 잉태되었을 때에는 육근六根이 완전하지 못하고 식심識心도 분별하는 능력을 발휘하지 못하며, 다만 심心이라는 명칭만 있을 뿐 마음의 작용이 없는 까닭에 마음이라고 부르지 않고 단지 '명名'이라고 부른다. 처음에 잉태하였을 때에 형체도 온전하지 못하여 오관五官이 구비되지 않았으니 신身이라고 할 수 없으므로 단지 '색色'이라고 부른다. 이것은 영아가 처음에 엉기어 잉태되었을 때에 육근六根이 완성되지 않은 하나의 단계이다. 사람이 잉태되어 생육하는 순서는 다섯 가지로 나누어지는데, 처음 칠일은 갈라람위羯羅藍位 또는 가라라歌羅邏라고 하며, 응활凝滑, 잡예雜穢라고 번역한다. 즉 부모의 정자와 난자가 처음에 화합하여 이루어진 덩어리로서 뭉쳐진 더러운 물체이다. 이칠일(14일)에는 알부담위頞部曇位라고 하며, 포皰라고 번역한다. 이칠일이 지나면서 점점 자라나서 상처자국과 같은 것이 형성된다. 삼칠일(21일)에는 폐시위閉尸位라고 하며, 연육輭肉이라고 번역한다. 삼칠일이 지나면서 점점 연한 육체(輭肉)의 성질이 형성된다. 사칠일(28일)에는 갈남위羯南位라고 하며, 견육堅肉이라고 번역한다. 사칠일이 지나면서 점점 견고한 몸을 이루게 된다. 오칠일(35일)은 발라사위鉢羅奢位라고 하며, 지절肢節 또는 형위形位라고 번역한다. 신식神識이 태에 잉태된 뒤부터 오칠일에 이르러 모든 근根의 형태가 갖추어지고 사지四肢가 구별된다. 이상이 모두 명색의 단계에 포함되는 것이다. 이로부터 더 나아가 태어난 후에도 또한 오위五位가 있으니 영아위嬰兒位, 동자위童子位, 소년위少年位, 중년위中年位, 노년위老年位이다.

'육입六入'은 곧 육근六根이다. 어머니의 자궁에 10개월 있는 중에 명색名色이 점점 성장하여 육근을 완전히 갖추게 된다. 어머니의 자궁을 나온 후에 육진六塵의 경계에 대하여 서로 간에 통하여 들어오는 작용이 있게 되므로 육입六入이라고 한다. 오칠일에 형체가 갖추어진 후에 점점 근根이 자라나서 육칠일(42일)에 이르면 머리털과 손톱과 치아의 위치가 자리를 잡고, 칠칠일(49일)에는 육근六根이 처음으로 이루어진다. 명색名色과 육입六入에서부터 출태에 이르기까지의 중간 기간은 총 38주인데 모두 태중의 위位에 속한다. 이는 유정有情 중생이 일생을 스스로 수용하는 자체自體를 말한다.

'촉觸'은 곧 접촉이다. 근根과 진塵이 화합하여 촉을 이룬다. 어머니의 뱃속에서 나온 뒤에 육근六根이 모든 외부적인 경계와 접촉하는 것을 가리킨다. 어린아이가 2~3세 때에는 천진무구하고 순박하여 육근이 경계를 대하면 단순히 지각知覺만을 일으킬 뿐 사랑하고 미워하는(憎愛) 분별은 없다. 이것은 육근이 모든 외부 경계와 교제하는 일종의 작용이다.

'수受'는 곧 받아들이는 것이다. 곧 접촉되는 경계를 받아들이는 것이다. 근根이 경境을 상대함에 있어 거스르고 수순하는(違順) 두 가지 경계가 있는데, 여기서 괴로움과 즐거움의 두 가지 감각을 일으키는 것을 수受라고 한다. 4~10세에 이르기까지 차츰 자라면서 알음알이가 점점 열리고 일체 경계를 접촉하여 받아들이는 것을 알게 되어 음식과 의복, 장난감 등을 구하려 하는데, 또한 좋아하고 싫어함을 분별할 수 있으나 오직 탐애貪愛의 마음은 생기지 않을 뿐이다. 이것은 경계를 대함으로써 일어나는 하나의 정서이다.

'애愛'는 곧 탐애貪愛이다. 이는 경계를 대하여 탐애를 일으키는 것이다. 11~19세에 이르면 성인의 욕망이 싹트게 되는데, 오진五塵의 욕경欲境을 상대하여 마음으로 탐착하는 마음을 일으키지만 다만 만족하게 구할 수가 없다[글에서는 단순히 애愛라고 하지만 실제는 미워함(憎)이라는 의미도 내포하고 있다. 이른바 수순하는 경계를 만났을 때에는 탐하고 연모하는 마음을 일으키고, 역경을 만났을 때에는 증오하는 마음을 일으키는 것이다]. 이것은 경계에 상대하여 일어나는 하나의 탐염심貪染心이다.

'취取'는 곧 허망하게 취함(亡取)이요, 추구하여 취함(追取)이다. 20세 이후로는 탐욕이 치성하여 모든 경계에 대하여 널리 추구하여 취하게 된다[글에서는 단순히 취取라고 하지만 실제로는 사捨라는 뜻도 내포하고 있다. 이른바 사랑하고 즐거운 경계를 만났을 때는 생각 생각에 탐내어 구하려고 하여 반드시 마음과 힘을 다하여 이를 구하여 얻은 다음에야 그치고, 싫어하고 고통스러운 경계를 만났을 때는 생각 생각에 싫어하여 떠나고자 하여 반드시 온갖 방법으로 힘을 써서 이를 버린 다음에야 그친다는 것이다]. 이것은 욕망의 경계에 애착하고 염착하는 일종의 추구이다[앞의 무명無明은 과거혹過去惑이 되고, 지금의 애愛와 취取의 두 지支는 현재혹現在惑이 되며 동시에 또한 미래혹未來惑의 원인이 된다].

'유有'는 곧 업業으로서 원인이 있고 결과가 있는 것을 말한다. 과거의 인(因, 애와 취)으로 말미암아 미래의 과(果, 생과 노사)가 생기는데 업력에 이끌려서 인과因果가 없어지지 않으니, 드디어는 삼계에 윤회하는 결과를 가져오게 되는 것이다. 바꾸어 말하면, 애와 취의 부추김으로 말미암아 갖가지 유루의 업을 짓게 되고 이로써 미래 생사의 과보를 감득하게 되는 것이다. 과보의 범위가 비록 넓다고 해도 요약하면 '의보와 정보(依正)'의 두 가지 과보를 벗어날 수 없다. '의보依報'는 곧 욕유(欲有, 欲界)와 색유(色有, 色界)와 무색유(無色有, 無色界)이다. '정보正報'는 곧 본유(本有, 현재의 몸)와 중유(中有, 중음신中陰身. 이 몸이 죽은 후에 다른 몸이 이루어지지 않은 상태에서 이 중간에 화신化身을 받게 되는 것을 중음신이라 한다)와 후유(後有, 다음 생에 받는 몸)이다. '욕계' 등의 삼유(三有, 삼계)는 생명을 받는 장소인 의보가 되며, '본유本有' 등의 삼유三有는 몸이 받는 정보가 된다. 앞서의 '행行'은 과거의 업이고, 지금의 '유有'는 현재의 업인데 비록 현재에 속하여도 미래 생사고의 원인이 된다. 이것은 업력이 작용하여 과보를 감득하게 되는 하나의 정해진 법(規定)이다.

　'생生'은 곧 생을 받는 것(受生)이다. 현재에 지은 업이 원인이 되고 그 원인에 의해 과보를 감득하게 되어, 반드시 내세에 생을 받게 되는데, 사생四生과 육도六道 중에서 생을 받게 된다. 여기서 '생生'은 인과 과에 모두 통한다. 만약 앞의 애愛와 취取와 유有에 대하여 말하면 곧 미래에 생生을 받는 과보에 속하며, 만약 뒤의 노老와 사死에 대하여 말하면 미래의 과보를 감득하는 원인에 속한다.

　'노사老死'는 곧 늙고 죽는 것이다. 모든 근根이 쇠약해지는 것을 늙음(老)이라 부르며, 몸이 무너져 목숨이 끝나는 것을 죽음(死)이라 부른다. 이미 태어남이 있으므로 죽지 않을 수 없는데, 바로 사대四大로

된 허망한 몸은 자연히 죽는 것이며 무상無常하게 변하여 죽음에 이르게 되는 것이니 향이 타는 모양과 같이 점점 사라진다. 사람들은 영생불사永生不死를 원하지만 이는 절대 불가능하다! 늙음과 죽음은 본래 두 가지의 일인데 어떻게 하나로 합하였는가? 늙는 것은 일정하게 정해진 일인데, 일반적으로 요절하는 것은 여기에 포함시키지 않는다면 늙음은 자연적으로 죽음에 이르게 된다. 그러므로 죽음과 함께 말한 것이다.

종합하여 말한다. 무명無明은 비롯됨이 없는 한 생각의 불각不覺이 진심을 덮고 장애하는 하나의 허망함[過去惑]이며, 행行은 무명의 허망한 혹에 의해 만들어진(所造) 모든 업의 원인[過去業]이며, 식識은 만들어진 업(所造業)에 의해 현세에 잉태되는 제8아뢰야식[업보의 주체(業報主)]이며, 명색名色은 신식神識이 부모의 정혈에 의지하여 심신이 점점 자라나는 하나의 상태[처음 수태되었을 때를 기준으로 말함]이며, 육입六入은 어머니의 뱃속에서 육근이 처음에 만들어질 때[태에 머무를 때를 기준으로 말함]이며, 촉觸은 육근과 육경이 접촉하되 증애憎愛가 일어나지 않는 일종의 작용[태에서 나온 이후를 기준으로 말함]이며, 수受는 경계에 대하여 고락을 분별하는 하나의 감각[5~6세 후의 작용]이며, 애愛는 경계에 대하여 일으키는 하나의 욕망[14, 5세 후의 작용]이며, 취取는 오욕五欲을 널리 구하고자 하는 하나의 작업作業[20세 후의 작용]이며, 유有는 탐애로 말미암아 짓게 되는(造作) 하나의 업력[작업이 성취됨]이며, 생生은 지은 업력에 집착함에 의해 과보를 받아 탁생하게 되는 하나의 사실[업에 의해서 과보를 받음]이며,

노사老死는 무상하게 변하는 근으로 말미암아 몸이 허물어지는 하나의 현상現相[생명의 결과]이다. 또한 이렇게도 말할 수 있다. '무명'은 모든 번뇌의 총두목總頭目이며, '행'은 생사의 창업자이며, '식'은 생사의 책임자이며, '명색·육입'은 생사의 업보신業報身이며, '촉·수·애·취'는 생사의 범죄자이며, '유'는 생사의 승죄자承罪者이며, '생·노사'는 생사의 수형자受刑者라고. 십이연기의 이름과 뜻은 대략 위와 같이 정리할 수 있다.

지금부터는 유전流轉의 의미에 대해 설명하고자 한다.

무명은 깨닫지 못한(不覺) 우매한 본성으로 하여금 성색聲色과 재물과 명예에 미혹하게 하여 곳곳에서 전도되면서 취착하게 한다. 그래서 모든 불합리한 '행行'이 나오는 것이다. 이는 무명으로 인하여 일으킨 모든 작업인 행이다. 그러므로 '무명은 행을 반연한다(無明緣行)'고 말한 것이다[연緣은 생기게 하다, 야기하다의 뜻이다]. 『대승아비달마잡집론大乘阿毘達磨雜集論』에서 말하기를 "무명에는 두 가지 업이 있으니, 하나는 모든 유정이 우치함을 얻게 하는 것이고, 둘은 행을 반연하게 만드는 것이다(無明有二種業 一令諸有情得愚痴故 與行作緣)"라고 하였다. 과거의 지은 업의 원인인 행이 있게 되면 식(識, 業識)을 끌어당기는 과보를 받는다. 이는 곧 행으로 인하여 업식이 일어나 탁태되는 것을 말한다. 그러므로 '행은 식을 반연한다(行緣識)'고 말한 것이다. 『잡집론』에서 말하기를 "행에는 두 가지 업이 있으니, 하나는 모든 유정이 여러 취趣[63] 가운데 갖가지의 차별이 있게 하는 것이며, 둘은

---

63 취趣: 중생이 번뇌에 의하여 악업을 짓고, 그 업보로 말미암아 끌려가서 사는 곳. 또는 업보로 인해 마음이 이끌리는 곳. 오취五趣, 육취六趣, 선취善趣, 악취惡趣

식을 반연하게 만드는 것이다(行有二種業 一令諸有情於諸趣中種種差別 二與識作緣)"라고 하였다. 업식이 이루어져 탁태된 후에는 자연스럽게 형체가 만들어진다. 이는 곧 업식으로 인하여 명색名色의 성립을 일으키는 것이다. 그러므로 '식은 명색을 반연한다(識緣名色)'고 말한 것이다. 『잡집론』에서 말하기를 "식에는 두 가지의 업이 있으니, 하나는 유정이 업에 묶인 것을 유지하는 것이며, 둘은 명색을 반연하게 만드는 것이다(識有二種業 一持有情所有業縛 二與名色作緣)"라고 하였다. 명색이 이루어지면 자연스럽게 점점 육근을 구비하게 된다. 이는 곧 명색으로 인하여 육입六入을 구성함을 일으키는 것이다. 그러므로 '명색은 육입을 반연한다(名色緣六入)'고 말하는 것이다. 『잡집론』에서 말하기를 "명색에는 두 가지의 업이 있으니, 하나는 모든 유정 자체를 총섭하는 것이며, 둘은 육입을 반연하게 만드는 것이다(名色有二種業 一能攝諸有情自體 二與六入作緣)"라고 하였다. 육근이 이루어지면 자연스럽게 모든 외부 경계와 접촉할 수 있다. 이는 곧 육입으로 인하여 접촉(觸)의 작용을 일으키는 것이다. 그러므로 '육입은 촉을 반연한다(六入緣觸)'고 말한 것이다. 『잡집론』에서 말하기를 "육입에는 두 가지 업이 있으니, 하나는 모든 유정 자체를 원만하게 총섭하는 것이고, 둘은 촉을 반연하게 만드는 것이다(六入有二種業 一攝諸有情自體圓滿 二與觸作緣)"라고 하였다. 이미 접촉이 이루어지면 자연스럽게 수순하는 경계를 대하면 즐거운 느낌(樂受)을 받고, 거슬리는 경계를 대하면 괴로운 느낌(苦受)을 받는다. 이는 곧 촉으로 인하여 고락의 감각(受)

따위가 있다.

을 일으키는 것이다. 그러므로 '촉은 수를 반연한다(觸緣受)'고 말한 것이다.『잡집론』에서 말하기를 "촉에는 두 가지의 업이 있으니, 하나는 모든 유정이 경계를 수용하여 유전하도록 하는 것이며, 둘은 수를 반연하게 만드는 것이다(觸有二種業 一令諸有情所受用境界流轉 二與受作緣)"라고 하였다. 이미 고락의 감각이 있게 되면 자연스럽게 즐거움에는 애착을 일으키고 괴로움에는 미워하는 마음을 일으킨다. 이는 곧 수로 인하여 탐애(愛)의 정서를 일으키는 것이다. 그러므로 '수는 애를 반연한다(受緣愛)'고 말한 것이다.『잡집론』에서 말하기를 "수에는 두 가지의 업이 있으니, 하나는 모든 유정이 수용되는 것에서 과보를 생기게 하여 유전하도록 하는 것이고, 둘은 애를 반연하게 만드는 것이다(受有二種業 一令諸有情於所受用生果流轉 二與愛作緣)"라고 하였다. 이미 탐애하는 마음이 있게 되면 욕심을 전개함으로 인하여 널리 허망하게 취함(取)을 추구하게 된다. 이는 곧 탐애로 인하여 허망하게 취하는 활동을 일으키는 것이다. 그러므로 '애는 취를 반연한다(愛緣取)'고 말한 것이다.『잡집론』에서 말하기를 "애에는 두 가지 업이 있는데, 하나는 모든 유정이 생사에 유전하도록 끌어당기는 것이며, 둘은 취를 반연하게 만드는 것이다(愛有二種業 一引諸有情流轉生死 二與取作緣)"라고 하였다. 이미 허망하게 취함(妄取)이 있게 되면 자연스럽게 널리 조작하게 되어 업력의 지배를 받는다. 이는 곧 취取로 인하여 유有를 규정하는 업을 일으키는 것이다. 그러므로 '취는 유를 반연한다(取緣有)'고 말한 것이다.『잡집론』에서 말하기를 "취에는 두 가지의 업이 있는데, 하나는 후유(後有, 다음생의 몸)를 취하여 모든 유정들이 유를 취하는 식을 드러내도록 하는 것이며,

둘은 유를 반연하여 만드는 것이다(取有二種業 一爲取後有 令諸有情發有取識 二與有作緣)"라고 하였다. 이미 현재의 업인業因이 있게 되면 반드시 미래의 과보, 즉 육도에 생生을 받게 되는데, 이는 곧 유有로 인하여 업을 지닌 채 생生을 받음을 일으키는 것이다. 그러므로 '유는 생을 반연한다(有緣生)고 말한 것이다'. 『잡집론』에서 말하기를 "유有에는 두 가지 업이 있으니, 하나는 모든 유정이 다음 생의 몸을 현전케 하는 것이며, 둘은 생을 반연하게 만드는 것이다(有有二種業 一令諸有情後有現前 二與生作緣)"라고 하였다. 이미 생이 있게 되면 자연스럽게 늙어서 죽음에 이르게 되어 이 속에서 모든 근심과 슬픔과 괴로움과 번뇌(憂悲苦惱)를 피할 수 없게 되는 것이다. 이는 곧 생으로 인하여 노사老死의 결과를 일으키는 것이다. 그러므로 '생은 노사와 우비고뇌를 반연한다(生緣老死憂悲苦惱)'고 말한 것이다. 『잡집론』에서 말하기를 "생에는 두 가지 업이 있으니, 하나는 모든 유정들이 명색과 육입과 촉과 수 등을 차례로 일으키게 하는 것이며, 둘은 노사를 반연하게 만드는 것이다(生有二種業 一令諸有情名色六入觸受次第生起 二與老死作緣)"라고 하였다. '노사'의 둘에 대해서도 『잡집론』에 역시 해석이 있다. 말하기를 "노사에 두 가지의 업이 있으니, 하나는 필연적으로 유정으로 하여금 시간의 변이에 따라 젊음이 무너지게 하는 것〔老〕이며, 둘은 필연적으로 유정으로 하여금 수명의 변이에 따라 수명이 무너지게 하는 것〔死〕이다(老死有二種業 一數令有情時分變異 壞少盛故〔老〕二數令有情壽命變異 壞壽命故〔死〕)"라고 하였다.

이를 종합하면, 전자가 후자를 일으킴으로써 이를 이어가는 것이다. 그러므로 말하기를 "무명은 행을 반연하고, 내지 생은 노사를 반연한다

(無明緣行 乃至生緣老死)"라고 한 것이다. 이 십이지는 한마디로 혹惑·업業·고苦의 삼도三道와 인과율因果律에서 벗어나지 않는다. 여기서는 먼저 인과因果를 밝혀보겠다.

무명無明과 행행의 둘은 과거의 인(過去因)이 되는데, 능히 업인業因을 불러온다(현재의 식識, 명색名色 등 다섯 가지 지지의 과보를 만드는 까닭에, 우리 범부들 일생의 유래는 모두 이 두 원인일 뿐이다]. 식識, 명색名色, 육입六入, 촉觸, 수受의 다섯 가지는 현재의 과(現在果)가 되는데, 이는 능히 업과業果를 불러온다[과거의 무명과 행의 두 가지 원인을 감득하는 까닭에 앞의 과거의 두 가지 인이 현재의 과보를 초래한 것이며, 이것은 바로 우리들 현실의 신심身心 활동의 과정이다]. 이것은 현재와 과거의 두 가지가 중복된 인과이다. 애愛, 취取, 유有의 셋은 현재의 인(現在因)이 되며 능히 고의 원인(苦因)을 일으킨다[우리들이 인생에서 업을 짓는 것은 모두가 애와 취의 두 가지가 일으키는 것이므로 이 둘은 지은 업의 인因이 되고, 인은 반드시 과보가 있으므로 뒤의 생과 노사의 둘은 현재의 인因이 된다]. 생生, 노사老死의 둘은 미래의 과보(未來果)가 되며, 이는 태어나는 고의 과보(苦果)가 된다[이 둘은 모두 애, 취, 유의 삼인三因을 감득하는 까닭에 현재의 삼인三因은 곧 미래의 과보가 된다]. 이것은 현재와 미래의 중복된 인과이다. 이른바 과거의 무명과 행의 2지支를 원인으로 해서 현재의 식, 명색, 육입, 촉, 수라는 5지의 과보를 불러일으키게 된다. 또한 현재의 애, 취, 유의 3지를 인으로 하여 미래의 생, 노사라는 2지의 과보를 불러일으키게 된다. 과거의 인이 현재의 과이며, 현재의 인이 미래의 과이다. 이와 같이 전전하면서 인에 의해 다시 과를 감득하고 과에서 또 인을 만드니, 인과가 사라지지 않고 전후가 서로 계속되어 끊이지 않아 생사윤회가 다함이 없는 것이다.

다음으로 혹惑·업業·고苦를 벗어나지 않는다는 의미를 설명하겠다. 게송에 이르기를 "무명, 애, 취의 셋은 '번뇌(惑)'이며, 행, 유의 셋은 '업業'의 도에 속하며, 식에서부터 (명색, 육입, 촉수, 애, 취를 포함하여) 생, 노사에 이르는 7가지는 모두 하나같이 '고苦'의 도를 이룬다(無明愛取三 煩惱 行有二支屬業道 從識至受並生死 七事共成一 苦道)"라고 하였다. 이는 무명과 애, 취의 3가지는 번뇌도煩惱道에 속한다는 것을 말한다〔무명은 과거의 혹惑이 되며 이 혹으로 인해 업이 드러나고, 애와 취는 현재의 혹이 되며 이 혹으로 인해 업을 짓는다〕. 행과 유의 2가지는 업도業道에 속한다〔행은 과거의 업이고, 유는 현재의 업이다〕. 식, 명색, 육입, 촉, 수, 생, 노사의 7가지는 고도苦道에 속한다. '혹·업·고'의 삼도는 모든 유정들이 생사에 윤회하게 되는 하나의 큰 강령綱領이다. 말하자면 과거세의 '무명(惑)'과 '행(業)'의 두 가지 혹업惑業에 의하여 현재세의 '식, 명색, 육입, 촉, 수'의 5가지 고도苦道를 불러일으키며(招感), 다시 현재세의 고도(苦道: 識, 名色, 六入, 觸, 受)로 인하여 다시 현재세의 '혹(惑: 愛取)'과 '업(業: 有)'이 만들어지며, 현재세의 혹업인 '애, 취, 유'에 의하여 다시 미래세의 고도인 '생, 노사'를 받게 되며, 미래의 고도에 의하여 다시 미래세의 혹업을 만드는 것이다. 현재의 혹업은 이미 현재의 고도로 인하여 생긴 것이며, 과거의 혹업은 과거의 고도를 따라서 생긴다. 현재의 고도는 이미 현재의 혹업을 생기게 하며, 미래의 고도도 또한 미래의 혹업을 생기게 한다. 위로 이를 거슬러 올라가면 바로 과거의 혹업은 다시 과거의 고도를 따라오는 것이며, 아래로 이를 따라가면 미래의 고도는 다시 미래의 혹업을 생기게 하는 것이니, 과거는 시작이 없고 미래는 끝이 없다. 이와 같이 혹에 의해 업을 만들고 업으로 말미암아 고도가 생기는 것이며, 고도에 의하여 다시 혹이 일어나고, 다시 업을 만들어 다시 고통을 받는다. 혹·업·고의 셋이 나선식으로 이루어져 다함없는 생사윤회를 생기게 하므로 유전문流轉門이라고 말한다.

모든 중생은 무시이래로 줄곧 혹·업·고의 궤도를 빙빙 돌면서 윤회를 벗어나지 못하고 있다. 벽지불은 이러한 것을 관찰하여 마음으로 두려워하여 생사의 고통을 싫어하게 되고, 드디어 반야에 의한 공의 지혜를 이용하여 혹업惑業을 끊어버리고, 무한히 생사가 연속되는 속에서 해탈에 이르러 열반을 증득한다[이것이 고의 멸이다].

위에서는 유전문의 도리를 대략 설명하였는데, 여기서부터는 환멸문還滅門에 대하여 이야기하고자 한다.

우선 마땅히 생사의 근원을 살펴보아야 한다. 인생은 어떻게 우비고뇌가 있게 되었으며, 그것은 도대체 어디에서부터 오는 것일까? 이것은 무상하게 변하여 바뀌는 늙음과 죽음(老死)으로 말미암아 온다[인생에서 최고의 비애와 고통은 바로 늙음과 죽음이다]. 이 노사는 또한 어디에서부터 오는 것일까? 이것은 태어나면서(生)부터 인간에게 있는 것이다[생명의 탄생이 있으므로 자연히 생명의 노사도 있는 것이다]. 어떤 이유로 태어나게 되었는가? 지은 것(所作)으로 말미암아 규정된 업인 유有에 이끌려서 왔다[이미 업인業因이 있으면 당연히 업에 의해 과보를 받아 태어나게 된다. 말하자면 부채를 상환하는 것과 같다]. 그렇다면 유는 또 어디에서부터 왔는가? 이것은 허망하게 취取하는 데서부터 왔다〔허망하게 취하는 것이 있게 되니 비로소 허망하게 조작하는 업인業因이 있게 된다〕. 왜 취하게 되는가? 이것은 탐애심에 의해서 부추김을 받은 것이다〔탐애심이 없다면 취함도 없다〕. 탐애(愛)는 또 어디에서부터 오는 것일까? 이것은 받아들임(受)에서 왔다〔느낌을 받아들임이 없으면 탐애는 일어나지 않는다〕. 수는 또 어디에서부터 오는 것일까? 이것은 육근이 육경을 접촉함(觸)으로부터 왔다〔근과 경이 접촉하지 않으면 자연히 받아들이는 것이 없다〕. 촉은 또 어디에서부터 오는 것일까? 이것은 육입六入에서 왔다〔육근이 없다면 접촉하는 대상도 없다〕. 육입은 또 어디에서부터 오는 것일까? 이것은 명색名色에서 왔다〔심心과 물物이 화합한 것이 명색인데, 이는 육입六入의 작용을 일으킨다〕. 명색은 또 어디에서부터 오는 것일까? 이것은 아뢰야식이 탁태함으로 말미암아 있게 되었다〔만약 업식業識이 부모의 정혈을 선택하여 태를 이루지 않았다면 어찌 명색의 성립이 있을 것인가〕. 업식(識)은 또 어디에서부터 오는 것일까? 이것은 각 사람이 행위(行)로 저지른 업業에서부터 오는데, 식은 업에 이끌려서 입태入胎한 것이다〔마치 죄가 있으면 옥에 갇히는 것과 같다. 만약 업력이 없으면 자연히 식에 이끌려서 과보를 받아 잉태되는 일이 없다〕. 행은 또 어디에서부터 오는 것일까? 이것은 무명無明의 미혹한 마음의 부추김을 받아 허망하게 지은 것이 업행業行을 만드는 것이다〔마음이 미혹하지 않으면 자연히 허망하게 지음을 일으키지 않게 된다〕.

반면, 어떻게 해야 노사老死의 우비고뇌憂悲苦惱가 없게 할 수 있는가를 말해보자. 마땅히 생生을 받아들이지 않아야 하며, 업業을 짓지 않아야 하며, 허망하게 취取하지 말아야 하며, 허망하게 탐애貪愛하지 않아야 하며, 허망하게 받아들이지(受) 않아야 하며, 허망하게 접촉(觸)하지 말아야 하며, 허망하게 육근(六根, 六入)을 사용하지 말아야 하며, 명색名色을 만들지 말아야 하며, 업식(識)을 공하게 해야 하며, 허망하게 행行하지 말아야 하며, 무명無明을 없애야 한다. 무명 하나를 없애버리면 생사가 스스로 쉬게 된다.

여기에서 명백해지는 것은, 생사의 근원은 원래 무명無明이라는 것이다! 그러므로 생사해탈을 구하고자 하면 먼저 무명을 끊는 공부가 절실한 것이니, 이는 도적을 사로잡으려면 먼저 그 소굴을 때려부수고 그 두목을 잡는 데 온 힘을 쏟아야 하는 것과 같다. 이것은 아주 적당한 비유라고 할 수 있다. 그러나 문제가 되는 것은, 도대체 어떤 방법으로 무명을 없애야 하는가? 마땅히 반야般若의 관조觀照 공부를 사용하여 무명은 자성이 없고(無性) 그 당체가 공임을 관찰하는 것이다. 무명으로 인해 우리의 진여심眞如心에 하나의 허망함이 있게 되는데, 범부는 그것에 의해 미혹해진 것을 깨닫지 못하고(不覺), 보살은 지혜로 이것이 환상幻相이라는 것을 깨달아 안다. 이를 비유로 말하면 비교적 쉬울 것이다. '허공 꽃(空華)'과 연관 지어 설명하면, 허공(空)에는 본래 꽃이 없는데, 병든 눈을 가진 사람이 허망하게 보고는 있다고 하고, 깨끗한 눈을 가진 사람은 오직 맑은 허공 자체로 보는 것이다. 여기서 허공은 진심眞心에 비유되고, 꽃은 무명無明에 비유되고, 병든 눈을 가진 사람은 범부凡夫에 비유되고, 깨끗한 눈을 가진 사람은 보살에 비유되며, 오로지 맑은 허공 자체는 무명의 당체가 공空이라는 것에 비유된다. 무명은 자성이 없다는 것을 깨달으면 무명은 즉시와해되어 사라지고 아무 것도 없게 된다.

　무명 하나가 없어지면 진여심眞如心이 나타나고, 이에 모든 사리事理가 명백해지면 우매하지 않게 되고, 자연히 미혹함으로 집착하는 아상我相과 법상法相을 만나지 않게 되며, 가지가지로 전도되고 취착하여 허망하게 만드는 모든 악업惡業인 행行을 없어지게 된다〔무명이 없으면 행이 없다〕. 이미 업이 없어졌는데 업에 의한 과보를 받는 업식이 있겠는가?〔행이 없으면 식이 없다〕. 업식이 없어지면 자연히 모태에 들어가는 명색名色을 만나지 않게 되는 것이다〔식이 없으면 명색이 없다〕. 이미 명색이 없다면 어떻게 육입六入의 구성이 있겠는가?〔명색이 없으면 육입이 없다〕. 육입이 이미 없는데 무엇이 접촉하겠는가?〔육입이 없으면 촉이 없다〕. 접촉이 없는데 무엇을 받아들이겠는가?〔촉이 없으면 수가 없다〕. 받아들이는 것이 없으면 바로 탐애貪愛하는 마음을 만들지 않는다〔수가 없으면 애가 없다〕. 이미 탐애하는 마음이 없는데 어떻게 허망하게 취하겠는가?〔애가 없으면 취가 없다〕. 이미 허망하게 취하는 것이 없으면 자연적으로 업이 있을 수 없다〔취가 없으면 유가 없다〕. 이미 업이 있을 수 없는데 누가 태어남을 받겠는가?〔유가 없으면 생이 없다〕. 이미 생이 없는데 어떻게 노사老死가 있는가?〔생이 없으면 노사가 없다〕. 말하자면 앞의 것이 없으면 뒤의 것은 자연적으로 생기지 않는 것이므로 무명이 없으면 행이 없고, 내지 생이 없으면 노사가 없게 된다. 대개 무명은 생사의 근본이므로 하나가 없어지면 나머지 11개는 모두 스스로 없어지게 된다. 도끼로 나무를 자르는 것을 상상해보라. 뿌리를 잘라야만 나무 전체가 넘어지는 것이다. 그래서 무명을 끊어버리면 바로 진성眞性으로 되돌아오는(還) 것이다〔진성은 무명에 덮여서 나타나지 않았기 때문이다]. '멸滅'은 생사를 없애는 것[생사는 무명에 묶여 있는 까닭이다]이다. 그런 까닭에 환멸문還滅門이라고 말한다.

우리들이 만약 생사의 흐름에 순순히(順) 염착하면 무명은 행을 반연(無明緣行)하고, 내지 생은 노사를 반연(生緣老死)하게 된다. 그러면 영원히 생사를 받아들이는 것이다. 반대로 생사의 흐름을 거슬러(逆) 가면 바로 무명이 없어지면 노사까지도 없어진다. 그러면 해탈을 얻게 된다.

위에서 말한 유전문流轉門은 세간의 생사연기를 관찰하는 법문으로 진리를 이해하는(解) 방면에 속하고, 환멸문還滅門은 세간을 벗어나도록 수행하여 해탈하는 법문으로 수행(行)방면에서 말한 것이다. 그러므로 비록 "이것이 있으므로 저것이 있고 이것이 생기므로 저것이 생긴다(此有故彼有 此生故彼生)"는 것이 십이인연의 원칙이 되지만, 이는 유정들로 하여금 생사에 유전流轉하게 하는 것이다. 또한 다행이 "이것이 없으므로 저것이 없고 이것이 없어지므로 저것이 없어진다(此無故彼無 此滅故彼滅)"는 것도 십이인연의 원칙이 되니, 이는 중생들로 하여금 생사를 환멸還滅하게 하는 것이 된다. 비록 이와 같다고 하더라도, 다만 '반야지혜로 조견照見하니 모두가 공空'이라는 관점에서는 일률적으로 그런 것은 없다. 여기에서 어떤 사람이 의문을 가지고 물을 수 있다. 즉 환멸문還滅門은 세상을 벗어나는 성자聖者가 생사를 해탈하는 법문인데, 무엇 때문에 그런 것을 허용하지 않는가? 왜냐하면 해탈이라는 것은 생사에 상대하여 말하는 것이므로 하나의 대상이 있다는 것 자체가 망상[범부의 생각]이다. 대개 자성自性을 각조覺照하면 본래 무명은 없으며, 자성은 구속하는 것이 없으므로 해탈할 것도 없다. 즉 무명이 없어지는 것도 없는 것이다. 이른바 이미 무명이 없다면 자연적으로 생사가 없고, 생사가 이미 없는데 도리어 무엇을 해탈이라고 말할 것인가? 바꾸어 말하면, 이미 생사의 유전하는 법이 없는데 어찌 생사를 없애는 환멸문還滅門을 사용할 것인가? 무명도 없고 또한 무명이 없음도 없는 도리는 이로써 가히 명백해질 것이다.

보살은 깊은 반야를 수행할 때에 일심삼관一心三觀[64]을 사용하여 일경삼제一境三諦[65]를 명료히 비추어서 무명無明의 당체가 바로 진공실상眞空實相임을 요달하고 행行과 식識, 나아가 노사老死까지도 역시 하나하나가 다 진공실상임을 통달한다.

영가대사(永嘉大師, 665~713)가 『증도가證道歌』에서 말하기를 "무명의 참된 본성은 바로 불성이며, 허깨비 같은 빈 몸이 바로 법신이다(無明實性卽佛性 幻化空身卽法身)"라고 하였다. 즉 불성과 법신이 바로 실상實相이다. 이는 바로 무명의 당체는 실상이라는 도리를 가장 적극적으로 증명하는 것이다. 앞에서는 무명은 허망하여 참되지 못하다는 것에 초점을 두었고, 여기서는 무명의 당체는 곧 참되다는 것에 초점을 두었으니, 이는 바로 앞의 문장에서 오온五蘊을 깨트릴 때에 허망하여 참되지 못한 공空과 제일의공第一義空이 의미가 같다는 것이다.

"무명이 없고(無無明)"라는 구절은 유전문의 십이인연이 공하다는 것이고, "또한 무명이 다함도 없다(亦無無明盡)"라는 구절은 환멸문의

---

64 일심삼관一心三觀: 한마음 가운데에서 공空·가假·중中의 세 가지 진리(三諦)를 원만하게 관하여 체득하는 것이다.
65 일경삼제一境三諦: 대상으로 나타나는 일체의 법에 그대로 공·가·중의 세 가지 진리가 원융하게 있다는 것. 일심삼관으로 드러나는 진리이다.

십이인연이 공하다는 것이다. 전자는 모름지기 관조觀照 공부를 이용하여 대치하는데 주관도 있고 객관도 있기에 이러한 공법空法은 원만하지 못하다. 후자는 연이어 공한 공도 또한 공한 것으로, 다시 한 걸음 더 나아가 반야 진공眞空의 뜻을 나타내는 것이므로, 이것은 단지 아집我執의 무명을 타파할 뿐만 아니라 법집法執의 무명까지도 또한 타파하여 남김이 없게 한다.

또한 이 십이인연은 바로 사제법과 같은 것으로, 양자는 펼쳤다가 닫았다가(開合) 하는 관계에 불과할 뿐 사실은 한 가지라는 것을 알아야 한다. 명칭에서는 비록 차별이 있으나 성질상으로는 서로 같은 것이다. 무명無明, 행行, 애愛, 취取, 유有는 집제集諦에 속하고, 식識, 명색名色, 육입六入, 촉觸, 수受, 생生, 노사老死는 고제苦諦에 속하며, 인연을 관하는 지혜는 도제道諦가 되고, 십이지는 멸제滅諦가 된다. 또 유전문流轉門은 바로 고제와 집제이며, 환멸문還滅門은 도제와 멸제이다. 어떤 사람이 물을 수 있다. '말은 다르나 뜻은 같다고 하면 무엇 때문에 중복하여 말하는가?'라고. 대답은 이렇다. '중생의 근기에 맞추어 적절히 응하기 위한 까닭이다.'

【종합하여 해석함(合釋)】
진공실상眞空實相의 이치상에서는 구경의 청정한 해탈은 범부의 유전流轉하는 십이인연에 있는 것도 아니고 동시에 성자의 환멸還滅하는 십이인연에 있는 것도 아니다. 왜냐하면 저것을 이미 연기법緣起法이라고 부르는 것은 바로 모든 법의 공상空相 중에도 또한 그것의 자성自性을 부정하기 때문이다. 이미 무명이 없으므로 내지 노사까지도 없으며,

자연히 무명의 멸함과 내지 노사의 멸함까지도 없다. 그러므로 "무무명 無無明 역무무명진亦無無明盡"이라고 말한 것이다.

〔표11〕 삼세三世 십이인연十二因緣

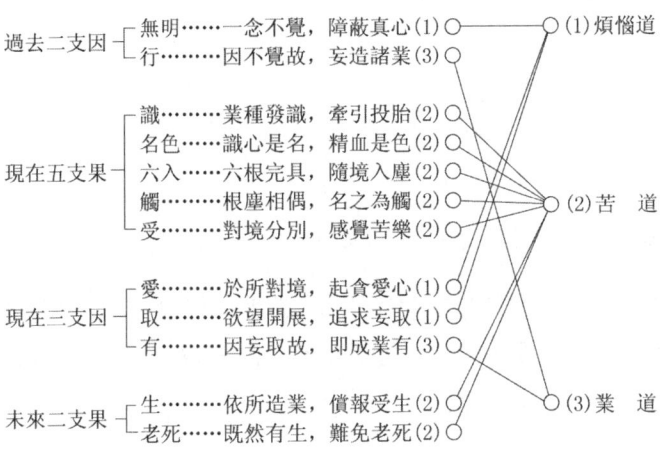

一念不覺, 障蔽眞心(한 생각 깨닫지 못함이 진심을 가리고 덮음)
因不覺故, 妄造諸業(불각으로 인해 허망하게 모든 업을 지음)
業種發識, 牽引投胎(업종자가 식을 발하여 태에 들어가도록 끌어담김)
識心是名, 精血是色(식심은 명이고 정혈은 색)
六根完具, 隨境入塵(육근이 완전히 갖추어져 경계를 따라 속진에 들어감)
根塵相偶, 名之爲觸(근과 진이 만나는 것을 촉이라 함)
對境分別, 感覺苦樂(대상경계를 분별하여 고락을 느낌)
於所對境, 起貪愛心(대상경계에 대하여 탐애심을 일으킴)
欲望開展, 追求妄取(욕망을 전개하여 허망하게 취하고자 추구함)
因妄取故, 卽成業有(허망하게 취함으로 인하여 업을 이루어 존재하게 됨)
依所造業, 償報受生(지은 업에 의해서 태어나는 과보를 받음)
旣然有生, 難免老死(이미 생이 있으니 늙음과 죽음을 면할 수 없음)

ⓑ 성문의 사제법을 깨트림(破聲聞四諦法)

無苦集滅道
고집멸도도 없으며

【먼저 해석함(預釋)】
이는 네 가지 진리(四諦)가 공空한 것을 말한다. 고苦·집集·멸滅·도道를 일러 사제라고 한다. 또한 네 가지 성스런 진리(四聖諦)라고도 하니 성자聖者가 깨달은 진리를 말하며, 이 네 가지 법에 의지하여 수행하면 범부를 초월하여 성인에 들어갈 수(超凡入聖) 있기 때문에 사성제라고 부르는 것이다. 이는 성문聲聞들이 수행하는 법이다. 성문은 불교에서 소승의 한 부류로 부처님의 가르침을 듣고 깨달았으므로 성문이라 한다. 도대체 그들은 무엇을 깨달았을까? 부처님의 개시開示를 받아서 삼계三界의 생사는 무한한 고통(苦)에 핍박받는 것이라는 것〔苦諦〕을 분명하게 이해한 동시에 고통의 근본은 탐진치貪瞋痴 등에 말미암은 것이며, 신구의身口意에 따른 모든 악업이 집적되어(集) 만들어진 것〔集諦〕이며, 이들 탐진치를 끊어 없애버리면 고통을 여의어 해탈 적멸(滅)의 즐거움에 이른다〔滅諦〕는 것이다. 다만 고통을 여의고 집착을 끊어야 하는데, 이를 위해서는 반드시 도道를 닦아야 한다〔道諦〕는 것이다.

그런데 이 속에는 이해하지 못하는 하나의 문제가 있다! 이른바 부처님의 사제四諦의 도리를 듣고 깨달은 한 무리의 중생을 성문聲聞이라고 한다면, 당연히 부처님이 세상에 계실 때에 부처님의 설법을 들었을 것이다. 부처님께서 세상을 떠나신 후에는 누구든지 부처님으로부터 직접 설법을 들을 수 없을 것이다. 다만 부처님의 가르침이 경으로 남아 있어서 간접적으로 들을 수 있을 뿐이다. 이에 착안하면 가르침으로 계시하신 것이 남아 있어 사제의 진리를 깨달은 모든 중생을 성문이라고 부를 수 있으며, 아울러 부처님의 가르침을 몸소 들은 사람이어야만 성문이라고 일정하게 규정할 수는 없다. 그렇지 않다면 끝내 부처님께서 돌아가신 후에 성문이 없게 된다. 그렇다면 삼승의 성자는 부처님께서 세상에 계실 때에만 비로소 있을 수 있고 부처님께서 돌아가신 후에는 없어야 하는데, 이는 옳지 않다.

【나누어 해석함(分釋)】

첫 번째는 고제苦諦이다. 고苦는 핍박성(逼迫性, 핍박받는 성질)이라 할 수 있다〔또한 고통과 번뇌의 뜻도 가진다〕. 중생의 몸과 마음은 항상 여러 가지 고통에 핍박되어 흔들리고 불안하다. 그러므로 핍박성이라고 말한다. 『법화경』에 말하기를 "삼계는 편안하지 않고 모든 고통이 충만한 곳이다(三界不安 衆苦充滿)"라고 하였다. 이 말을 요약하면 다섯 가지로 정리할 수 있다. 첫째, 자신의 측면에서 말하면 바로 질병과 노사, 기갈과 피로, 추한 용모, 신체불구 등의 고통이다. 둘째, 내심內心의 측면에서 말하면 바로 탐진치, 교만, 질투, 원한, 걱정과 근심, 두려움 등의 고통이다. 셋째, 외부 환경적(外界的)인 측면에서 말하면 수화水火, 번개, 추위와 더위, 폭풍우 등의 습격과 가뭄과 장마, 유행병 등의 재해와 맹수에 의한 피해 등의 고통이다. 넷째, 인사人事의 측면에서 말하면 전쟁과 도둑, 모욕과 침해, 위협과 압박,

비방과 나무람과 비웃음과 꾸짖음, 원망하고 할뜯고 원수를 죽이는 것, 시기와 실연, 구금과 형벌, 내우외환 등의 고통이다. 다섯째, 죽은 뒤에는 악취惡趣에 떨어져 고통을 받을 수 있는 것 등이다. 결론적으로 말하면, 몸을 얽어매는 질병과 노사의 고통, 마음을 어지럽히는 탐진치와 교만의 고통, 수시로 다가오는 천재지변과 인재로 인한 사고에 의한 고통, 죽은 후 지옥과 아귀, 축생계에 떨어지는 고통이다.

이상에서 자신과 내심內心에 의해 받는 고통은 내고內苦이고, 외계에 의해 받는 고통은 외고外苦이며, 인사에 의해 받는 고통은 공고共苦이며, 죽은 후에 받는 고통은 후고後苦이다. 우리들의 인생은 오탁악세의 한복판에서 외부의 자극을 받으며(感受) 사는데, 그것은 정보(正報, 신체)와 의보(依報, 국토 및 모든 외부 환경)를 막론하고 모두가 핍박당하거나 속박되거나 위험하거나 고통을 느끼거나 무상無常한 것이다. 그렇기에 이것을 고제苦諦라고 말한다.

이미 이와 같은 고통을 알아차리면, 마땅히 급하게 고통을 소멸하기 위한 방법을 세워 고통의 원천을 탐구하고 추구해야 한다. 그러면 문득 고통의 원인은 하나의 집集이 불러일으켰음을 알게 된다.

두 번째는 집제集諦이다. 집集은 초감성(招感性, 불러오는 성질)이라 할 수 있다. 앞에서 말한 고통은 도대체 어디에서 왔을까? 하늘에서 내려온 것도 아니고 땅에서 솟아오른 것도 아니고 신이 준 것도 아니고 또 다른 사람이 준 것도 아닌, 바로 자기 스스로 만들어온 것이다. 자기 마음에서 일어나는 탐진치 등에 부추김을 받아 허망하게 모든 악업을 짓고, 업에 의해 과보를 받아 집集을 불러오므로(招來) 초감성이라고 한다. 이로써 생사 등의 고통을 모으게 되므로 집제集諦라고 말한다. 집제 자체는 바로 견혹見惑과 사혹思惑으로, 이것이 모든 고통의 업인業因을 초감하는 동시에 또한 삼계 생사의 근원이 된다.

업에 의해 과보를 받아 생사가 끊어지지 않는 고통을 느끼기에, 그로 인해 급히 해탈의 진리, 곧 멸滅을 구하게 된다.

세 번째는 멸제滅諦이다. 멸滅은 가증성(可證性, 증득할 수 있는 성질)이다. 말하자면 '멸滅'은 번뇌와 생사의 고통을 없애는 것이고, '증證'은 열반 적멸寂滅의 즐거움을 증득하는 것이므로 가증성이라 한다. 또 '적멸寂滅'의 뜻은, 번뇌가 이미 고요해지면(寂) 자연적으로 생사가 영원히 사라지는(滅) 것이니, 이런 까닭에 멸제滅諦라고 말한다. 이는 성문이 증득하는 과보인 열반을 가리킨다.

고를 멸하고 집을 끊어 열반을 증득하는 것이 긴요하므로, 그로 인해 긴급하게 법, 곧 도道를 구하는 데 힘쓰게 되는 것이다.

네 번째는 도제道諦이다. 도道는 가수성(可修性, 닦을 수 있는 성질)이라 한다. 이미 생사 등의 고통을 알았고, 집集으로 말미암아 업業과 혹惑이 양성되는 것임을 명료히 이해함과 동시에 또한 적멸 열반을 증득할 수 있다는 것을 알았으므로, 집적되는 것을 끊는 방법(道)을 더욱더 추구하게 된다. 업과 혹이 한꺼번에 없어지면 단증(斷證: 번뇌를 끊고 열반을 증득함)의 두 문제가 모두 해결될 수 있는 것이다. 그렇다면 그 방법은 무엇인가? 바로 모든 도법道法을 수행하는 것인데, 간략하게 말하면 계정혜戒定慧이고, 넓게 말하면 삼십칠도품三十七道品이다. 이에 의지하여 실제로 참답게 닦아 나가면 목적지에 도달하여 생사를 마치고 열반을 증득하는 까닭에 가수성이라고 말한다. 또 도에는 통할 수 있다는 의미도 있으니, 모든 도법에 의지하여 닦으면 범부의 지위에서 성인의 지위를 통달할 수 있는 까닭에 이를 도제道諦라고 말한다.

결론적으로, 생사 등의 고통은 핍박이 아님이 없으므로 고제가 되고, 탐진치와 같은 업과 혹은 생사를 초래하므로 집제가 되며, 열반적정은 생사의 번뇌를 멀리 여의므로 멸제가 되고, 도품道品과 관법의 모든 수행법문은 도제가 된다. 또 이렇게도 말할 수 있다. 즉 생사 업보를 감수하는 것을 고苦라고 부르고, 몸과 마음에 쌓여 모인 죄악은 집集이라 부르며, 열반을 증득하는 것은 멸滅이라 부르고, 수행문의 길은 도道라고 부르는 것이다. 만일 함께 연결 지어 말한다면, 우리들의 현실 인생은 궁극적으로 고통이고, 그 고통은 탐진치와 같은 번뇌로부터 불러 모은 것이며, 적멸 해탈과 안락의 이상세계인 열반에 도달하기를 바란다면 마땅히 도를 수행하여 번뇌를 단멸해야 한다.

고는 집의 결과이며, 집은 고의 원인이며, 멸은 수도의 목표이며, 도는 적멸을 구하고 고통을 끊는 도구이다. 또 고제와 집제는 현실세계에 속하고, 멸제와 도제는 이상세계에 속한다. 고제는 인생의 문제이며, 집제는 연기의 문제이며, 멸제는 증오證悟의 문제이며, 도제는 수양의 문제이다. 이를 표로 나타내면 다음과 같다.

〔표12〕 사제의 도표

고제	생사生死	집적集積의 결과	인생人生문제	현실계現實界
집제	혹업惑業	고통苦痛의 원인	연기緣起문제	
멸제	열반涅槃	수도修道의 목적	증오證悟문제	이상계理想界
도제	법문法門	단증斷證의 도구	수양修養문제	

세간과 출세간의 모든 법을 종합적으로 관하면 인과因果라는 두 글자를 벗어날 수 없다. 이른바 결과는 원인을 벗어날 수 없고 원인이 없는 결과는 없는 것이다. 예를 들면 씨는 원인이고 결실은 열매이므로 씨가 없으면 열매를 맺을 수 없는 것과 같다. 이를 사제로서 말한다면 집제는 원인이고 고제는 열매이며, 도제는 원인이고 멸제는 열매이다. 바꾸어 말하면 집제는 고제의 원인이고 고제는 집제의 결과이며, 도제는 멸제의 원인이고 멸제는 도제의 결과이다. 탐진치 등 집제의 원인이 없다면 어떻게 생사의 고과苦果를 초감하겠는가. 도법道法을 세밀하게 수행하는 원인이 없다면 어떻게 열반 적멸의 결과를 증득할 수 있으리오? 고는 중생들이 느끼는 업보로서 바로 삼계 생사고의 결과이며, 집은 중생들이 허망하게 일으키는 업과 혹으로서 바로 삼계 생사고의 원인이며, 멸은 성자께서 증득한 진리로서 바로 세간을 벗어나는 즐거움(出世樂)의 결과이며, 도는 성자께서 수행하는 법문으로서 바로 세간을 벗어나는 즐거움의 원인이다. 고제와 집제는 세간의 유루인과有漏因果이며〔고가 원인이고 고가 결과이다(苦因苦果)〕, 이는 미혹한 방면에 속하는 것이다. 도제와 멸제는 출세간의 무루인과無漏因果이며〔낙이 원인이고 낙이 결과이다(樂因樂果)〕, 이는 깨달음의 방면에 속한다. 또 고제와 집제는 고통을 움켜쥐는 것이며, 도제와 멸제는 즐거움을 함께 하는 것이다. 전자는 인과를 생기게 하는데, 고는 집으로 말미암아 생기는 까닭이다〔집은 생기게 하는 것이며, 고는 생기게 되는 것이다〕. 후자는 인과가 나타나게 하는데, 멸은 도가 나타난 것인 까닭이다〔적멸寂滅 이성理性은 사람마다 모두 갖추고 있으며, 도가 나타나는 것에 불과한 것이다. 도는 나타내는 것이며, 멸은 나타난 것이다].

사제를 순서에 비추어서 말한다면, 반드시 먼저 원인이 있고 후에 결과가 있어야 하므로 이를 집고도멸集苦道滅이라고 불러야 할 것이다. 그런데 무슨 까닭에 먼저 결과를 말하고 후에 원인을 말하여 고집멸도라고 하였는가? 당연히 여기에는 이유가 있다. 원인이 결과가 되는 것은 쉽게 알 수 있으나 원인은 알기가 어려우므로, 중생들을 쉽게 교화시키고자 한 까닭에 먼저 고의 모습(苦相)을 보이어 싫어하여 벗어나도록 한 것이다. 다음으로는 업의 원인을 드러내어 중생들로 하여금 집집을 끊게 한 것이다. 이와 같이 또한 열반의 즐거운 모습(樂相)을 먼저 보임으로써 중생들이 기뻐하고 흠모하도록 하고, 그런 다음에 다시 도법道法을 보여서 그것을 수지受持하도록 한 것이다. 핵심적인 뜻은 '고를 알아 집을 끊으며, 멸을 흠모하여 도를 수행함(知苦斷集 慕滅修道)'에 있다. 이것은 부처님께서 중생을 교화하심에 있어 소승의 근기를 꾀어 이끄시는 하나의 선교방편善巧方便인데, 이는 매우 가치 있고 효과 있는 법이다.

이상으로 고집멸도의 도리를 다 말하였다. 그런데 무엇 때문에 이것들을 '제諦'라고 부르는가? '제諦'에는 무슨 의미가 있는가? 여기에는 두 가지의 뜻이 포함되어 있다. 하나는 심찰審察이고, 둘은 진실眞實이다. '심찰'이라는 말은 곧 알고 깨닫다(覺知)라는 뜻으로 이는 바로 지혜(智)의 측면에서 말한 것이다. '진실'은 곧 허망하지 않다는 뜻으로 대상(境)의 측면에서 말한 것이다. 삼계의 생사를 '심찰'하니, '진실'은 고이며 여기에는 즐거움이 없으므로 이를 고제苦諦라고 말한다. 탐진치 등의 업혹業惑을 '심찰'하니, '진실'은 삼계의 생사를 면하거나 피하지 못하는 까닭에 이를 집제集諦라고 말한다. 열반의 이체理體를 '심찰'하니, '진실'은 적멸하여 영원히 생사를 떠나 있는 까닭에 이를 멸제滅諦라고 말한다. 세상을 벗어나는 도법道法을 '심찰'하니, '진실'은 중생들로 하여금 고통을 벗어버리고 즐거움을 얻을 수 있는 까닭에 이를 도제道諦라고 말한다. 이에 대해 다시 말한다면, 심찰하니 고통은 집으로 말미암아 초래된 것이며, 고통의 결과를 멸하기 위해서는 집集의 원인을 끊어야 하며, 집의 원인을 끊어버리기 위해서는 도법을 닦아야 하고, 이로써 공덕과 수행이 원만함에 이르렀을 때면 영원히 생사를 마치게 되어 즉시에 열반을 증득하게 된다. 진실하고 철저하고 명백한 이 도리를 일러서 '제諦'라고 말한다.

범부는 이 진리의 이치(諦理)에 미혹하여 생사가 고통임을 알지 못하고〔고제苦諦의 이치에 미혹함〕, 반대로 고통을 즐거움으로 인식하고 거짓을 진리라고 여기면서 미혹함을 일으켜서 업業을 만들며〔집제集諦의 이치에 미혹함〕, 업에 의하여 과보를 받고 윤회하는 것이 끊이지 않으며 적멸과 열반을 증득하는 것이 가능함을 알지 못하고〔멸제滅諦의 이치에 미혹함〕, 고통을 달게 받으면서 영원히 중생이 되어 불교를 배우고 수행하려 하지 않는다〔도제道諦의 이치에 미혹함〕. 이것이 범부가 진리의 이치에 미혹하여 생사를 받는 것이다.

성자聖者는 이 진리의 이치를 깨달으니, 삼계의 근본은 본래 고통이라는 것을 깨닫고〔고제의 이치를 깨달음〕, 또 고통의 근원인 집集을 심찰하는 동시에〔집제의 이치를 깨달음〕, 다시 적멸의 이치는 증득할 수 있음을 깨닫고〔멸제의 이치를 깨달음〕, 또 갖가지 수행법문을 명백하게 깨닫는다〔도제의 이치를 깨달음〕. 이를 따라 세밀하게 수행하고

도를 행하여 단증(斷證, 고통을 끊고 열반을 증득하는 것)의 목적에 이른다. 이것이 성자가 진리의 이치를 깨달아서 해탈을 얻는 것이다.

이 사제법문四諦法門은 부처님께서 성도하신 뒤에 녹야원에서 다섯 비구들을 상대하여 처음 말씀하신 것이다. 모두 합하여 세 차례 설법하셨는데 이를 삼전법륜三轉法輪이라고 한다. 법륜을 굴린다(轉法輪)는 것은 바로 설법하시는 것이다. 이는 하나의 비유로, 부처님의 설법은 모든 중생들을 구호하고 제도하여 고통을 벗어버리고 즐거움을 얻어 열반의 피안에 이르게 하는 것이 아님이 없다는 의미이다. 마치 차바퀴가 굴러서 사람을 싣고 목적지에 도달하는 것과 같으므로 법륜을 굴린다고 말한 것이다. 이에는 다음의 세 가지 단계가 있다.

1. 시전示轉: "이것은 고苦는 핍박성逼迫性이며, 집集은 초감성招感性이며, 멸제滅은 가증성可證性이며, 도道는 가수성可修性이라는 것이다 (此是苦逼迫性 此是集招感性 此是滅可證性 此是道可修性)".

2. 권전勸轉: "이것은 고는 네가 마땅히 알아야 하며, 집은 네가 마땅히 끊어야 하며, 멸은 네가 마땅히 증득해야 하며, 도는 네가 마땅히 닦아야 한다는 것이다(此是苦汝應知 此是集汝應斷 此是滅汝應證 此是道汝應修)."

3. 증전證轉: "이것은 고는 내가 이미 알았고, 집은 내가 이미 끊었으며, 멸은 내가 이미 증득했으며, 도는 내가 이미 닦았다는 것이다(此是苦我已知 此是集我已斷 此是滅我已證 此是道我已修)."

무엇 때문에 이를 연속적으로 세 번에 걸쳐 설법하셨을까? 이는 중생의 근기에 영리함과 우둔함의 차이가 있기 때문이다. 첫째, 시전示轉은 직접적으로 사제의 진상眞相을 개시하여 고를 알고 집을 끊고 멸을 흠모하여 도를 수행하도록 하는 것인데, 상근기의 사람은 한 번 듣고는 바로 깨닫는다. 둘째, 권전勸轉은 부처님께서 좀 우둔한 사람을 고려하신 것으로, 처음에는 법륜을 듣고 두려워하며 곧바로 승낙하지 않으므로 거듭하여 경계하고 성찰하게 하여 수행을 권하는 것인데, 중근기의 사람은 이를 듣고 바로 믿고 받아들인다. 셋째, 증전證轉은 부처님의 자비는 광대하지만 우둔한 중생은 두려워서 거듭 믿으려고 하지 않기에 부처님은 당신이 증득하신 곳으로 인도하시면서 거듭 간곡하게 그들을 책려하시는 것인데, 근기가 우둔한 사람은 이에 이르러서야 비로소 깨닫게 된다. 이것을 삼전법륜三轉法輪이라고 부른다. 이 법문에 의지하여 닦음으로써 그 도과道果를 성취한 사람을 성문이라고 하는데, 성문이 증득하는 과위에는 다음의 네 가지 단계가 있다.

초과初果는 수다원須陀洹이다. 예류預流, 또는 입류入流라고 하는데, 성인의 부류에 처음 참여해 들어가(預入) 8인忍과 8지智의 무루無漏 16심心[66]으로 삼계三界의 88사使[67] 견혹見惑이 다하면 비로소 초과를

---

66 16心: 欲界의 4제(고·집·멸·도)에 각기 인(忍: 三界의 4諦를 인가, 인증한 無漏心)과 지(智: 삼계의 4제의 이치를 관하여 생기는 無漏智)가 있어 8心을 이루고, 욕계 위의 색계와 무색계의 4제에 각기 忍과 智가 있어 또 8心을 이루어 총 16心이 된다. 忍은 무간도(無間道: 쉬지 않고 번뇌를 끊는 경지)로서 이는 정말 미혹을 끊을 때이고, 智는 해탈도(解脫道: 번뇌로부터 벗어난 경지)로서 이는 미혹을 끊어 마치는 때에 해당한다. 이렇게 끊어 15心의 단계인 도류인道類忍의 지위에 이르면 이때를 초과향(初果向: 초과에 향함)이라고 부르고, 여기서 다시 마지막 16心인 도류지道類智의 지위에 도달하면 이를 초과를 증득함(證初果)이라고 한다.(圓瑛 저, 박병규 옮김, 『금강반야바라밀경 강의』, 연지해회, 2009, 157쪽).

67 88使: 구사종에 의하면 견혹 88種을 見惑 88使라 칭한다. 즉 견도에서 끊고 소멸시킬

증득한다.

2과二果는 사다함斯陀含이다. 일래一來라고 변역하며, 욕계 9품品의 사혹思惑 중에서 단지 6품만을 끊고 아직 3품의 사혹을 끊지 못했으므로 다시 욕계에 돌아와서 한 번의 생사를 겪게 되므로 일래一來라고 한다.

3과三果는 아나함阿那含이다. 불래不來라고 변역하며, 다시 나아가 아직까지 남아 있던 욕계 3품의 사혹을 다 끊어버린다. 이미 욕계 번뇌의 원인이 없어졌는데 어찌 욕계의 생사과보가 있겠는가? 그러므로 다시 욕계에 와서 생사를 받지 않으므로 불래不來라고 한다.

4과四果는 아라한阿羅漢이다. 무생無生이라고 변역하며, 다시는 삼계의 생사를 받지 않는다. 욕계 9품의 사혹을 끊은 후에 색계 제4선천의 다섯 번째인 불환천不還天에서 오롯하게 정진하여 위의 2계(二界, 색계와 무색계)로 나아가 각 삼계마다의 4지地와 4지마다의 9품을 합한 72품 사혹思惑을 끊고, 이어서 앞 욕계의 9품을 더한 총 81품 사혹을 완전히 끊어 바로 사과四果를 증득한다. 견혹과 사혹은 삼계

근본번뇌는 10가지가 있는 바, 이는 끊기가 쉬운 5리사(五利使: 신견, 변견, 사견, 견취견, 계금취견)와 끊기가 어려운 5둔사(五鈍使: 탐, 진, 치, 만, 의)로 나뉜다. 견도에서는 三界에서 각기 4諦의 진리를 觀하여 그 끊는 바의 견혹이 각각 다르다. 즉 욕계의 고제에 의하여 10가지 使를 모두 끊고, 집제와 멸제에 의하여 각 7가지의 使를 끊으며(5리사 중 身見, 邊見, 戒禁取見은 제외), 도제에 의하여 8가지의 使를 끊어(5리사 중 身見, 邊見은 제외), 이상 합계 32使를 끊는다. 색계와 무색계에서 四諦의 진리에 의하여 끊는 바는 욕계와 같으나, 각 사제마다 瞋使만 제외한다. 그러므로 색계와 무색계에서 각기 28使를 끊는다. 색계와 무색계에서 합계 56使를 끊는다. 그러므로 삼계에서 도합 88使(32사+56사)를 끊는다.(圓瑛 저, 앞의 책, 163쪽) 〔부록 4〕를 참고할 것.

생사의 원인인데, 지금 이것이 이미 소멸했으므로 결과(과보)는 스스로 없어져서 다시는 삼계에 태어나지 않는다. 그러므로 무생無生이라고 한다. 이것이 바로 소승 최고의 과위(極果)가 된다. 초과는 견도위見道位[처음에 무루지無漏智가 생겨 진제眞諦의 이치를 비추어 보는 위]가 되고, 2과와 3과는 수도위修道位[이미 진리를 본 후이기에, 진리에 의지하여 참다운 관관觀을 수습修習하는 위]가 되며, 4과는 무학위無學位이다[견혹과 사혹이 없어지고 철저하게 진제의 이치를 증득하여 다시 배울 것이 없으므로, 곧 '내 삶은 이미 다하였고(고제의 지혜를 증득), 청정한 행은 이미 섰으며(멸제의 지혜를 증득), 해야 할 것을 이미 판별하였으니(도제의 지혜를 증득), 다음 생을 받지 않는다(집제의 지혜를 증득)'는 경지]. 위의 네 가지 과위는 모두 소승의 부류에 속하며 이를 성문승聲聞乘이라 한다.

불법은 세간과 출세간으로 나누며, 출세간은 다시 소승과 대승으로 나눈다. 소승은 개인적 관념의 불교로 자리自利이고, 그 목표는 자기의 생사를 해탈하는 데 있으니 이는 순전히 출세정신出世精神이라 할 수 있다. 대승大乘은 대중적 관념의 불교로 이타利他이며, 그 목표는 세상을 구제하고 중생을 제도하는 데에 있다. 이는 삼계를 벗어나면서도 또한 세간에 적응하는 것이다. 그렇기 때문에 소승은 삼계 생사를 해탈하여 편벽된 공의 열반(偏空涅槃)을 증득하는 것을 궁극적인 목표로 삼는다. 그러므로 중생을 제도하려는 발심을 긍정하지 않고 오로지 그 자신만을 올바르게 할 뿐이므로 소승이라고 부른다.

'승乘'은 무엇을 실어 나른다는 의미인데, 이는 하나의 비유이다. 사람이 자전거나 배나 차를 타면 거기에 자기 몸을 싣고 바로 목적지에 도달할 수 있는 것과 같다. 불법은 수행하는 사람들을 싣고 범부의 지위로부터 성인의 지위에까지 도달하게 할 수 있으므로 승乘이라고 한다. 여기에는 대중소大中小의 차별이 있는데, 보살이 대승이 되는 것은 혼자만이 도탈度脫하는 것이 아니고, 다른 사람도 함께 도탈케 하기 때문이다. 비유하면 기차가 많은 사람들을 실을 수 있는 것과 같으니, 그 역량이 큰 까닭이다. 연각이 중승中乘이 되는 것은 다시 습기習氣가 침입할 수 있기 때문이다. 이는 성문의 위에 있는 것이다. 성문이 소승이 되는 것은 다만 자기만을 제도할 뿐 다른 사람을 제도하지 못하기 때문이다. 비유하면 이는 자전거와 같은 것으로 자기만이 탈 뿐 다른 사람을 태울 수 없으니, 그 역량이 작은 까닭이다. 세간의 모든 법은 근본적으로 업력業力과 인과因果를 벗어날 수 없다. 소승인은 이미 삼계를 초월하고 생사를 끝마치기를 구하는 데 뜻을 두고 있는 까닭에, 세간의 인과와 업력을 상대함에 있어, 예컨대 육도윤회와 삼계 생사 등 일체의 모든 법에 대하여 아주 명료하게 관찰하여 아주 철두철미하게 강구한다. 바꾸어 말하면, 세상에 존재하는 모든 일과 존재는 생주이멸生住異滅의 이치와 업력의 지배를 받지 않을 수 없다는 것을 상세히 이해하고, 아울러 인과의 법칙에서 도망갈 수 없다는 것을 명료히 이해한다. 그렇다면 이것은 최고로 악을 미워하면서 생사를 두려워하는 것으로서, 당연히 업력과 인과도 여기서 예외일 수 없다. 이에 결과를 좇아 원인을 찾고, 그 자체의 소재와 집착의 힘이 업業과 혹惑 방면에 있다는 것을 밝힘으로써 해탈을 구하는 것이다. 여기에서 제행무상을 깨닫는 데 이르고, 만법이 무아임을 깨달아, 열반적정의 즐거움을 구해 증득하는 것이 궁극적이라고 보는 것이다. 이것이 소승인들의 유일한 수행 목표이니, 사제법문四諦法門은 바로 여기에 속한다.

다시 처음으로 돌아가 말해보자. 무엇 때문에 고집멸도苦集滅道가 없다고 하는가? 보살이 반야의 묘한 지혜로 고집멸도 등을 비추어보니 당체가 진공실상眞空實相이고 청정본연淸淨本然하며, 단지 세간의 고제와 집제가 허망하여 없을 뿐만 아니라, 바로 출세간의 도제와 멸제 역시 진공실상의 진리의 본체(理體上)로 보면 역시 모양과 흔적이 있는 것이 아니었다. 그래서 모든 법의 공한 실상(空相) 중에는 생멸(苦集)과 수증(滅道)이 있다는 것을 절대적으로 부인한 것이다. 자성이 공적하여 본래 생사가 없으며〔고제가 없다〕, 또한 번뇌를 끊을 것도 없으며〔집제가 없다〕, 자성自性이 구족하며〔공덕과 지혜가 구족하다〕 본래 닦을 것도 없으며〔도제가 없다〕, 또한 반드시 증득할 것도 없다〔멸제가 없다〕. 천태대사天台大師가 말하기를 "오음과 육입이 모두 여여하니〔眞如〕 가히 버릴 고가 없고, 번뇌가 곧 보리이니 가히 끊을 집이 없으며, 변과 사가 모두 바른 중도이니 가히 닦을 도가 없고, 생사가 곧 열반이니 가히 증득할 멸이 없다(陰入皆如〔眞如〕 無苦可捨 煩惱卽菩提 無集可斷 邊邪皆中正 無道可修 生死卽涅槃 無滅可證)"라고 한 것이 바로 이 뜻이다.

다시 하나의 설법이 있는데, 고제와 집제가 의지하는 것은 오온법五蘊法 외에는 없으므로, 보살이 깊은 반야를 수행하여 오온이 모두 공한 것을 비추어 볼 때 오온이 공하다고 하는 것은 바로 고제와 집제가 빙자(憑藉, 남의 힘을 빌려서 의지함)할 것이 없는 것이다. 이른바 "피부가 이미 없는데 털이 어찌 붙어 있겠는가?(皮旣不存 毛將焉附)"

(『左傳』僖公十四年)라는 말과 같다. 고통을 일으키는 요소인 오온이 이미 사라졌으니 자연히 고통이 생겨나는 현실적인 고제와 집제는 없으며, 동시에 이미 소멸할 대상인 고제와 집제가 없으니 소멸의 주체인 도제와 멸제도 없다. 중생은 미혹한 까닭에 사제법四諦法을 설하여 이에 대치對治하게 한 것이며, 보살은 깨달은 까닭에 고제 등의 전체가 곧 진여임을 요달하였다. 그러므로 "고집멸도가 없다(無苦集滅道)"라고 한 것이다.

【나머지를 논함(餘論)】

이 사제법四諦法은 불교의 근본사상이다. 그 때문에 모든 경전은 사제로 말미암아 전개되는 것이다. 다만 표면상으로 살펴보면 오직 소승인 성문이 수행해야 할 법에 속하지만, 실제로는 모든 대승법문에도 다 통한다. 이를 어떻게 말해야 할까? 말하자면 길지만, 이에 대해 철두철미하고 명백하게 하기 위하여 다시 '제諦'라는 글자를 다시 상세하게 해석할 필요가 있다. '제諦'는 바로 진리를 말하며〔고집멸도에 갖추어져 있는 진리인데, 고집멸도는 사상事相이고 제諦는 이성理性이다〕, 또한 (공·가·중의) 삼제三諦의 진리(理)이다. 따라서 고제 등의 사제에는 모두 각각 삼제三諦의 이성을 갖추고 있는데, 진제眞諦, 속제俗諦, 중제中諦가 삼제이다. 본체적으로는 모든 법이 다 공하다는 것을 체달體達한 것이 진실한 도리(眞理)이므로 '진제眞諦'라고 하고, 이성理性으로는 공空하여도 사상事相의 가假를 버리지 않는 것이 진실한 도리이므로 '속제俗諦'라고 하고, 공空과 가假가 둘이 아니고 성性과 상相이 하나인 것이 진실한 도리이므로 '중제中諦'라고 한다. 이 진리에 미혹하면 범부가 되고 이 진리를 깨달으면 부처가 되고 성자가 되는 것이다. 진리의 이치에 대하여 완전하게 미혹한 사람이 범부[사람들이 모두 천연스러운 삼제의 성덕性德을 갖추고 있음을 알지 못하는 것]이며, 이 이치에 반쯤 미혹한 사람은 이승[이승은 중제와 속제에는 미혹하고 오직 진제만을 깨닫는 까닭에 반쯤 미혹한 것이다]이며, 이 이치에 적게 미혹한 사람은 보살[보살은 다만 중제에만 미혹하고 이미 진제와 속제를 깨달았다]이다. 한편, 적게 깨달은 사람은 이승[다만 진제만을 깨닫고 중제와 속제는 깨닫지 못했다]이며, 반쯤 깨달은 사람은 보살[이미 진제와 속제를 깨달았으나 다만 중제에 미혹하다]이며, 원만하게 깨달은 사람은 부처[철저하게 삼제를 깨달은 사람]이다. 범부는 깨닫지 못한 사람이며, 이승은 깨달았으나 단지 진제만을 볼 뿐이며, 보살은 깨달은 것이 비교적 깊으나 원만하고 궁극적이지 못하여 단지 속제만을 볼 뿐이며, 부처는 지혜가 지극하지 않음이 없고 깨달음이 철두철미하지 않음이 없어서 중제中諦 실상實相의 이치를 원만하게 증득한 사람이다.

근성根性이 다름으로 인하여 견해의 차이가 달라져 증득하는 것이 각기 다른 것이다. 이른바 "어진 사람은 어진 것을 보고 지혜 있는 사람은 지혜를 본다(仁者見仁 智者見智)"(『周易』 繫辭上)라는 것이다. 만약 고苦 등의 생멸이 이미 멸했다는 것에 통달한 자는 바로 진제의 이치를 보고 편공열반偏空涅槃을 증득하는데, 이것은 이승이 깨달음을 증득한 것이다. 고苦 등의 당체가 환상幻相, 곧 공空에 통달하면 바로 속제俗諦의 이치를 보고 단중열반但中涅槃[68]을 증득하는데, 이는 보살

---

68 但中은 천태학의 別敎에서 空, 假, 中의 三觀을 순서대로만 관하는 태도를 말한다. 따라서 아직은 삼제가 일심에 원융한 이치를 관하지 못하고 진제, 속제, 중도제를

이 깨달음을 증득한 것이다. 고苦 등의 당체가 실상實相이라는 것에 통달하면 바로 중제中諦의 이치를 보고 구경열반究竟涅槃[69]을 증득하는데, 이는 부처가 깨달음을 증득한 것이다.

간추려서 말하면, '제諦'는 방편方便과 승의勝義의 두 가지 가르침(門)을 갖추고 있다. 즉 삼계는 오로지 고통이고 즐거움이 없다는 이 이치가 진실이라고 심찰하는 것은[여기서 제諦라는 글자는 진실로 살펴서 이해하는 것이다] 방편문方便門이 되고 소승에 속한다. 고제苦諦 등의 전체가 그대로 참이며 제각기 진공실상眞空實相의 이치를 갖추고 있음을 요달하는 것은[여기서 제諦라는 글자는 진리를 말하는 것이다] 승의문勝義門이 되고, 대승에 속한다. (우익 지욱의)『교관강종敎觀綱宗』에서 말하기를 "고통에서 해탈하여 고제는 없으나 진제는 있는 것이니, 하물며 멸제와 도제이겠는가?(解苦無苦 而有眞諦 況滅道耶)"라고 하였다. 바로 고제 등의 당체는 곧 적멸寂滅의 이치를 구족하고 있음을 이로써 가히 알 수 있다. 이를『법화경』에서는 "모든 법은 본래로부터 항상 스스로 적멸한 모습이다(諸法從本來 常自寂滅相)"라고 하였다. 나아가 고통에서 해탈하여 고제는 없으나 중제中諦는 있으니, 바로 고제 등의 당체는 곧 실상의 이치를 구족하고 있는 것이다. 그러므로『반야심경』에서 "이 모든 법은 공의 모습이다(是諸法空相)"라고 한 것이다. 또『해심밀경解深密經』「유가분열품瑜伽分別品」에서 말하기를 "일곱 가지 진여가 있으니 첫째는 유전진여이며, 둘째는

각각 차제적인 것으로 이해한다.
[69] 究竟은 천태학의 圓敎에서 空, 假, 中 또는 진제, 속제, 중도제를 一心三觀으로 관하여 三諦圓融을 체득하는 것을 말한다.

실상진여이며, 셋째는 유식진여이며, 넷째는 안립진여이며, 다섯째
는 사행진여이며, 여섯째는 청정진여이며, 일곱째는 정행진여이다(有
七種眞如 一流轉眞如 二實相眞如 三唯識眞如 四安立眞如 五邪行眞如 六淸
淨眞如 七正行眞如)"라고 하였다. 지금은 간단히 제4~7의 네 가지만을
설명하고자 한다. 경에서 말하기를 "넷째, 안립진여安立眞如는 내(여
래)가 설하는 모든 고성제苦聖諦이다"라고 하였다. 즉 모든 중생은
색신의 행업行業인 유위법에 의해 진리에 미혹하여 허망함을 따르며,
이 모두는 진여의 본체 위에서 이루어진 것이므로 안립진여라고 하는
데, 이것이 고제의 실제 성품(實性)이다. 또한 "다섯째, 사행진여邪行眞
如는 내가 설하는 모든 집성제集聖諦이다"라고 하였다. 즉 모든 번뇌와
허망한 미혹함과 삿된 행위(邪行)의 법은 진여의 본체를 벗어날 수
없으므로 사행진여라고 하는데, 이것이 집제의 실제 성품이다. 또한
"여섯째, 청정진여淸淨眞如는 내가 설하는 모든 멸성제滅聖諦이다"라
고 하였다. 즉 여래께서 말한 열반적정의 이치는 본래 오염이 없으므로
청정진여라고 하는데, 이것이 멸제의 실제 성품이다. 또한 "일곱째,
정행진여正行眞如는 내가 설하는 모든 도성제道聖諦이다"라고 하였다.
즉 여래께서 설하신 모든 도품道品은 정행正行의 법으로 모두가 진여의
이체理體에 의한 것이기에 정행진여라고 하는데, 이것이 도제의 실제
성품이다. 진여眞如는 바로 실상實相이다. 이에 의거하면 사제의 당체
는 곧 실상의 이치를 구족하고 있다는 것을 충분히 증명할 수 있다.
대개 실상 중도제(中諦)의 이치는 대승의 성자가 증오證悟하는 것에
속하는데, 사제四諦에도 이미 삼제三諦의 이치가 구족되어 있어 자연히
대소승과 삼승의 법문이 상통하기에, 사제가 오로지 소승의 법문에만

속하는 것은 아니다.

그러므로 천태대사는 『열반경』에 의거하여 네 가지 사제(四種四諦)를 사교四敎에 배합하여 만들었던 것이다. 첫째는 '생멸사제生滅四諦'이다. 위에서 말한 것과 같이 이는 소승이 수행하는 법으로 장교藏敎에 포섭된다. 둘째는 '무생사제無生四諦'이다. 모든 법은 환화幻化와 같아서 그 본체가 공空함을 요달하며, 고苦를 벗어나 고가 없고 고를 행하는 것도 고를 받는 일도 없으며, 집集을 벗어나 집이 없고 집에 의해 유전되지도 않으며, 멸은 멸이 없음을 알기에 본래 생멸도 없는 것이며, 도는 도가 없음을 알므로 법상法相에 집착하지 않게 된다. 이는 삼승三乘이 함께 닦는 법으로 통교通敎에 포섭된다. 셋째는 '무량사제無量四諦'이다. 고에는 무량한 상相이 있으니 하나의 계界에 이미 여러 고苦가 구족되어 있음을 요달하고, 집에도 무량한 상이 있으니 바로 팔만사천 번뇌가 있는 까닭이며, 멸에 무량한 상이 있으니 모든 바라밀이 있는 까닭이며, 도에 무량한 상이 있으니 팔만사천법문이 있기 때문이라고 요달한다. 이는 권교보살이 닦는 법으로 별교別敎에 포섭된다. 넷째는 '무작사제無作四諦'이다. 모든 법의 당체가 곧 실상임을 요달하면 버릴 고가 없고, 끊을 집이 없으며, 닦을 도가 없고, 증득할 멸도 없다. 그래서 실상의 본체는 모든 작위를 떠난 까닭에 무작無作이라고 한다. 이는 오로지 대승의 보살이 수행하는 법으로 원교圓敎에 포섭된다. 이는 관자재보살께서 친히 증오證悟하신 경계이다. 대승보살의 사홍서원四弘誓願도 역시 모두 사제법에서 의거하여 나타난 것이다. 이를 표로 나타내면 다음과 같다.

[표13] 사홍서원과 사제의 관계

사홍서원 四弘誓願	중생무변서원도衆生無邊誓願度	고제苦諦
	번뇌무진서원단煩惱無盡誓願斷	집제集諦
	법문무량서원학法門無量誓願學	도제道諦
	불도무상서원성佛道無上誓願成	멸제滅諦

 자세히 연구하여 보면, 불교 전체의 조직적 내용은 원시불교와 후기불교를 막론하고 모두가 사제의 범주를 벗어날 수가 없다. 이 때문에 사제는 확실히 석가세존의 한평생 설법에 있어 중심사상이며, 대소승에 일관되는 근본교의이다. 소승은 현실계의 인과적 고제와 집제를 끊어 없애고 이상세계의 인과적 도제와 멸제로 들어간다. 반면 대승은 고제와 집제를 파악하여 이를 순수한 도제와 멸제로 전환시킨다. 바꾸어 말하면, 소승은 생사를 없애어 열반을 증득하고 번뇌를 끊어 보리를 증득하며, 대승은 생사가 곧 열반이고 번뇌는 곧 보리라는 것을 요달한다. 요컨대 대소승이 같지 않은 것은 근본적으로 사제를 바라보는 관점이 같지 않기 때문이다. 위의 여러 근거에 의하여 사제가 확실히 대승법문을 관통한다는 것을 증명할 수 있으니, 이는 의심할 여지가 없다. 변역생사變易生死는 고제이고, 법에 집착하여 잊지 않는 것은 집제이며, 육도(六度, 육바라밀)와 사섭법四攝法[70]은 도제이고, 무주열반無住涅槃은 멸제이니, 이것이 대승이 수행하는 사제법이다.

---

70 사섭법四攝法: 보시섭布施攝, 애어섭愛語攝, 이행섭利行攝, 동사섭同事攝을 말한다.

【종합하여 해석함(合釋)】

생사에서 '고'의 감각이 없고, 또한 끊어야 할 탐애의 '집'도 없고, '적멸'의 열반도 증득할 것이 없으며, 또한 해탈하는 '도'의 법도 닦을 것이 없다. 왜냐하면 자성은 본래 해탈이기에 버려야 할 생사가 없고, 본래 청정이기에 끊어야 할 번뇌도 없으며, 본래 공적하기에 증득해야 할 열반도 없고, 본래 구족하기에 닦아야 할 보리도 없기 때문이다. 그런 까닭에 "무고집멸도無苦集滅道"라고 말한 것이다.

〔표14〕 사제와 인과관계

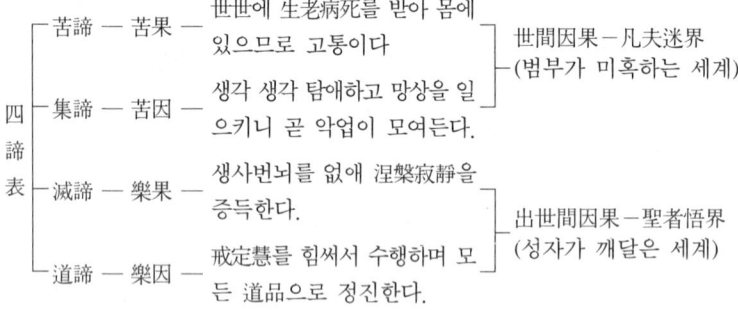

(iii) 권교보살의 법상을 깨트림(破權敎菩薩法相)

無智亦無得

지혜도 없고 또한 증득한 것도 없다.

3. 본문 해석

【나누어 해석함(分釋)】

보살이 수행해야 할 법문이 많다고 하여도 『반야심경』의 취지에 의하면 다만 반야일 뿐이다. '지智'는 관찰하는(能觀) 지혜이며 '득得'은 증득되는(所證) 이치인 법공法空이다. 공관空觀은 아공我空의 이치를 증득하여 이루어지며, 가관假觀은 법공法空의 이치를 증득하여 이루어지며, 중관中觀은 구공俱空의 이치를 증득하여 이루어진다. 모든 법이 공함을 관하는 능공能空의 지혜(智)와 공한 지혜에서 얻어지는(所得) 이치의 두 가지는 모두 얻을 수 없는 것으로, 이른바 주관과 객관이 둘 다 사라지고(能所雙亡) 경계와 지혜가 모두 멸한(境智俱泯) 것이기에 "무지역무득無智亦無得"이라고 말한 것이다.

법장法藏의 『반야심경소般若心經疏』에 말하기를 "공한 지혜를 아는 것은 얻을 수 없으므로 무지無智라고 하고, 증득되는 공의 이치도 역시 얻을 수 없으므로 무득無得이라고 한다(知空智不可得 故云無智 所證空理亦不可得 故云無得)"라고 하였다. 무슨 까닭으로 관찰하는 지혜(能觀智)와 증득되는 이치(所證理) 모두를 얻지 못하는가? 중생은 미혹한 까닭에, 모름지기 지혜를 사용하여 관찰하되 만약 미혹하지 않는 자는 곧 지혜에 집착하지 않는 까닭에 무지無智라고 하며, 미혹함으로 인하여 처음에 깨달으면 얻는 것이 있는 것 같지만 실제로는 자성自性에 본래 구족具足한 것이어서 얻었다고 말할 수 없으므로 무득無得이라고 한 것이다. 또 '지智'는 곧 지혜를 줄인 말이며 육도六度 중에서 반야를 가리킨다. 이는 법공法空을 관찰하는 반야이다. 반야는 육도 중에서 우두머리가 되며, 하나를 들면 여섯 가지 도리를 모두 갖추게 된다는 것은 앞에서 설명한 것과 같다. 그러므로 반야라는 한 바라밀(一度)을 버리면 곧 육바라밀 전체를 버리는 것이 된다. '득得'은 증득되는 부처의 과(佛果)를 가리킨다〔보살이 육도만행을 닦아 위없는 불과를 증득하기를 구하는 것〕. 덕청대사德淸大師의 『심경직설心經直說』에 말하기를 "지혜는 곧 관찰하는 지혜이니 바로 육도의 지혜이며, 얻음(得)은 곧 불과이니 바로 구하고자 하는 대상이다. …… 만약 얻은 바 있는 마음으로 이를 구한다면 모두 참된 것이 아니다(智卽能觀智 乃六度之智慧 得卽佛果 乃所求之境 …… 若有所得心求之皆非眞也)"라고 하였다.

여기서 무지無智와 무득無得의 두 구절은 바로 보살의 수지修智와 증득證得을 밝힌 것이니, 마땅히 상相을 여의고 머무름이 없어야 하는 것이다. 즉 집착함이 없이 육도六度를 닦으며, 취하는 것 없이 불과佛果를 증득하는 것이다. 하나라도 마무는 것이 있다면 곧 집착이고, 바로 법法에 속박되어 버린다. 『금강경』에 말하기를 "이와 같이 무량하고 무수하고 무변한 중생을 멸도하였지만, 참으로는 멸도를 얻은 중생은 없다. …… 보살은 법에서 마땅히 주하는 것이 없이 보시를 행하여야 한다. …… 보살은 이와 같은 보시를 행하여도 상에 주하지 않는다(如是滅度無量無數無邊衆生 實無衆生得滅度者 …… 菩薩於法 應無所住行於布施 …… 菩薩應如是布施不住於相)"라고 하였다. 이는 집착하지 않고 수행하는 것을 설명하는 것이며, 이것이 무지無智이다. 또 말하기를 "실제로는 법이 있는 것이 없으므로 여래는 아뇩다라삼먁삼보리를 증득하였다. 수보리야! 만약 법이 있어 여래가 아뇩다라삼먁삼보리를 얻었다면 연등부처님께서 나에게 '너는 앞으로 부처님이 되리라'고 수기하시지 않았을 것이다(實無有法 如來得阿耨多羅三藐三

菩提 須菩提 若有法如來得阿耨多羅三藐三菩提者 然燈佛卽不與我授記 汝於來世當得作佛"라고 하였다. 이는 증득되는 과보에 집착하지 않는 것을 설명하는 것이며, 이것이 무득無得이다. 보살이 수행하여 증득하였다는 생각이 하나라도 있다면 바로 이는 상에 집착하여 수행하는 것이므로, 『금강경』에서 또 말하기를 "만약 보살이 아상, 인상, 중생상, 수자상이 있다면 곧 보살이 아니다. …… 만약 보살이 말하기를 '나는 마땅히 국토를 장엄한다'라고 한다면 이를 보살이라고 말하지 않는다(若菩薩有我相人相衆生相壽者相 卽非菩薩 …… 若菩薩作是言 我當莊嚴國土 是不名菩薩)"라고 하였다. 이상에서 인용한 경의 말씀은, 상相에 집착하여 수행하는 자들에게 따끔하게 일침을 가하는 것이다!

비록 모든 법이 모두 공하다는 이치를 비추어 보았지만, 다시 한 번 이를 관찰하는 주체로서의 '지혜'가 있다거나 증득되는 대상으로서의 '공空'이 있다고 생각한다면 바로 능소能所가 역연歷然한 것이므로 이는 하나의 법집法執이다. 아직도 반야 진공의 절묘한 이치에 계합하지 못한 까닭에 역시 공을 더욱 중시하는 것이다. 나아가 보살이 널리 육도만행六度萬行을 닦는 데 있어서 위로는 부처님의 도를 구하고 아래로는 중생을 제도하는 것에도 마땅히 두 가지 측면으로 나누어 설명해야 한다.

첫째로 권교보살權敎菩薩은 현실(事)에서 육바라밀을 닦음에 있어서 상相에 따라 수행하기에, 처처에 닦는 행(六度)이 있고 증득되는 불과佛果가 존재한다.

둘째로 실교보살實敎菩薩은 그렇지 않으니, 그것은 이치(理)적으로 육바라밀을 닦기에, 육바라밀 중에서 하나의 바라밀을 듦에 따라 육바라밀 모두에서 삼륜三輪의 본체가 공하게 된다. 마치 보시행을 닦을 때 내가 보시하였다는 것과 다른 사람이 받았다는 것에도 집착하지 않으며, 보시한 물건과 보시의 과보에도 집착하지 않는 것과 같다. 나머지 다섯 바라밀도 역시 그렇다. 나아가 과보를 증득하는 방면에 있어서도 마찬가지이다. 바라밀을 말하되 바라밀의 상이 없고, 증득을 말하되 증득의 상이 없으니, 이것이 대승보살이 수행하여 증득한 경계인 무지無智와 무득無得이다. 진실로 실상문實相門 중에서 '보리와 번뇌 등은 허공 꽃이다(菩提煩惱等空華)'라는 것이 이것이다. 본래 끊을 수 있는 번뇌가 없는 것이 무지無智이며, 본래 증득할 수 있는 보리가 없으므로 무득無得이다. 비록 이와 같지만, 지혜 없음(無智)의 지혜가 바로 참다운 지혜이며 얻음 없음(無得)의 얻음이 참다운 얻음이다.

『금강경』에 말하기를 "아상, 인상, 중생상, 수자상이 없이 모든 선법을 닦으면 바로 아뇩다라삼먁삼보리를 얻게 된다. …… 수보리야! 내가 아뇩다라삼먁삼보리에서 내지 증득한 법이 있지 않는 것을 일러 아뇩다라삼먁삼보리라고 한다(以無我無人無衆生無壽者修一切善法 卽得阿耨多羅三藐三菩提 …… 須菩提我於阿耨多羅三藐三菩提 乃至無有所法可得 是名阿耨多羅三藐三菩提)"라고 하였다. 『대반야경』에서 말하기를 "증득하는 것이 없는 것이 부처님의 법신을 증득하는 것이다(無得無證 卽是證佛法身)"라고 하였다. 또 말하기를 "얻는 것이 없는 것이 반야바라밀의 모습이며, 얻는 것이 없는 것이 아뇩다라삼먁삼보리이다(無所得是般若波羅蜜相 無所得是阿耨多羅三藐三菩提)"라고 하였다.

이는 무지無智가 바로 참다운 지혜이며, 무득無得이 바로 참으로 얻는 것이라는 하나의 분명한 증거이다.

 이 경에서는 단순하게 "지혜도 없고 얻는 것도 없다(無智無得)"라고 하였는데, 이는 법공法空에 속하며, 사실은 다시 한걸음 더 나아가 무지無智도 없고 무득無得도 없는 것[이는 '無無明 亦無無明盡'과 같은 의미이다]으로서 중도실상의 묘한 이치를 드러내고 있다. 이것은 바로 무지無智와 무득無得의 무無도 역시 없는, 이른바 바로 지智에 즉하고 득得에 즉하는 것이다. 이것이 구공俱空의 도리이며, 여기에 이르러 비로소 반야의 제일의공第一義空에 합치되는 것이다. 그러므로 위에서 살펴본 집착을 없애는 글 중에서 삼상(三相: 我相과 法相과 非法相)을 모두 없애는 것을 여기서 간단하게 말하고 있는 것이다.

 여기서는 『능엄경』에서 상相을 깨트리는 글을 인용하여 참고하고자 한다. 경에서 말하기를

 "티끌번뇌를 멸하고 깨달음에 합하는 까닭에 진여가 묘하게 깨어 있는 밝은 성품(妙覺明性)을 발하게 되는 것이며, 여래장의 본래 묘하고 원만한 마음(本妙圓心)은 허공도 아니고 땅도 아니고 물도 아니며 바람도 아니요 불도 아니다[오온이 공이다]. 안이비설신의도 아니고 색성향미촉법도 아니고 안식계 내지 의식계도 아니다[12입과 18계가 공하고 세간의 법 모두가 공이다]. 명明도 아니고 무명無明도 아니고 명과 무명이 다하는 것도 아니고, 노사도 아니고 노사가 다한 것도 아니다[12연기가 공이다]. 지혜도 아니고 증득도 아니다[권교보살의 법도 공하고 출세간법 모두가 공하다](滅塵合覺 故發眞如妙覺明性 而如來藏本妙圓心 非空非地非水非風非火 非眼非耳舌身意 非色聲香味觸法 非眼

識界 乃至非意識界 非明非無明明無明盡 乃至非老非死 非老死盡 非智非得)"라고 하였다.

또 말하기를 "마음에 즉卽하며 땅에 즉하며 물에 즉하며 바람에 즉하며 불에 즉하며, 안이비설신의에 즉하며 색성향미촉법에 즉하며 내지 안식계에 즉하며 의식계에 즉하며[모든 세간법에 다 즉한다], 명明에 즉하며 무명無明에 즉하며, 노사老死에 즉하며 노사가 다함에 즉하며, 고집멸도에 즉하며, 지혜에 즉하며 증득에 즉한다[모든 출세간법에 다 즉한다](卽心卽空卽地卽水卽風卽火 卽眼卽耳鼻舌身意 卽色聲香味觸法 卽眼識界 乃至卽意識界 卽明卽無明 乃至卽老死 卽老死盡 卽苦卽集卽滅卽道 卽智卽得)"라고 하였다.

이 두 문장을 대조하여 살펴보면 상세함과 생략함이 조금씩 다른 것을 알게 되는데, 『반야심경』에서는 무無를 말했는데, 『능엄경』에서는 비非라고 하였다. 『반야심경』에서는 여읨(離[無])을 밝혔고 비춤(照[卽])을 밝히지 않았는데, 『능엄경』에서는 여읨과 비춤 모두를 말하였다. 『반야심경』이 비록 간단하지만 이치는 (『능엄경』과) 상통하여 다 드러내니, 배우는 이들은 깊이 연구해 보라!

위에서 처음에 밝힌 온蘊, 처處, 계界는 범부의 정(凡情)에 속하고, 그 다음에 밝힌 사제四諦와 십이인연十二因緣과 무지무득無智無得은 성인의 경계(聖境)에 속한다. 다만 공상空相 속에는 모두가 다 없는 것이니, 바로 이는 물듦과 깨끗함이 둘 다 없어지고(染淨雙亡) 범인과 성인의 정이 다했다(凡聖情盡)는 의미이다. 오온 등의 모든 상相은 허망하여 말할 필요도 없다. 십이인연과 사성제는 보살이 수행하여 얻은 지혜와 증득이며, 또한 병을 다스리는 좋은 약에 지나지 않는다. 그러므로 병이 나으면 약은 버리는 것이다. 바로 "강을 건너는 데에는 뗏목을 사용하지만, 피안에 이르면 배가 필요없는 것이다(渡河當用筏 到岸不須舟)"라고 한 뜻과 같다. 이는 수행하는 과정 속에서 응용하여 길을 인도하는 것으로서, 다만 공상空相의 본체와는 추호도 관계가 없는 것이다. 만약 이에 집착하고 버리지 않으면 바로 고질병을 일으키게 된다. 『금강경』에 말하기를 "뗏목에 비유한 것과 같이, 법도 반드시 버려야 하거늘 하물며 비법이겠는가?(如筏喩者 法相應捨何況非法)"라고 하였다. 이 구절은 바로 이를 두고 하는 말이다.

　여기서 주의를 요하는 것이 있다. 통상적으로 말하는 '지智'는 공을 아는 지혜, 즉 오온이 공한 것을 비추어 보는 것이다. '득得'은 공한 이치(空理)를 증득하는 것이다. 단지 공의 지혜가 생기지 않으면서도 어떤 사람들은 공을 이해한다고 하는데, 이는 바로 성문의 법인 것이다.

　총괄적으로 말하면, '오온'이 공한 것은 범부의 법을 깨트리는 것이며, '사제'와 '십이인연'이 공한 것은 이승의 법을 깨트리는 것이며, '지혜와 얻음(智得)'이 공한 것은 보살의 법을 깨트리는 것이다. 오온이 공한 지혜는 '인공의 지혜(人空智)'이고 증득한 이치는 '인공의 이치(人空理)'이며, 이는 이승인들이 수행하여 증득한 결과이다. 사제가 공한 지혜는 '법공의 지혜(法空智)'이고 증득한 이치는 '법공의 이치(法空理)'이며, 이는 보살이 수행하여 증득한 결과이다. 지혜와 얻음이 공한[無智無得] 지혜는 '구공의 지혜(俱空智)'이고 증득한 이치는 '구공의 이치(俱空理)'이며, 이는 부처님이 수행하여 증득한 결과이다. 이 경전에서 밝히는 '지혜와 얻음(智得)'에서의 지智는 법공지法空智를 가리키며 이理는 법공리法空理를 가리킨다. 그리고 '무지無智'의 지智는 구공지俱空智를 가리키며 '무득無得'의 득得은 바로 구공리俱空理를 가리키니, 이것에 대해 매우 주의해야 한다! 그러므로 이 경의 궁극적인 취지는 성문과 소승법의 공에 있는 것이 아니고 또한 대승 보살법과 연계된 하나의 공에 얽매이는 것도 아닌, 하나의 공에 철두철미한 제일의공第一義空을 말하는 것이다.

【종합하여 해석함(合釋)】
모든 법이 공한 가운데에는 한 법도 성립하는 것이 없으므로, 비단 범부의 연기인 오온, 육입, 십이처, 십팔계와 아울러 이승법인 사제와 십이인연만이 없는 것이 아니라, 바로 보살이 수행하는 능관能觀의 반야지혜와 아울러 관조하는 지혜로 인해 증득하는 법공法空의 이치(得) 모두가 내적으로 없는 것이다. 그러므로 "무지역무득無智亦無得"이라고 말한 것이다.

④ 과보를 증득함(證果)
(i) 보살이 끊음으로 얻은 과보를 밝힘(明菩薩得斷果)

以無所得故 菩提薩埵 依般若波羅蜜多故 心無罣碍 無罣碍故 無有恐怖 遠離顛倒夢想究竟涅槃

무소득이기 때문에 보리살타는 반야바라밀다에 의지하므로 마음이 걸림이 없고, 걸림이 없는 까닭에 공포가 없고 전도몽상을 영원히 벗어나 구경에 열반하였다.

이 경에서 중시하는 것은 '무소득無所得' 세 글자에 있으니, 배우는 이들은 이를 특별히 유의하기 바란다.

또한 '무소득'을 '무지무득無智無得'의 '무득無得'으로 해석하는 것은 옳지 않다. 위의 글에서 '무득無得'은 보살의 법집法執을 깨트리는 것임은 위에서 해설한 것과 같다. 지금 여기서의 '무소득' 세 글자는 위의 문장들, 즉 "시고공중무색是故空中無色 …… 무지무득無智無得"을 총결하는 하나의 큰 단락이며, 또한 반야 필경공畢竟空을 총체적으로 밝히는 결정적인 말이니 마땅히 소홀히 해서는 안 된다!

【나누어 해석함(分釋)】

"이무소득고以無所得故"는 위의 문장을 이어받아 아래 문장과 연결시키는 역할을 한다. 즉 위의 문장(是故空中無色 …… 無智亦無得)을 이어서 아래 문장(菩提薩埵 …… 三藐三菩提)을 일으키는 역할을 하는 것이다. '이以'라는 글자는 '때문에, 인하여(因爲)'로 해석한다. '무소득無所得'은 하나의 법도 얻은 것이 없는 것을 말한다. '고故'라는 글자는 위의 문장과 아래 문장에 서로 통할 수 있는데, 위의 문장을 받을 때에는 '원인'〔以無所得故란 구절〕으로 해석되고, 아래 문장을 일으킬 때에는 결과를 나타내는 '그런 까닭에'〔故菩提薩埵란 구절〕로 해석된다. 이 해석을 나누면 두 가지의 뜻으로 말할 수 있다.

첫째는 실상의 이체理體에 의거해서 말한다. 무슨 까닭에 위의 문장에서 '시고공중무색是故空中無色 …… 무지역무득無智亦無得'이라고 말했는가? 진공실상의 본체로 보면 본래 청정하고 공적하여 오온과 같은 모든 법을 얻을 수 있는 '원인'이 없기 때문이다. 그래서 '이무소득고'인 것이다. 육조스님이 말하시기를 "묘한 자성은 본래 공하여 한 법도 얻을 수 있는 것이 없다(妙性本空 無有一法可得)"라고 했다. 이는 위의 문장을 이어받는 의미이다.

둘째는 반야의 공력에 의거해서 말한다. 반야로 인하여 모든 번뇌를 끊고 모든 상을 소탕하니 한 법도 얻을 수 있는 것이 없다. 이와 같이 훌륭하고 묘한 공력이 있는 까닭에 보리살타는 이 반야에 의지하여 마음에 걸림이 없음을 획득하여 구경열반에 이르게 된다[만약 모든 법을 얻을 수 있다는 것에 집착하면 마음이 걸림이 없는 곳에 이르지 못한다]. 삼세의 모든 부처님들은 모두 이에 의지하여 무상보리를 증득하였다[만약 모든 법을 얻을 수 있다는 것에 집착하면 무상보리의 과보를 증득하지 못한다]. 이는 아래 문장과 연결되는 것이다.

이 외에 '능득(能得, 얻는 주체)', '소득(所得, 얻는 대상)', '본구(本具, 본래 갖춤)'의 세 가지 뜻에 의거하여 해석할 수도 있다.

첫째, 반야의 훌륭한 지혜로 모든 법이 모두 공하다는 것을 분명히 통달했는데, 여기서 얻을 것이 무엇이겠는가? 그러므로 '무소득'이라고 말하는 것이다. 이는 소득所得의 측면에서 말하는 것이다.

둘째, 자성이 본래 스스로 원만하고 부족함이 없으니 단 하나라도 얻을 것도 따로 없다. 그러므로 '무소득'이라고 말하는 것이다. 이는 능득能得의 측면에서 말하는 것이다.

셋째, 실상은 본래 모든 공덕과 지혜를 구족하고 있으나 범부는 미혹하여 보지 못하고 알지 못한다. 지금은 보살이 깊은 반야를 수행함에 의하여 친히 실상을 증득하여 모든 공덕을 본래 스스로 드러내고 있으니, 이는 전에 없었던 것이 홀연히 나타난 것이 아니고 다시 밖으로부터 온 것도 아닌, 본래 구족하고 있었던 것이므로 실제로는 얻은 것이 없다. 이는 본래 구족한 본구의 측면에서 말하는 것이다.

모든 법은 허망한 감정(情)과 집착으로 인하여 있게 되는데, 마치 이는 범부가 오온에 집착하므로 신심세계身心世界에서 얻을 것이 있다는 하고, 이승인이 공에 집착하여 편공열반偏空涅槃을 얻을 수 있다고 하고, 권교보살이 두 변邊에 집착하므로 상구보리와 하화중생이라는 주관과 객관이 뚜렷한 것과 같다. 요컨대 '무소득'은 곧 집착하여 취함(取著)이 없는 것[愛取와 執着이 없음]이며, 유소득은 집착하여 취함이 있는 것이다. 탐내어 취하고자 하는 마음과 집착하는 허망한 견해가 있으면 바로 삼혹三惑의 번뇌가 치성해진다.『관음현의觀音玄義』에 말하기를 "견혹과 사혹은 생사의 모습을 취하며, 진사혹은 열반의 모습을 취하며, 무명은 이변二邊의 모습을 취한다(見思取生死相 塵沙取涅槃相 無明取二邊相)"라고 하였다. 지금은 관조반야觀照般若를 사용하여 이를 비추어 보기에 바로 허망한 감정이 모두 사라지고 집착하는 것도 없어진다. 이는 범부와 성인의 감정이 다하고 지혜와 생각이 모두 없어지는 것인데 오히려 무엇을 삼혹이라고 말할 것이며, 얻을 수 있는 모든 법이 있다고 할 것인가? 경에 말하기를 "이와 같이 반야바라밀다는 허공으로써 상을 삼으며, 집착 없음으로써 상을 삼으며, 머무름 없음으로써 상을 삼는다. 왜 그러한가? 반야바라밀다의 깊고 깊은 모습 속에는 모든 법과 모든 상을 얻을 수 없으며, 있는 바도 없는 까닭이다(如是般若波羅蜜多以虛空爲相 以無著爲相 以無住爲相 何以故 般若波羅蜜多甚深相中 諸法諸相皆不加得 無所有故)"라고 하였다. 묻기를 '이미 하나의 법도 얻을 것이 없다고 말해놓고 어째서 아래 글에서는 또 반야에 의지하여 구경열반과 내지 불과를 증득한다고 말하는가?' 나는 이를 경문을 인용하여 대답하고자 한다.

『대반야경』에 말하기를 "선현善現이 말하기를 '세존이시여! 만약 얻을 것이 없다면 어떻게 보살마하살이 깊은 반야바라밀다를 수행할 때라고 말씀하십니까? 만약 모든 법을 얻을 수 없으면 어떻게 육도를 원만하게 할 수 있으며, 보살의 정성正性에 들어가 불토佛土를 엄정하게 하여 유정을 성취하게 합니까?' 부처님께서 말씀하시기를 '보살마하살은 모든 법을 행하지 않으므로 깊은 반야바라밀다를 수행하여 무소득을 얻는 까닭에 반야바라밀다를 수행하는 것이다'(善現言 世尊 若不可得 云何菩薩摩訶薩修行深般若波羅蜜多時 若不得一切法 云何能圓滿六度 入菩薩正性 嚴淨佛土 成就有情 佛言 菩薩摩訶薩 不爲一切法故 修行深般若波羅蜜多 無所得故 修般若波羅蜜多)"라고 하였다.

여기서 알아야 하는 것은, 얻는 것이 있다는 것은 마음이 집착을 일으켜서 얽매임을 받는 것이며, 얻을 것이 없다고 하는 것은 마음이 스스로 공적空寂하여 해탈한 것이다. 즉 보살의 구경열반은 무소득의 마음에서 오는 것이다. 이를 비유로 말한다면, 한 학급에서 공부는 중시하지 않고 명예를 좋아하는 사람이 있다고 하자. 여기서 공부를 중시하지 않는다는 것은 공의 의미를 이해하지 못하는 것이며, 명예를 좋아하는 것은 허망하게 집착하는 것이다. 비단 이것이 어떤 명예를 얻는 데 이르지 못한다면 반대로 하나의 비웃음을 일으키게 될 것이다〔집착으로 얽매이는 것에 비유〕. 명예를 중시하지 않는 사람, 재주를 감추고 묵묵히 자기의 길을 열심히 걸었던 사람〔무소득에 비유〕은 반대로 위대한 이름을 날리고 천고千古에 유전流傳하게 되는 것이다〔대해탈을 얻음에 비유]. 이것으로 유소득이 곧 무소득임을 알 수 있을 것이며, 무소득이 바로 참다운 얻음인 것이다. 『금강경』에 말하기를 "무릇 상이 있다고 하는 것은 모두가 허망한 것이다〔유소득이 곧 무소득〕. 만약 모든 상이 상이 아님을 알면〔무소득인 까닭에〕 바로 여래를 보리라〔바로 참다운 얻음이다〕(凡所有相 皆是虛妄 若見諸相非相 卽見如來)"라고 하였다. 단제斷際[71] 선사가 또 말하기를 "한 법도 얻지 않는 것을 마음을 전함이라 하며, 얻음이 없는 것을 도량에 앉음이라 한다(不得一法名爲傳心 祇無所得名爲坐道場)"라고 말하였다. 이 모두는 무소득이 바로 참으로 얻는 도리임을 말하는 것이다. 동시에 알아야 할 중요한 것은, '자성의 공(自性空)'은 '연기의 유(緣起有)'에 장애되지 않는 까닭에 인과因果의 건립을 방해하지 않으며, '연기의 유'는 '자성의 공'을 잊지 않는 까닭에 만법에 집착함이 없다는 것이다. 이는 유有를 말하면서도 모든 상에 집착하지 않고 공空을 말하면서도 모든 법을 없애지 않는 것인데, 여기에 반야진공般若眞空의 미묘함이 있는 것이다. 그러므로 아래 경문에서 말하기를 '보리살타는 반야에 의지하여 구경열반을 얻었다(菩提薩埵 依般若而究竟涅槃)'고 한 것이다.

"보리살타菩提薩埵"는 줄여서 보살이라고 하는데 이미 앞에서 설명한 것과 같다.

"의반야바라밀다고依般若波羅蜜多故……"는 이 반야 필경공의 지혜에 의지하여 획득한 마음이 걸림이 없고, 내지 구경열반에 이른 것을

---

[71] 단제斷際: 당나라 때의 선사인 황벽(黃蘗, ?-850)을 말한다. 저서에 『傳心法要』가 있다.

말한 것이다.

"가애罣碍"에서 '가罣'는 그물에 걸린다는 뜻이다. 이는 무명번뇌가 진심眞心을 가리고 덮고 있어 마치 그물에 걸리어 자유롭지 못함을 비유한 것이다. '애碍'는 가로막는다는 뜻이다. 이는 중생의 집착함이 정도正道를 가로막아 앞으로 나가지 못함을 비유한 것이다. 이 의미는, 진심眞心이 무명에 덮이어 모든 일마다 허망하게 집착하여[罣] 경계를 대함에 장애가 생기고 접촉하는 것마다 막히는[碍] 까닭에 가애罣碍라고 한 것이다. 또한 사물에 끄달리고 장애가 되어 자재하지 못함을 의미한다.

결국 무엇이 끄달리게 하고 장애하는가? 범부는 색色에 끄달리는 까닭에 아집我執의 장애가 있고, 이승인은 공에 끄달리고, 권교보살은 두 변(二邊)에 끄달리므로 법집法執의 장애가 있다.

"공포恐怖"에서 '공恐'은 겁먹어 두려운 것(恐懼)이고, '포怖'는 무서워 두려운 것(怖畏)이다. 일시적으로 놀라고 무서운 것을 공恐이라 하며, 항상 무서워 벌벌 떠는 것은 포怖라고 한다. 요컨대 얽매이고 구속되는 일이 있어 겁먹어 두려워하고 무서워 두려워하며 마음이 안정을 얻지 못하였다는 뜻이다. 도대체 공포란 무엇인가? 범부는 오온의 걸림(罣碍)으로 분단생사의 공포가 있으며, 이승인은 편공偏空의 걸림으로, 권교보살은 이변二邊의 걸림으로 변역생사의 공포가 있는 것이다.

이를 단순히 범부의 입장에서 말하면, 깨닫지 못함으로 인하여 안으로 사대四大가 임시로 화합한 것을 나(我)라고 하여 탐내고 연연해하며 취착取着하니, 즉 몸이 장애가 되어 늙고 병들고 죽는 등의 갖가지 공포가 일어난다. 밖으로는 만법이 실제로 있다(有)는 것에 집착하여 허망하게 취착하니, 즉 만법에 장애가 되어 얻으려 노심초사하고 잃을까 근심하는 등의 갖가지 공포가 일어난다. 이 모두가 반야의 지혜가 없어 실상의 이치에 미혹한 것이며, 줄곧 망상의 마음과 번뇌의 마음으로 일을 처리하는 까닭에 갖가지 공포가 일어나는 것이다. 보살은 반야의 지혜에 의지하여 순전히 진실한 마음과 청정한 마음으로 일을 처리하는 까닭에 모든 것에 걸림이 없으니, 그런 까닭에 공포를 일으키는 어떤 것도 있을 수가 없다.

우리들이 반야를 수행함으로 인하여 공행功行이 힘을 얻게 되면, 마음과 경계가 하나가 되어(心境一如) 해탈자재하게 된다. 즉 안으로는 신심身心에 집착하지 않아 신심에 걸림이 없게 되며, 밖으로는 만법에 집착하지 않아 만법에 걸림이 없게 된다. 그러면 늙고 병들고 죽는 것과 무상하게 변해가는 모든 공포가 자연히 존재하지 않게 된다[집착은 혹惑이고 걸림은 업業이며 공포는 고苦이니, 이것이 바로 혹업고惑業苦이다]. 집착함[惑]이 없음으로 인해 곧 걸림[業]이 없고, 이미 걸림이 없으면 공포[苦] 또한 없다. 그러므로 "마음이 걸림이 없고, 걸림이 없는 까닭에 공포가 없다(心無罣礙 無罣礙故無有恐怖)"고 말한 것이다.

"원리전도몽상遠離顚倒夢想"에서 '원리遠離'는 거성去聲으로 읽으며, '벗어나다'의 의미로 해석한다. 또한 원遠은 영원으로 잠시가 아니라는 의미로 해석하고, 이離는 벗어남으로 보아 해탈의 의미로 해석할 수도 있으니, 이를 합하면 '영원히 해탈한다'는 뜻이다. 『대반야경』에 말하기를 "깊고 깊은 반야바라밀의 영원히 해탈한 상(甚深般若波羅蜜

遠離之相)"이라고 하였다. 또 말하기를 "모든 번뇌와 육취와 사생과 온, 계, 처 등이 영원한 해탈을 얻은 까닭에 반야바라밀다라고 한다(於 一切煩惱 六趣四生 蘊界處等而得遠離 故名般若波羅蜜多)"라고 하였다.

'전도顚倒'에서 '전顚'은 머리(頭)이며, '도倒'는 뒤바뀜(倒置)을 말한다. 마치 사람의 머리는 본래 하늘을 향해 있고 다리는 땅을 딛고 있는 것과 같은데, 지금은 상반되고 착란이 되어 머리는 땅에 늘어지게 하고 다리는 하늘을 향하게 하고 있으니, 이것이 전도이다. 이것은 하나의 비유인데 그 의미는 중생들이 깨달음을 등지고 티끌번뇌와 합하여(背覺合塵) 허망한 것을 진실한 것이라고 인식하므로 전도라고 말하는 것이다.『원각경圓覺經』에 말하기를 "모든 중생들은 무시이래로 지금까지 갖가지로 전도되어 마치 미혹한 사람이 사방을 뒤바꾸는 것과 같다〔동쪽을 서쪽이라 하고 남쪽을 북쪽이라고 함〕(一切衆生從無始來 種種顚倒猶如迷人 四方易處)"라고 하였다. 이를 요약하면 세간에는 네 가지 전도(四倒)가 있으니, 무엇이 네 가지 전도인가?

첫째는 세간의 제행무상한 생멸법에 대하여 허망하게 항상한 것이라고 인식하는데, 이를 상도常倒라고 한다. 둘째는 세간의 모든 고통에 대하여 허망하게 즐거움이라고 생각하는데, 이를 낙도樂倒라고 한다. 셋째는 세간의 모든 법에 대하여 제법무아諸法無我라는 것에 밝지 못하여 허망하게 나라고 하는데, 이는 아도我倒이다. 넷째는 세간의 모든 부정법諸法不淨을 상대하여 허망하게 청정한 것이라고 생각하는데, 이를 정도淨倒라고 한다. 이른바 허망하게 피와 고기로 된 몸을 깨끗하다고 인식하는 것이고, 세간의 누리는 것을 즐거움이라고 하고, 육진의 그림자(緣影)인 마음을 항상하다고, 인연법으로 생긴(緣生)

법을 나라고 하는 것이다〔상세한 것은 『구사론』 19와 『대지도론』 31을 참조하라〕.

반드시 알아야 한다. 생도 없고 멸도 없이 영원불변한 것을 항상함(常)이라 하고, 적멸하여 영원히 평안하고 길이 모든 고통을 여읜 것을 즐거움(樂)이라 하며, 자재하게 해탈하여 진실하고 걸림이 없는 것을 나(我)라고 하고, 영원히 모든 진로와 오염된 때를 여읜 것을 깨끗함(淨)이라고 한다는 것을. 무릇 범부의 정혈精血로 구성된 몸 안에 어찌 깨끗함이 있겠는가? 모든 고통으로 들볶임을 받는 그 안에 어찌 즐거움이 있겠는가? 허망한 마음은 순식간에 생멸하고 있는데 어찌 거기에 항상함이 있겠는가? 인연으로 생긴 법 안에 어찌 나라는 것이 있겠는가? 이 네 가지 전도는 모두가 중생들이 진심眞心에 미혹하여 일어나는 일종의 허망한 견해(妄見)인 것이다.

부처님께서 돌아가실 때가 되어 일찍이 모든 제자들에게 간곡하게 경계하여 말씀하시기를 "내가 멸도한 후에 너희들은 마땅히 사념처四念處에 머물러야 한다"라고 하셨다. 머문다(住)는 것은 떠나지 않는다는 뜻이며, 항상 이 사념처를 관하여 떠나지 말라는 말이다. 사념처는, 첫째로 몸이 깨끗하지 않음을 관하는 것(觀身不淨)으로 이로써 상도常倒에 대치할 수 있다. 둘째는 느낌은 고통이라는 것을 관하는 것(觀受是苦)으로 이로써 낙도樂倒에 대치할 수 있다. 셋째는 마음은 무상하다는 것을 관하는 것(觀心無常)으로 이로써 상도常倒에 대치할 수 있다. 넷째는 법은 무아라는 것을 관찰하는 것(觀法無我)으로 이로써 아도我倒에 대치할 수 있다. 이 사념처는 매우 주목할 가치가 있는 것이다!

'몽상夢想'은 꿈속의 환상幻想을 가리키는 것으로 하나의 허망하고 진실하지 못한 것이다. 낮에 생각하는 것도 허망한 것에 속하는데 하물며 밤에 꿈속의 몽상이겠는가? 『죽창수필竹窓隨筆』에 말하기를 "꿈에 생각으로써 이루어지는 까닭에 몽상이라고 한다(夢以想成故云夢想)"라고 하였다.

혹은 망상妄想이라고도 번역하는데, 망妄은 바로 말한 것이고 몽夢은 비유로 말한 것이다. 『대지도론』에 말하기를 "마치 꿈속에서는 실제의 사실이 없는데도 이를 실제라고 하다가, 깨어나면 아무 사실도 없는 것을 알게 되어 오히려 스스로 웃는 것과 같다(如夢中無實事謂之有實 覺已知無而還自笑)"라고 하였다. 중생이 미혹한 때[꿈속과 같다]에는 허망하게 만법은 실제로 있다고 인식하다가, 깨달음에 이르게 될 때[꿈을 깨는 것과 같다]에는 도를 알아서 만법이 허망한 환상이고 진실한 것이 없다는 것을 알게 되어 역시 스스로 미소를 짓게 된다. 이른바 꿈속에서는 정경들이 완연하지만 깨어난 다음에는 아무 것도 없는 것이다. 요컨대 범부가 허망한 것을 참된 것이라고 인식하는 것을 전도顚倒라고 하는데, 꿈꾸는 사람이 꿈속의 상황을 진실한 것이라고 잘못 인식하는 것 또한 전도된 것이다. 그런 까닭에 이를 "전도몽상"이라고 하는 것이다.

모든 꿈속의 상황은 다 꿈속의 환상幻相으로 나타나는 것이며 전체가 실제의 일이 아닌 것이건만 꿈속의 사람은 진실이라고 잘못 인식하는 것이다. 그러다 깨어나게 되면 그 정경이 갑자기 텅 비게 되니, 이때야 비로소 남가일몽南柯一夢[72]임을 알게 된다. 우리 앞에 나타나는 신심身

---

72 남가일몽南柯一夢: 남쪽으로 뻗은 나뭇가지 아래의 꿈이라는 뜻. 일장춘몽一場春夢이란 말과 함께 덧없는 꿈이나 부귀영화를 이르는 말로 중국 당나라 때의 전기

心의 세계는 모두 무명의 망상에 의해 허깨비(幻)로 일어난 것인데〔무명은 꿈을 비유한 것이며 신심 세계는 꿈속의 경계를 비유한 것이다〕, 이 전체는 진실이 아닌데도 미혹함으로 인해 허망하게 진실하다고 인식하여 갖가지 전도된 집착을 일으키는 것이다. 이는 꿈속의 전도와 무슨 차별이 있는가? 게송에 말하기를 "되돌아와 세계를 관찰하니 오히려 꿈속의 일과 같구나(却來觀世界 猶如夢中事)"라고 하였다. 속담에 말하기를 "인생은 하룻밤 꿈과 같다(人生如夢)"라고 한다. 여기서 우리는 하룻밤의 꿈은 작은 꿈이며 인생의 꿈은 큰 꿈임을 알아야 한다. 또 꿈속의 망상(夢想)은 바로 우리들 무시이래의 무명 번뇌가 필경에는 허망하여 꿈처럼 진실하지 않다는 것을 가리킨다. 범부는 이를 알지 못하여〔반야지혜가 없기에〕 그 미혹한 것에 얽매어서 전도하여 집착(惑)하고 허망하게 악업(業)을 만들고 허망하게 생사(苦)를 받는다. 지금 반야의 지혜로 이를 비추어 보면, 바로 무명의 혹이 없어지고 허망한 모습이 공하여져 진심이 온전히 드러나 실상實相이 앞에 나타나며, 꿈에서 처음 깨어났을 때와 같이 꿈속의 정경을 얻을 수 없다. 이것이 바로 '원리전도몽상遠離顚倒夢想'의 의미이다.

반야는 바로 필경공을 밝히는 것인데, 깊은 반야를 수행하는 보살들은 이미 모든 법의 자성은 공함을 꿰뚫어 보았기에, 자연히 갖가지 허망하고 전도된 집착이 있을 수 없다. 그러므로 '원리전도몽상遠離顚

소설傳奇小說인 이공좌李公左의 『남가태수전南柯太守傳』에 나오는 말이다. 주인공 순우분淳于棼이 남쪽으로 뻗은 느티나무 가지 아래에서 잠이 들어 꿈속에서 괴안국(槐安國, 개미왕국)에 초청을 받아 20년 동안 부귀영화를 누렸는데, 깨고 보니 한바탕 꿈이었다는 이야기.

倒夢想'을 말하는 것이다. 전도몽상은 생사업生死業의 원인인데, 업의 원인이 이미 없어지니 생사를 스스로 끝마치게 된다. 생사를 해탈하는 것이 바로 열반의 경계이므로 아래 문장에서 잇따라 "구경열반究竟涅槃"을 설하는 것이다.

'열반涅槃'은 앞에서 여러 방면에서 말하였지만, 여기서 말하고자 하는 것은 유여열반有餘涅槃과 무여열반無餘涅槃이다. 이를 상세하게 다음의 세 단계로 설명하겠다.

먼저 소승적 측면에서 말한다. 아라한과를 증득하고 생사업의 원인을 불러일으키는 견혹과 사혹을 이미 모두 끊어 다시는 일어나지 않으나, 일찍이 있었던 업이 초래한 생사과보의 몸은 아직 소멸되지 않았으므로〔생명체는 오히려 존재함〕, 이를 유여열반이라고 부른다. 이는 유루有漏에 의한 몸의 생사 고과苦果를 멸할 것이 아직 남아 있기(有餘) 때문이다. 만약 앞의 번뇌업에 이어서 받은 몸도 역시 소멸되면 다시는 업에 따라 생사를 받지 않게 되는데, 이를 무여열반이라고 한다. 이는 더 이상 생사의 고과를 멸할 것이 남아 있지 않은(無餘) 까닭이다. 바꾸어 말하면, 단지 생사를 불러일으키는 본래의 심리상의 번뇌업과 혹업에서 이미 해탈했기에, 곧 모든 고통을 불러 모으는 생리상의 현실 생명체도 역시 해탈하는 것이니, 이를 무여열반이라고 한다. 이상으로 소승적 측면에서 유여열반과 무여열반을 구별하였다. 여기서 유여와 무여가 같은 것은 동일하게 견혹과 사혹을 끊어 동일하게 진리를 증득하는 것이기 때문이고, 같지 않은 것은 유루有漏에 의한 몸을 멸했는가, 아직 멸하지 못했는가에 있다.

둘째는 대승적 측면에서 말한다. 만약 변역생사의 원인이 다하면 유여열반이고, 변역생사의 과보가 다하면 무여열반이다. 이것이 대승에서의 유여와 무여열반이다.

셋째는 대승과 소승을 상대하여 말한다. 소승이 증득하는 열반은 '남음이 있으니(有餘)', 그래서 겨우 견사見思번뇌를 끊고 분단생사만을 없앴을 뿐, 나머지 진사塵沙와 무명번뇌는 아직 끊지 못하여 변역생사를 마치지 못하였으므로 유여有餘라고 한다. 대승이 증득하는 열반은 곧 '남음이 없으니(無餘)', 그래서 삼혹三惑이 모두 끊어지고, 두 가지 생사를 영원히 멸하여 다시는 끊어야 할 번뇌가 남아 있지 않아 생사를 끝마칠 수 있으므로 무여無餘라고 한다. 이것이 대소승을 상대하여 유여와 무여열반을 말한 것이다.

대승과 소승의 열반을 상세하게 다시 구분하면 다음의 세 가지로 나누어 설명할 수 있다.

첫째로 소승은 생사를 멸하고 열반을 증득하는 것이고, 대승은 생사가 곧 열반이라는 것을 요달하는 것이다. 이것은 본성이 적멸이냐 적멸이 아니냐에 따라 다르게 부르는 것이지만, 실제는 하나이다.

둘째로 소승은 오직 삼계 내(界內)의 견혹과 사혹만을 끊지만, 대승은 삼계 밖(界外)의 진사, 무명의 번뇌들을 함께 끊는다. 이는 삼계 내와 삼계 밖에서 끊는 번뇌(惑)가 다름에 따라 부르는 것이다.

셋째로 소승은 몸이 없고(無身)[73] 지혜가 없어(無智) 법신반야의 덕을 철두철미하게 증득하지 못한 것이며, 대승은 몸과 지혜가 구족하여 모든 덕을 원만히 구비하고 있다. 이는 모든 덕을 구족했느냐

---

[73] 여기서 몸이 없다는 말은 法身이 없다는 의미로 봐야 한다.

못했느냐에 따라 다르게 부르는 것이다. 나는 여기서 다시 경문을 인용하여 모든 덕을 구족했느냐 아니냐 하는 것을 설명하여 독자들의 이해를 돕고자 한다.

(자은 규기의)『법화현찬法華玄贊』2에 말하기를 "첫째로 진여의 본체는 영명하고 신묘한 깨달음으로 이름이 반야이며, 이는 각성이 되는 까닭이다. 소승의 열반은 본체가 각성이 아닌 까닭에 반야라고 말하지 않는다. 둘째로 진여의 본체는 소지장을 벗어나므로 이름이 법신이며, 이는 모든 공덕법이 의지하는 까닭이다. 소승의 열반은 공덕법이 의지하게 되는 것이 아니므로 법신이라고 하지 않는다. 셋째로 진여의 본체는 모든 고통이 다한 것이므로 해탈이라고 하며, 이는 분단생사와 변역생사를 모두 벗어난 까닭이다. 소승의 열반은 오로지 분단생사만을 벗어났을 뿐 변역생사는 벗어나지 못하였으므로 원만한 해탈이 아니다(一眞如之體靈明妙覺 名爲般若 彼爲覺性故也 小乘之涅槃體非覺性 故不名般若 二眞如之體出所知障 名爲法身 彼爲一切功德法所依故 小乘之涅槃非爲功德法所依 故不名法身 三眞如之體衆苦都盡 名爲解脫 彼離分段變易故 小乘之涅槃唯離分段 未脫變易 故非圓滿解脫)"라고 하였다.

위에서 말한 것과 같이 소승의 열반이 끊는 것은 견사번뇌이며, 소멸시키는 것은 분단생사이며, 증득하게 되는 것은 편공진리이다. 그러므로 생사의 원인은 견사번뇌이고 생사의 과보는 바로 유루有漏의 법신이다[유루번뇌가 생사를 감수하여 의지하는 몸]. 대승의 열반은 진사혹과 무명번뇌를 끊는 것이고, 소멸시키는 것은 변역생사이며, 증득하게 되는 것은 중도실상의 이치이다. 여기서 진사혹과 무명번뇌는 변역생사의 원인이며, 공空과 이변二邊의 법상法相은 변역생사의 과보이다.

이승인二乘人은 분단생사를 없애고 다음 생(後有)을 받지 않고 열반에 들어가며, 대승보살과 부처님은 변역생사를 벗어나서 허망함을 쉬고 진리에 돌아와서(息妄歸眞) 무여열반을 증득한다. 혹 말하기를 "부처님께서는 응신의 변화를 그치고 진신의 근본에 돌아간다(佛息應身之化 歸於眞身之本)"라고 하였다. 이를 무여열반無餘涅槃이라고 한다.

총괄적으로 말하면, 이승인들이 증득하게 되는 열반은 그 본체가 바로 견사번뇌가 영원히 적멸하여 편공偏空 진제眞諦의 이치가 나타나는 것이다. 보살이 증득하게 되는 열반은 그 본체가 바로 진사번뇌가 영원히 적멸하여 단중但中 속제俗諦의 이치가 나타나는 것이다. 부처님께서 증득하게 된 열반은 그 본체가 바로 무명번뇌가 영원히 적멸하여 실상實相 중제中諦의 이치가 나타나는 것이다.

소승은 비록 해탈하였다고 하여도 원만한 해탈이라고 하지 않으니, 이는 분단생사만을 벗어나는 것에 그칠 뿐이다. 하지만 이로 인한 것도 역시 열반이라고 하는데, 이는 작은 열반(小涅槃)으로, 삼덕三德 중에서 해탈덕 하나만을 구비한 것이다. 대승이 증득하게 되는 열반은 이와 같지 않다! 그것은 원만하게 번뇌를 끊은 것이며 원만하게 해탈한 것이며 원만하게 삼신三身을 증득한 것이며 원만하게 삼지三智를 얻은 것이다. 이는 법신과 반야와 해탈의 삼덕을 구비한 것으로, 상락아정常樂我淨의 사덕四德이 결여되지 않는다. 이 경에서 말하는 구경열반究竟涅槃은 바로 이런 경계를 말한다.

이 외에도 성정열반性淨涅槃과 무주열반無住涅槃과 앞의 유여열반과 무여열반의 네 가지 열반이 있다. 유여와 무여는 삼승三乘이 함께 증득하는 것으로 범부가 함께 할 몫은 없다. 성정열반은 범부와 성인이 모두 갖추고 있는 것이며, 무주열반은 부처님 과보로 홀로 증득하는 것이다. 지금 간략하게 이를 설명한다. '성정열반'은 모든 법의 자체이며 자성自性이 본래 공적하고 다른 수행을 빌리지 않으며 법마다 평등하여 성인과 범인이 둘이 아닌 이성理性이다. '무주열반'은 생사에도 머물지 않고 열반에도 머물지 않는다. 때문에 복혜福慧가 원만하여 다시 구할 것이 없다. 본체(體)는 비록 여여如如하지만 변하지 않으면서 인연을 따를 수 있고(不變隨緣), 작용(用)은 비록 생멸하지만 인연을 따르면서 변하지 않을 수 있다(隨緣不變). 또 큰 자비심이 있는 까닭에 열반에도 머물지 않고〔생사에 빠져 있는 중생들을 보고는 구하지 않고는 못 견디는 것이다〕, 큰 지혜가 있는 까닭에 생사에도 머물지 않는다〔무명에 미혹되어 업력이 작용하도록 하지 않는다〕. 그러므로 무주無住라고 한다.

이상에서 열반의 '종류'에 대하여 설명하였다. 아래에서는 열반의 '의미'를 분명히 설명하고자 한다.

열반은 범어인데, 바른 음은 빠리니르바나(Parinirvāṇa, 般涅槃)이며, 옛날에는 열반이라고 했는데, 지금도 옛말 그대로 열반이라고 한다. 또 니원泥洹, 열반나涅槃那라고도 하는데 모두가 음이 와전되거나 생략된 것이거나 범어와 한자가 음이 같지 않기 때문에 생긴 것이다. 옛 번역(舊譯)에서는 '멸도滅度', '적멸寂滅', '무위無爲', '해탈', '안락安樂', '불생불멸不生不滅' 등으로 번역하였는데, 이름은 다르지만 뜻은 같다. 여기서는 멸도와 적멸의 두 가지 뜻을 말하고자 한다. '멸도'의

'멸滅'은 번뇌를 없애는 것이며 '도度'는 생사를 벗어나는 것이다. 소승의 열반은 바로 견사번뇌를 없애고 분단생사를 벗어나는 것이며, 대승은 바로 진사번뇌와 무명번뇌를 없애고 변역생사를 도탈하는 것이다. '적멸'에서 '적寂'은 이성理性이 적정함을 말하며 '멸滅'은 번뇌가 멸하여 제거되는 것이다. 또한 적정寂靜의 본체인 자성自性을 증득하게 되면 자연스럽게 번뇌가 제거되고, 번뇌가 사라지면 자연스럽게 적정의 본체인 자성을 증득하는 것이라고도 할 수 있다. 『대지도론』에 말하기를 "열涅은 벗어나는 것을 말하며, 반槃은 육취六趣를 말하는데, 이른바 영원히 모든 취趣의 생사에서 벗어난다는 것을 말한다(涅名爲出 槃名爲趣 謂永出諸趣生死)"라고 하였다. 바로 이런 까닭에 '출취出趣'라고도 번역할 수 있다.

만약 새 번역(新譯)에 근거하면, 현장법사는 '원적圓寂'이라고 번역하였는데, 이 뜻이 비교적 완전한 것 같다. 적멸, 멸도, 해탈과 같은 해석은 번뇌를 끊는 측면에서만 말한 것에 지나지 않는다. 원적圓寂은 지혜와 번뇌를 끊는 측면 모두를 아울러 밝히는 측면이 있다고 생각한다. 이를 간략하게 말해보자.

모든 복덕과 지혜를 구족한 것을 '원圓'이라고 하고, 모든 번뇌와 생사를 영원히 끊어버린 것을 '적寂'이라고 한다. 간단하게 말하자면, 덕은 원만(圓)하지 않음이 없고 근심은 고요하지(寂) 않음이 없는 것이다. 상세하게 말하자면, 복덕과 지혜의 두 장엄은 원만하여 결여됨이 없으며〔圓〕, 삼혹三惑의 번뇌가 철두철미하고 깨끗하게 제거되어 두 가지 생사에서 완전하게 도탈하게 되며〔寂〕, 영원히 다시는 번뇌 생사에 괴롭힘을 당하지 않고, 원적圓寂의 본래 있는 마음의 본체를 밝게 비춤으로써 하나의 순진무구純眞無垢한 장엄 해탈을 획득하는 것이다. 이것이 열반의 경계이며 원적이다. 원圓은 선善의 측면에서 말하면 모든 복덕을 성취하는 것이며, 적寂은 악을 없애는 측면에서 말하면 번뇌를 끊고 고통을 없애는 것이다.

이에 근거하면, 원적은 대승의 무위열반에 속하며 적정과 멸도는 소승열반에 속하는 것을 알 수 있다.

요컨대 원적圓寂은 바로 '원명적조圓明寂照한 진심眞心'을 말한다. 왜냐하면 진심은 본래 모든 공덕을 구족하고 있고[圓] 영원히 모든 번뇌를 여읜[寂] 까닭이다. 성불成佛은 바로 이 진심을 증득하는 것으로서 열반과 함께 모든 부처님의 전유물專有物은 아니다. 그런데 범부는 줄곧 몽상에 빠져 몽매蒙昧하게 되어 이로 인하여 증득하지 못하는 것이다. 이른바 미혹하면 전도몽상이요 깨달으면 구경열반이다. 지금은 이미 반야로 이 허망하고 진실하지 못함을 관조하기에 자연히 전도된 집착이 일어나지 않고 바로 진심이 나타나 미혹되지 않는다. 다만 이 몽상의 근본은 본각本覺인 진심에 의지하여 일어난 것이다. 우리들이 만약 한 푼(一分)의 몽상을 소멸할 수 있다면 바로 한 푼의 참다운 깨달음(眞覺)을 이루고[마치 거울에서 한 푼의 먼지를 지우면 곧 한 푼의 광명이 나타나는 것과 같다], 나아가 전체를 소멸하면 전체를 증득하게 된다. 여기에 이르면 모든 공덕과 지혜는 원만함으로 돌아오지 않을 수 없으며, 모든 번뇌와 생사는 구경에 공적空寂하지 않을 수 없으니, 이를 바로 구경열반究竟涅槃이라고 부른다. 만약 복덕과 지혜가 아직도 원만하지 않은 사람이 있다면 곧 구하고자 함이 있고, 번뇌와 업業과 혹惑이 적멸하지 않는 사람이 있다면 곧 끊고자 함이 있으니, 구하고자 함이 있고 끊고자 함이 있으면 오히려 그 위에 구경究竟이라는 두 글자를 얻어야 한다는 말이 아닌가? 그러므로 구하고자 함이 없고 끊고자 함이 없어야 비로소 이를 구경열반이라 부를 수 있다.

구경열반은 또한 대멸도大滅度를 증득하는 것을 가리킨다. 소멸도小滅度가 아닌 것은, 단지 '멸滅'은 견사번뇌만 끊는 것이며 '도度'는 분단생사만을 도탈하기 때문이다.

'구경究竟'이란 말을 상세히 고찰하면 바로 지극至極을 말하는 것으로, 구경하지 못한 것에 상대하여 말하는 것이다. 소승의 유여열반은 구경이 아니며, 대승의 무여열반은 구경열반이다. 구경을 동사로 파악하여 해석하면 '전도몽상을 영원히 벗어나서 바로 열반을 증득하는 것이 목표(구경)이다'라고 말하는 것이 된다. 만약 이와 같다면 반드시 대승의 무여열반을 말하는 것이 되지 못한다. 이 경은 대승 반야부 경전에 속하므로 밝혀지는 것은 대승의 진리이고, 당연히 증득하게 되는 것은 대승의 열반이 무엇인지가 되어야 한다. 이 때문에 형용사로 해석해야('구경의 열반'으로) 하는 것이다. 이것이 대승의 무여열반을 비교적 온전하게 말하는 것이다. 또 세간에서 교의敎義를 잘 알지 못하는 사람들은 열반은 죽음의 다른 이름이라고 인식하는데, 이는 근본적으로 착오이다. 이 열반은 모든 부처님들이 여러 겁을 지내면서 고생을 해가며 모든 공덕을 쌓고 수행해온 대가임을 알아야 한다. 소승열반으로 말해도 많은 공덕과 수행을 쌓아 성취하는 것이거늘, 어찌 일반인들이 죽음은 바로 열반이라고 말하는 것이 옳다고 하겠는가! 이는 열반의 품격을 크게 실추시키는 것이다. 한편 승려들이 세상을 떠나면 원적圓寂이라고 하는데, 이는 그 수행한 공덕과 원만한 과보를 찬탄하는 하나의 표시를 위해 가져온 말이다. 어떤 사람들은 다른 사람의 공덕과 수행이 열반의 경계를 증득함에 이르렀는지를 알지 못한다고 한다. 요컨대 죽음이 곧 열반이라고 할 수는 없다. 만약 죽는 것을 열반이라고 한다면 결과적으로 개가 죽으면 개 열반이라고 부르고, 나아가 닭이 죽으면 닭 열반이라고 불러야 하는데, 이는 큰 비웃음을 면치 못할 뿐이다.

여기서 번잡함에도 불구하고 다시 문장을 총체적으로 정리해 보자. '무소득無所得'은 바로 어떠한 자성自性이 보는 집착이 아니다. 비록 모든 법은 본래 자성이 없지만(皆空), 그러나 유정有情은 무명 몽상의 몽매함으로 말미암아 허망하게 갖가지 집착을 만든다. 만약 반야 필경공의 지혜가 없다면 어찌 모든 법이 다 공한 이치를 철저히 비출 수 있겠는가? 모든 법을 반야경에서 비추어 살펴보면 하나하나가 모두 그것들의 원형인 공에서 나타난 것이다(無所得). 그 때문에 얻는 것이 있다면 이는 바로 집착하는 것이며 하나에 집착하게 되면 '걸리는 것(罣碍)'이 있게 된다. 걸리는 것이 있음으로 '공포'와 '전도몽상'을 면할 수가 없어 끊임없이 활동하게 되니, 어떻게 적멸 해탈의 경지를 획득할 수가 있겠는가? 보살은 반야에 의하여 모든 법이 다 공하다는 것을 비추어 보므로 자연히 집착이 생기지 않고, 집착하는 것이 없으니 걸리는 것이 있을 수가 없으니, 걸리는 것이 없는데 무슨 공포가 있을 수 있겠는가? 이미 공포가 없으므로 결국에는 전도몽상이 보이지 않게 소멸되지 않겠는가? 이에 자연히 원만 해탈인 구경열반에 이르게 되므로, "보리살타의반야菩提薩埵依般若 …… 구경열반究竟涅槃"이라고 말한 것이다.

　보살의 구경열반은 불도를 이룬 것이므로 아래 문장에서 연이어 "삼세제불三世諸佛 …… 아뇩다라삼막삼보리阿耨多羅三藐三菩提"라고 말한 것이다.

【종합하여 해석함(合釋)】

그러므로 반야지로서 모든 법의 실상을 비추어 보면 본래는 무소득無所得이므로, 보살은 반야 법문에 의지하고 수행하여 마음에 걸림이 없음을 획득하고, 마음이 걸림이 없음으로 인하여 어떤 공포도 있을 수 없으며, 이로 인하여 영원히 벗어나게 되는 것은 모든 전도몽상의 허망한 견해를 멀리 여의어 대멸도와 대해탈의 구경열반을 증득하게 된다.

(ii) 모든 부처님들이 증득한 지혜의 과보를 밝힘(明諸佛得智果)

三世諸佛 依般若波羅蜜多故 得阿耨多羅三藐三菩提
삼세의 모든 부처님께서도 반야바라밀다에 의지한 까닭으로 아뇩다라삼먁삼보리를 증득하셨다.

【나누어 해석함(分釋)】

'삼세三世'는 시간이 많은 것을 말하는데, 곧 현재와 과거와 미래를 말한다. 이는 세로(豎, 시간적)에 입각하여 말한 것으로 모든 시대를 가리킨다. '제불諸佛'은 부처님이 많다는 것을 말한다. 제諸는 정해진 말이 아니라 가로(橫, 공간적)에 입각하여 논한 것으로, 곧 시방세계의 모든 부처님들을 가리킨다.

불佛의 완전한 말은 불타佛陀인데, 중국에서는 생략을 좋아하므로 간단하게 표현하여 불佛이라고 하였다. 범어의 불타佛陀는 번역하면 '깨달은 자(覺者)'이다. 하지만 실제로는 대각大覺으로 번역해야 비로소 그 명칭에 부합된다고 할 수 있다. 각覺은 깨달음(覺悟)을 말하며 '자者'는 사람을 말하는데, 합하여 말하면 '깨달은 사람'이다. 무슨 까닭에 '각인覺人'이라고 하지 않고 '각자覺者'라고 번역하는가? '인人'의 범위는 좁고 '자者'의 범위는 크기 때문이다. '자者'는 인류와 그 외적인 모든 유정有情들을 포함하는 말이다. 경에 말하기를 "무릇 마음에 지각이 있는 것(者)들은 모두 부처가 될 수 있다(凡有心者皆能作佛)"라고 하였다. '각인覺人'이라고 번역한다면 인류 이외의 다른 지각 있는 유정들은 성불하지 못한다는 것이 아닌가? 이는 부처님께서 말씀하신 준동함령(蠢動含靈: 꿈틀거리는 모든 것들은 영을 지니고 있다) 모두가 불성이 있다는 이론에 모순을 일으키게 되는 것이다. 만약 (각인이라고 불러도) 다른 유정들의 성불에 방해되지 않는다고 말한다면, 그렇다면 용녀龍女가 8살에 성불한 것처럼 용의 몸으로 성불한 중생은 그를 각룡覺龍이라고 불러야 할 것이다! 어떤 자들이 무슨 몸, 무슨 몸으로써 성불하면 그 중생 역시 각각의 원래 있던 신분에 따라 그를 각覺 누구누구, 각覺 누구누구로 불러야 할 것인가? 그렇게 되면 체통體統이 서지 못함을 면치 못한다. 이 때문에 각자覺者로 번역해야지 각인覺人으로 번역하면 안 된다.

부처님이 궁극적으로 깨달은 것은 무엇인가? 이는 바로 우주의 진리와 인생의 실상을 깨달은 것이다. 우주와 인생의 내용을 관찰하여 분명히 파악하셨으며, 아주 명명백백하게 통철洞徹하신 것이다. 그런데 우주의 진리와 인생의 실상은 결국 무엇인가? 진실을 말하면 바로 연기의 성품이 공하다는 것이다! 이는 부처님께서 우주와 인생을 관찰한 하나의 정확한 결론이다. 모든 유정은 연기의 성품이 공한 도리를 몰라 허망하게 우주만유의 현상을 실제로 있는 법이라고 인식하고 사대四大가 임시로 화합한 허깨비 몸을 '진실한 나'라고 하며 곳곳에서 미혹하여 연연하고 취착하여 한바탕 소란스럽게 떠들썩하고 있는 것이다. 부처님께서는 이러한 도리를 명료하게 깨달으시어 미혹되지 않은 까닭에 깨달은 자(覺者)라고 한다. 동시에 인생의 고통과 공과 무상無常과 무아無我의 진리를 깨달았다고 말할 수 있다. 중생들은 미혹하고 우매하여 삼계가 화택火宅이며 모든 고통이 가득한 곳임을 알지 못하고, 고통을 즐거움으로 인식하며, 만유가 인연으로 생겨나 그 전체는 공임을 알지 못하고 가짜를 진실로 인식한다. 제행무상은 생멸법인 것을 알지 못하고 무상을 항상한 것이라고 생각하며, 사대가 모두 공하여 본래 무아임을 알지 못하고 무아를 아로 생각하니, 이 가운데서 옳고 그름이 전도된 것이다. 이러한 허망함은 무시이래로부터 줄곧 중생들이 미혹하고 몽매하여 깨닫지 못하다가, 결국 부처님에 의해 명명백백하게 밝혀진 것이다. 즉 우주만유와 인생의 모든 것이 이와 같다는 것을 깨달은 것이다. 부처님의 깨달음은 인생의 미혹함을 깨뜨리고 우주의 비밀을 드러낸 것인데, 이것이 바로 각자覺者라고 불리는 이유이다. 이러한 '각覺'의 의미를 다음의 세 가지로 검토해 보자.

첫째는 자각自覺이다. 밖으로는 앞에서 말한, 모든 법은 환화幻化로 무상無常하다는 것을 깨달으며, 안으로는 사람들마다 모두 불생불멸의 상주常住하는 불성佛性을 가지고 있음을 깨달았다.

둘째는 각타覺他이다. 이는 먼저 깨닫고 난 후에 (남을) 깨닫게 한다는 뜻이다. 중생이 해탈하지 못하는 것은 깨닫지 못해서이다. 부처님께서는 당신은 해탈 안락하면서 고해에 빠져 고통받는 어리석고 미혹한 중생들을 돌아보지 않는 것을 견디지 못하고, 당신께서 깨달은 도리를 하나하나 중생들에게 열어 보임으로써 적극적인 중생 구제활동을 전개하여 이 세상의 모든 중생들이 함께 깨달아 해탈 안락을 얻도록 하셨다.

셋째는 각만覺滿이다. 자각自覺과 각타覺他의 두 가지 공덕은 모두 구경원만究竟圓滿인 자각혜만自覺慧滿과 각타복만覺他福滿에 이르게 된다. '자각혜만'이란, 최초에 보리심을 일으켰을 때 본각本覺의 이치에 의지하여 시각始覺의 지혜를 일으키고 지혜에 의지하여 미혹을 끊어 가는데, 먼저 견혹과 사혹을 끊고 다음으로 진사혹을 끊고 마지막에 무명혹을 끊는다. 삼혹이 원만하게 끊어졌으므로 삼지三智를 원만히 증득하고, 깨달음이 일심의 본원에 이르면 지혜가 원만해지는데 이것을 자각혜만이라고 한다. '각타복만'이란, 스스로 깨달은(自覺) 뒤에 오로지 최상승最上乘에 의지하여 보리심을 일으키고, 중생에게 이익이 되는 사업을 하고 법을 널리 펴는 것을 가업으로 삼으며, 삼아승지겁을 지내도록 널리 육도만행을 닦아 법계의 유정을 두루 깨닫게 하여 공덕을 원만하게 하는데, 이것을 각타복만이라고 한다. 자각과 각타와 복혜福慧가 원만한 것, 이른바 삼각三覺이 원만하고 만덕이 구족한 것을 일러 부처라고 한다. 여기서 석가모니의 예를 들어 설명하면, 출가하여 보리수 아래에서 새벽별을 보고 도를 깨달은 것은 자각自覺이며, 초전법륜初轉法輪에서 열반에 이르기까지 49년 간의 설법은 각타覺他이며, 응신이 다함에 이르러 사라쌍수에서 열반을 보이심은 각만覺滿이다.

자각은 범부가 미혹하여 깨닫지 못한 것과는 달라 육범六凡의 법계를 초월하며, 각타는 이승의 자각과는 달라 성문의 법계를 초월하며, 각만은 보살의 부분적인 증득(分證)것 달라 보살의 법계를 초월한다. 총괄적으로 말해서 부처님이 스스로 증득한 것에 입각하면 바로 자각이고, 부처님이 다른 이들을 교화하시는 것에 입각하면 각타이며, 스스로 행하는 것과 다른 사람을 변화시키는 것이 철저한 것은 각만이라고 한다. 자각은 바로 이지〔理智, 覺悟〕의 측면에서 말한 것으로 우주와 인생이 깨달음의 대상이 된다. 각타는 바로 자비행〔化度〕의 측면에서 말한 것으로 모든 유정들이 구제와 제도의 대상이 된다. 각만은 지행합일의 측면에서 말한 것으로 자리와 이타와 복혜원만福慧圓滿이 유일한 목적이 된다. 이것으로 볼 때, 부처님은 확실히 하나의 궁극적인 인생진리를 깨닫고, 원만하게 중생들을 이익하게 하는 위대한 인격을 가진 성자인 것이다.

부처님은 모든 '지혜'를 구족하셨기 때문에 모든 중생이 미혹을 깨트리고 깨달음을 열며 허망을 거두고 진리를 드러내도록 열어 보이실 수 있는 분이다. 부처님은 모든 복덕을 '구족'하셨기 때문에 시방의 유정들, 곧 사생과 육도의 중생들을 널리 이롭게 하며 모두에게 평등하게 고통의 뿌리를 뽑고 즐거움을 주실 수 있는 분이다. 나아가 신통과

위덕, 원력과 행(願行) 등 하나하나가 불가사의하지 않음이 없다.

이상에서 말한 것에 의거하면, 부처님의 깨달음에서 중요한 것은 바로 밖으로는 모든 연기의 성품이 공한 이치를 깨닫는 것이며, 안으로는 스스로의 마음은 본래 불성을 구족하고 있음을 깨닫는 것이다.

깨달음(覺)은 미혹에 반대되는 것인데, 중생은 어리석고 미혹하여 오랫동안 생사의 고통을 받으며, 부처님은 깨달아서 영원한 해탈과 안락을 얻었다. 깨달음은 부처님은 어리석고 미혹한 중생을 깨치게 하기 위하여 나타나신 것이다. 본래는 마음과 부처와 중생의 세 가지는 차별이 없다. 그 구분은 다만 미혹과 깨달음의 사이(迷悟之間)에 있을 뿐이다. 중요한 것은 불성佛性은 모든 사람이 다 구비하고 있다는 것을 아는 것이니, 우리들이 만약 미몽에서부터 깨어남과 동시에 부처님이 세상을 구제하시는 정신을 본받아 자리와 이타의 실천수행에 철저할 수 있다면 이 또한 바로 부처이다.

다음으로, 이승인도 역시 진리를 깨닫지 않았는가? 그런데 왜 그들을 불타, 즉 깨달은 사람이라고 하지 않는가? 왜냐하면 그들의 깨달음은 겨우 편공偏空의 진리〔자각이 원만하지 못함(自覺未圓)〕를 얻은 것에 불과하고, 더욱이 단지 자리自利의 해탈생사만을 돌아볼〔각타가 전혀 없음(覺他全無)〕 뿐이므로 불타, 즉 깨달은 사람(覺者)이라고 하지 않는다. 그럼 보살도 역시 각타의 일을 하지 않는가? 왜 그들을 불타라고 말하지 않는가? 왜냐하면 보살은 각타의 공덕이 아직도 원만함에 이르지 못했고〔복이 부족함(福未足)〕, 동시에 미세한 무명을 끊지 못하여 증득한 것이 원만하지 못하여 마치 14일 밤의 달과 같기 때문이다〔지혜가 부족함(慧未足)〕. 이런 이유로 불타라고 부르지 않는다.

삼승의 성인들 중에서 오직 부처님만이 숭고하고 위대함이 나타내는데, 그런 까닭에 위에서 '부처님은 마땅히 대각大覺이라고 번역하는 것이 그 명칭에 합당하다'고 한 것은 바로 이러한 이유 때문이다.

이 세 가지 깨달음의 도리는 바로 『대학』의 "재명명덕在明明德[自覺], 재친민在親民[覺他], 재지어지선在止於至善[覺滿]"의 도리와 상통한다.

"득아뇩다라삼먁삼보리得阿耨多羅三藐三菩提"에서 '득得'은 수행으로 인하여 증득한 공덕이 원만한 것이며, 시각始覺의 지혜가 본각本覺의 이치에 계합하여 이치와 지혜가 합일한 것으로, 시각과 본각이 둘이 아닌 구경각에 이른 것을 득得이라고 한다. 그러나 실제로는 일찍이 얻음이 없음을 얻은 것으로, 본래 있었기 때문이다.

'아阿'는 없다(無)로 번역하며, '뇩다라耨多羅'는 상上이라고 번역하며, 삼三은 정正이라고 번역하며, 먁藐은 등等이라고 번역하며, 보리菩提는 정각正覺이라고 번역한다. 이를 합하면 무상정등정각無上正等正覺이 된다. 이를 편리상 정각正覺이라는 두 글자로 쓰기로 한다.

'정각正覺'에서 정正은 삿됨이 없는 것이며 각覺은 미혹함이 없는 것이다. 정각은 정확한 깨달음, 곧 전도된 희론戲論을 떠난 하나의 바른 지혜를 말한다. 이것은 범부의 깨닫지 못함(不覺)과 외도의 삿된 깨달음과는 구별되어야 한다. 중생은 무시이래로부터 망상에 집착하여 본각 진심을 오온 속에 묻어두고는 미혹하여 깨닫지 못하였으니, 이를 일러 깨닫지 못한 중생이라고 한다. 외도들은 마음 밖에서 진리를 구하니, 깨닫게 되는 진리는 허망한 것이 아니라 삿된 것인 까닭에, 그들은 모두 정각正覺이라고 불릴 자격이 없다.

'정등正等'에서 정正은 치우치지 않은 것이며 등等은 평등한 것이다.

이는 자각自覺한 뒤에 털끝만큼도 사사로운 것이 없어서, 참으로 바르고 평등하게〔正等〕남을 위하는 이타利他의 공행功行을 할 수 있는 것으로, 이는 이승二乘의 독각과 구별된다. 이승인에게 비록 정각이 있다고 하여도, 다만 자기의 이익만을 추구할 뿐 이타행을 하지 않으니, 바로 이는 편벽된 것이고 바르지 못한 것이어서 평등하고 보편한 마음이 없으니 정등이라고 부를 수가 없다.

　'무상無上'은 세 가지 각覺이 원만하고 만덕을 구비한 것으로, 그 위가 있을 수 없는 것을 말한다. 스스로 증득(自證)한 측면에서는 지혜가 원만하여 위가 없고, 이타적 측면에서 말한다면 공덕〔福〕이 원만하여 위가 없다. 이는 보살의 분증分證과 구별된다. 보살이 비록 진속眞俗이 평등하다는 관觀으로 자각, 각타를 할 수 있지만, 단지 그 자증自證의 지혜가 아직도 원만하지 못하고 미세한 무명을 아직도 타파하지 못하여 이타적 공덕이 아직 원만하지 못하므로 오히려 상위인 불과를 구해야 할 것이 남아 있다. 이로 인하여 겨우 정등, 정각이라고는 부를 수 있어도 무상이라고는 부를 수 없다. 오직 부처님 한 분만이 복혜福慧가 모두 구족하고 구경에 원만하여 '무상정등정각'이라고 부를 수 있다. 정각은 자각이며, 정등은 각타이며, 무상은 각만覺滿이다. 이 아뇩다라삼먁삼보리는 무슨 까닭에 무상정등정각으로 번역하지 않고 범어의 음을 그대로 두었는가? 왜냐하면 부처님의 세 가지 깨달음의 원만한 덕德의 호칭에 대해 존중을 표시하기 위하여 번역하지 않은 것이다. 이는 글자를 번역하고 음을 번역하지 않는 것으로 번역하지 않는 것은 존중하기 때문에 번역하지 않은 것이다.

　지금 우리는 모든 부처님들이 지혜를 얻은 과보를 밝히는 경문(반야심경)을 보고 있는데, 삼세三世를 거론하였다. 그런데 앞에서는 보살이 끊음(斷)을 얻은 과보를 말하는 글로서 비추는 것은 이치적으로 마땅히 시방이며, 시방의 보리살타를 말해야 비로소 부합하게 된다. 비록 경문에는 없지만 (공간적인 시방을) 간단하게 생략하였다는 것을 짐작할 수 있다. 삼세는 반드시 제각각 시방을 갖추고 있고 또 시방을 들면 반드시 삼세가 포함된다. 삼세는 시간적인 것이며 시방은 공간적인 것이다. 가로(공간적)는 무변無邊을 표시하고 세로(시간적)는 무진無盡을 말하며, 무진무변한 모든 부처님과 보살들은 모두 이 반야에 의지하여 수행하여 증득하였으니 반야법문은 참으로 크고도 미묘한 것이다! 그러므로 다만 이 『반야심경』 한 권만으로도 성불할 수 있는 여지가 있다. 경에 말하기를 "반야는 모든 부처님들의 어머니(般若爲諸佛之母)"라고 한 것은 바로 이를 두고 한 말이다.

앞에서 말한 것을 종합하면, '가애罣碍'는 생사업生死業의 원인이며, '공포恐怖'는 생사업生死業의 결과이고, '전도顚倒'와 '망상妄想'은 생사업生死業의 미혹(惑)이며, '삼보리三菩提'는 해탈의 결과이다. 열반은 모든 번뇌 생사를 끊은 끊음의 과보(斷果)이며, 보리는 모든 복덕과 지혜를 성취한 지혜의 과보(智果)이다. 이미 생사업의 원인〔罣碍〕이 없으니 자연히 영원히 해탈〔究竟涅槃〕하여 위없는 불과를 증득〔三菩提〕하는 것이다.

【나머지를 논함(餘論)】
어떤 사람이 말하기를 "앞에서 말한 '색불이공色不異空 공즉시색空卽是色'은 유有이면서 공空이 아님을 명백히 밝힌 것이고, 다음에 말하는

'공중무색空中無色 …… 무지무득無智無得'은 공이면서 유가 아님을 명백히 밝힌 것인데, 여기서 또 '보살이 열반을 증득하고 모든 부처가 보리를 얻었다(菩薩證涅槃 諸佛得菩提)'고 반복해서 말하는 것은, 공空이면서 불공不空이고 불공不空이면서 공空인 하나의 순환논법적인 설법이 아닌가? 갑자기 유였다가 갑자기 공이라 하고, 갑자기 공이었다가 갑자기 유라고 하니, 이것은 불교를 처음 배우는 사람들에게 오해를 불러일으키게 하며 불법은 희론이라는 의심을 가져오게 하지 않겠는가?"라고 한다. 이는 이상한 것이 아니고 당연하다. 왜냐하면 이들은 바로 반야진공의 참뜻을 명료하게 이해하지 못하고 중도의 원융한 이치를 깨닫지 못했으며, 이러한 공空과 유有의 설명에 대해 정확한 인식과 철저한 명료함이 없기 때문에 이런 오해를 일으키는 것이다. '공空'은 진공眞空을 가리키는 것이지 소승의 편공偏空이나 외도의 단견공斷見空을 말하는 것이 아님을 알지 못하기 때문이다. 무릇 진공眞空은 공이 아니므로 연기의 모든 법이 완연한 것이다. '유有'는 묘유妙有를 말하며 이는 범부가 허망하게 생각하는 유有가 아니며 외도外道가 항상 있다고 보는 유도 아니다. 무릇 묘유妙有는 유有가 아니므로 만법의 인과가 한결같은 것이다. 유도 아니고〔不有〕 공도 아니면서〔不空〕, 또한 유이고 또한 공인 것이 곧 중도中道의 뜻이다. 만약 이러한 불법의 중도관을 이해하면 자연히 오해가 일어나지 않을 것이다. 불법의 중도 이론은 확실히 독보적인 것으로 처음에 입문하는 사람은 그 심오함을 보지 못할 수도 있다.

    부처님께서는 중생을 교화하시는 데 있어서 모두 근기根機에 따라 설법을 하셨는데, 여기에는 병에 따라 합당한 약을 준다는 생각이 전제되어 있다. 『중관론中觀論』에 말하기를 "대성인께서는 공법空法을 말씀하시고 모든 견해를 벗어나게 하셨으니, 만약 공을 보았다면 모든 부처님은 교화하지 않으신다(大聖說空法 爲離諸見故 若復見於空 諸佛所不化)"라고 하였다. 『금강경』에 말하기를 "제가 부처님의 말씀하신 뜻을 이해하기로는 정해진 법이 없는 것을 아뇩다라삼먁삼보리라고 말하며, 또 정해진 법이 없는 것을 여래께서 말씀하셨습니다. 무슨 까닭이냐 하면, 여래께서 설하신 법은 모두가 취할 수 없고 말할 수 없기 때문입니다(如我解佛所說義 無有定法名阿耨多羅三藐三菩提 亦無有定法如來可說 何以故 如來所說法 皆不可取 不可說)"라고 하였다. 이로써 이해할 수 있을 것이다. 왜냐하면 범부는 유에 집착하는 까닭에 공을 설하여 이에 대치하는 것이니, 유有에 대한 병이 없어지면 공空도 또한 버려야 하는 것이다. 그렇지 않으면 하나의 질병과 같게 된다[着空]. 이는 봉우리로 도망가야 하는 것을 골짜기로 들어가는 우둔한 행동과 무슨 차이가 있겠는가? 요컨대 마땅히 유무有無를 취하지 않는 동시에 유무有無를 버리지도 말아야 하는 것이니, 이것이 중도 묘리의 원융함에 부합하는 것이다!

모름지기 알아야 할 것은, 이 경에서 드러나는 관觀과 경境 등의 본체는 즉공卽空, 즉가卽假, 즉중卽中이 아님이 없다는 것이다. 그러므로 유有에 집착하는 것에 대치하기 위해서는 공관空觀을 이용하여 이를 없애고, 공空에 집착하는 것에 대치하기 위해서는 가관假觀을 이용하여 이를 없애고, 이변二邊에 집착하는 것에 대치하기 위해서는 중관中觀을 이용하여 이를 없애는 것이다. 처처에서 원융함이 모두 일심삼관一心三觀과 일경삼제一境三諦를 벗어나지 않는다. '제諦'는 실상반야實相般若이며 '관觀'은 관조반야觀照般若이며 '경境'은 문자반야文字般若이다. 이는 하나도 아니고 다른 것도 아니다. 중도의 제일의 제는 집착하지 않는 데 있다. 불법을 언급하면서 이에 집착하면 모든 일마다 막히고 걸리는데, 이것이 원융하면 모든 법이 원통圓通하게 된다. 조공(肇公, 僧肇)이「반야무지론般若無知論」에서 말하기를 "지인은 유에 거처하지만 유에 집착하지 않고, 무에 거처하지만 무에 집착하지도 않는다(至人 處有而不有 居無而不無)"라고 하였다. 또 말하기를 "유위가 비록 허위라고 하여도 이를 포기하고는 불도를 이루기 어려우며, 무위가 비록 참다운 것이라고 하여도 이에 집착하면 혜심慧心이 밝지 못하게 된다(有爲雖僞 棄之則佛道難成 無爲雖眞 執之則慧心不朗)"이라고 하였다. 이는 진실로 지극한 명언이다.

부처님께서는 이미 확실하게 위에서 말한 원융 중도의 경계를 증득하신 까닭에 (깨달음의) 빛을 감추고 티끌 세간 속에 섞이어(和光同塵) 십계十界를 두루 교화하신다. 이는 곧 인연에 따르지만 변하지 않으며 변하지 않되 인연을 따른다(隨緣不變 不變隨緣)는 것이다. 우리들이 만약 진실하게 중도 원융의 도리를 체득하게 되면, 결국은 마음은 사라지나 경계는 남게 할 수도 있고[有], 경계가 사라지고 마음만 남게 할 수도 있는 것[空] 또한 불가능한 것이 아니다. 마음과 경계가 모두 있거나 유도 있고 공도 있는 것도 가능하니, 마음과 경계가 모두 사라지고 유도 아니고 공도 아닌 것이 어찌 불가능하겠는가!

세상에는 허망하게 미쳐서 자기를 기만하는 무리가 있고, 더욱이 실제로 수행하고 실제로 증득하려는 사람은 없고 쓸데없이 말만 앞세우는 경우가 많은데, 이들은 이理에 집착하여 사事를 폐기하고는 입만 열면 모두가 진공이라고 말하고〔공이 도대체 무엇인가?〕, 문득 마음이 바로 부처라고 한다〔도대체 무엇이 부처인가?〕. 또 계를 지키는 것은 어리석다고 나무라며, 예불은 번잡한 일이라고 하고, 증득하지 않고서도 증득했다고 하면서 스스로를 그릇되게 하고 남들도 그릇되게 한다. 이 얼마나 가련한 짓인가! 이런 사람들이 과연 반야진공과 중도묘리를 드러낼 수 있겠는가!

【종합하여 해석함(合釋)】

보살들은 반야에 의지하여 구경열반을 얻었을 뿐만 아니라, 바로 현재와 미래와 과거의 모든 부처님들도 인지因地 가운데서 똑같이 이 반야의 수승하고 절묘한 법문을 수행하여 무상정등정각無上正等正覺의 원만한 불과를 얻었다.

2) 반야의 비밀을 설함(密說般若分)

(1) 이름을 드러내어 이익을 찬탄함(出名嘆益)

故知般若波羅蜜多 是大神呪 是大明呪 是無上呪 是無等等呪 能除一切故 眞實不虛

그러므로 반야바라밀다는 바로 크게 신령한 주문이며, 크게 밝은 주문이며, 위없는 주문이며, 일체의 고통을 없애는 까닭에 진실하며 허망하지 않다는 것을 알아야 한다.

【먼저 해석함(預釋)】

여기서는 반야의 비밀(呪文)을 말한다. 여래의 설법에는 중생을 이롭게 하기 위해 현교(顯)가 있고 밀교(密)가 있다. 경전 속에서 도리를 밝혀 설명함으로써 사람들이 수지受持하게 하는 것을 일러 현교顯敎라 하고, 해석하지 않고 오직 가지加持의 공용만 말한 것을 비밀한 말(密言)이라 한다. 현교의 말씀은 경문을 말하고, 밀교密敎의 말씀은 주문으로 아래에서 말하는 "아제揭諦 아제揭諦……" 등과 같다. 이른바 경은 의리義理를 나타내고 주문은 비밀을 종지로 하는 것이다. 의리는 해석할 수 있으나 비밀은 해석할 수 없다. 요컨대 현교의 설명은 언어와 문자로 도리를 나타내어 사람들이 듣고 깨닫게 하며, 법에 의지하여 수행하게 하여 이익을 얻게 하며, 지혜를 개발하여 모든 번뇌의 장애를 없애는 것이다. 밀교의 설명은 비록 사람들에게 명시할 수는 없지만, 그 속에는 모든 부처님과 보살님의 위신력의 가피가 있고 비밀한 공덕을 갖춘 위대한 신력이 있으므로, 지극한 마음으로 지송하는 자로 하여금 스스로 불가사의한 이익을 얻게 하여 복과 지혜가 증장되고 죄업의 장애를 소멸케 하고, 두 가지 장애(二障, 煩惱障과 罪業障)를 소멸하여 두 가지의 장엄(二嚴, 福嚴과 智嚴)을 성취하도록 하는데, 이는 바로 여래께서 설법을 통해 중생을 제도하고자 본래 품으신 뜻이다. 그래서 부처님께서 설법하심에 있어 항상 현교와 밀교를 겸하여 베푸시는 뜻이 여기에 있는 것이다. 가령 『능엄경』에는 능엄주楞嚴呪가 있고, 『약사경藥師經』에는 약사주藥師呪가 있으며, 『아미타경』에는 아미타주阿彌陀呪 등이 있는 것과 같다.

앞에서 말한 것은 한 번 지나가는 말에 불과한 것 같지만, 실제로는 하나의 법을 따라 수행하여 공덕을 성취하는 날에는 모두가 두 가지 장애를 원만하게 끊고, 모두가 두 가지 장엄함을 구족한다. 그 때문에 현교와 밀교의 공용功用은 같다. 이른바 '현교의 공功은 밀교의 덕을 갖추고 있고, 밀교의 덕은 현교의 공을 관철하고 있다'는 것이다. 이에 근거하면, 앞에서 말한 현교의 반야는 밀교의 공을 드러내는 것 이 외의 것이 아니며, 지금 밀교의 반야를 설하는 것은 현교의 공으로 돌아가는 것임을 알 수 있을 것이다. 무릇 현교와 밀교는 서로를 거두어들인다.

참으로 중생의 근기와 성품이 제각기 다르므로 여래께서는 현교와 밀교를 함께 베푸시는 것이다. 현교의 말을 듣고 이익을 얻는 사람에게는 바로 현교를 이용하여 이를 인도하고, 혹은 밀교를 따라 이익을 얻는 사람에게는 비밀한 주문을 보여 이익을 취하도록 한다. 현교와 밀교를 모두 지녀서 이익을 얻는 사람에게는 현교를 말한 후에 다시 비밀한 주문을 말하여 제각기 그 근기에 맞게 수지受持하여 이익을 얻게 하는 것이다. 만약에 현교와 밀교 모두를 설한다면 이익을 얻지 못하는 근기의 사람이 없을 것이니, 이 경에서는 바로 이것을 취하고 있는 것이다. 혹자는 이 밀교의 설법은 아주 간단하지만 빨리 효과를 얻을 수 있어 수행하는 사람에게 특별히 베푸는 것이라고 말하고, 혹자는 이는 사람에 따라 일정하지는 않다고 말한다. 결론적으로 이 반야의 수승한 법문은 이미 현교와 밀교를 융통하고 있으므로, 이 주문의 이름 역시 '반야바라밀'이란 이 경의 이름과 상호 융통할 수 있다. 따라서 이 주는 대신주大神呪이며 대명주大明呪이며 무상주無上呪이며 무등등주無等等呪이고, 이 경도 또한 대신경大神經이며 대명경大明經이며 무상경無上經이며 무등등경無等等經이라고 할 수 있다. 또한 이 경을 심경心經이라 하듯이, 이 주도 역시 심주心呪라고 말할 수 있는 것이다.

【나누어 해석함(分釋)】

"고지반야바라밀다주故知般若波羅蜜多呪……"를 자세하게 살펴보면 위의 문장과 아래 문장을 함께 아우르며 상통시키는 뜻을 가지고 있음을 알 수 있다. 위의 문장과 상통하는 것으로는, 현교에서 말한 반야의 공용은 대신주, 대명주 등과 같이 불가사의한 공덕의 이익을 가지고 있음을 찬탄하여 결론지어 말한 것으로, 그 의미는 앞의 문장에서 말한 보살과 모든 부처님들이 모두 반야에 의지하여 구경열반과 보리를 증득했다는 말이다. 그러므로 '고지반야故知般若'의 공능은 불가사의하여 진실로 '언어'나 '수량'으로는 표현할 수 없기에 특별히 네 가지 주문의 이름을 듦으로써 찬탄하며 결론을 맺은 것이다. 이는 (반야의 공덕이) 예컨대 대신주, 대명주의 공덕과 마찬가지라는 것이다. 아래 문장과 상통하는 것으로는, 비밀한 (밀교의) 주문을 말하기 위해 먼저 주문의 이름을 밝혔다. 그 뜻은 반야의 현교와 밀교의 공덕은 한 가지로 같아서, 현교의 가르침이 이처럼 훌륭하다면 밀교의 가르침도 이와 같지 않음이 없다는 의미이다. 그러므로 한마음으로 수지하면 모두가 마음이 걸림이 없는 경지(心無罣碍)에 이르러 마침내 위없는 보리를 증득하는 것이다. 비밀한 주문은 불가사의하기 때문에 해석하지 않으며, 그 때문에 주문을 말하기 전에 먼저 그 이름을 말하여〔이는 경을 설법하기 전에 먼저 경의 이름을 밝히는 것과 같다〕

이 주문의 공능을 표현함으로써 현교와 밀교의 동등한 공덕을 증명하여 알게 한 것이다. 더욱이 주문을 설하고자 할 때 먼저 주문의 이름을 밝히는 이유는, 사람들로 하여금 깊은 신심과 흠모하는 마음을 일으켜 이를 수지하여 정진하도록 하기 위해서이다. 이 주문의 이름은 모두 이 주문의 공능에서 나온 것이며, 이 주문의 공덕은 확실히 앞의 현교에서 설명한 공덕과 다름이 없다는 사실을 잘 알아야 한다. 마음에 걸림이 없고 공포가 없는 것(心無罣礙 無有恐怖)은 바로 대신주大神呪이며, 전도몽상을 멀리 떠난 것(遠離顚倒夢想)은 바로 대명주大明呪이며, 구경열반과 위없는 보리를 증득하는 것(究竟涅槃 無上菩提)은 바로 무상주無上呪이며, 실상반야를 스스로 증득한 것은 바로 무등등주無等等呪이다. 반야는 모든 부처님들의 어머니이고, 모든 공덕을 나오게 하며, 실상實相은 만법의 근본으로 무량한 공덕을 구족하고 있으니, 이는 세간과 출세간에 어떠한 한 물건도 이와 견줄 수 있거나 같은 것은 없다는 말이다.

"대신주大神呪"에서 신神은 신묘한 힘(妙力)의 뜻을 가지고 있으며, 이를 수지하면 번뇌의 마구니를 없애고 생사의 고통을 해탈하게 되므로 대신주라고 한다. "대명주大明呪"에서 명明은 비추어 밝힌다는 뜻을 가지고 있으며, 이를 수지하면 중생들의 어리석음과 우매함을 없애고 무명의 허망함을 비추어 보게 되므로 대명주라고 한다. "무상주無上呪"에서 무상無上은 아주 훌륭하다는 뜻을 가지고 있으며, 이를 수지하면 위없는 열반으로 나아가는데, 세간과 출세간에 있어서 어떤 법도 이것을 넘어서지 못하므로 무상주라고 한다. "무등등주無等等呪"에서 앞의 등等은 비교한다(比)는 뜻이며, 뒤의 등等은 가지런하여 같다(齊)

는 뜻으로 어떠한 법도 이와 비교하여 가지런히 같을 수 없다는 의미이다. '무등無等'은 최고라는 뜻으로, 이를 수지하는 사람은 무상보리를 성취하기에, 세간과 출세간의 어떤 법도 이와 비교할 수 있는 것이 없으므로 무등등주라고 한다. 또한 불과佛果를 성취하여 친히 증득한 실상, 곧 지극히 평등하고 원만한 실상은 어떠한 법도 이와 더불어 상대할 수 없는 까닭에 무등등주라고 한다.『대지도론』에 말하기를 "무등은 모든 법의 실상을 말하니, 모든 행이 능히 다다를 수 없고 희론이 없으며 파괴할 수 없으므로 무등이라고 한다(無等名諸法實相 諸行無能及者 無戲論 無能破壞 故名無等)"라고 하였다.

"능제일체고能除一切苦"는 반야의 공능이 획득한 결과를 나타낸다. 그래서 이 반야에 수승한 공력이 있는 까닭에 이를 수지하는 사람은 모든 고통을 영원히 없애는 것이다. 이는 바로 앞에서 일체고액一切苦厄을 설명하는 가운데 이미 말했다. 결론적으로 구경열반에 이르면 위없는 불과佛果를 증득하게 되어 영원히 모든 고통을 철저히 없애버리는 것이다. 모든 고통의 근원은 중생의 전도된 몽상에서 온 것이다. 지금 반야에 의지하여 현교와 밀교를 고르게 닦으면 미망을 깨트려 지혜가 계발되고 전도몽상을 멀리 여의어 무시이래의 업장을 소멸하여 즉시에 생사업生死業의 원인을 끊어버릴 수 있는 까닭에 "모든 고통을 없애버릴 수 있다(能除一切苦)"고 말했다. 고통이 비록 만 가지가 있다고 하여도 생사가 가장 심한 것이니, 지금은 단지 분단생사分段生死만 없애는 것이 아니라 변역생사變易生死를 포함한 두 가지의 생사를 모두 없앤다. 이것은 바로 현교에서 말하는 반야의 글 중에서 '도일체고액度一切苦厄'과 상응한다.

"진실불허眞實不虛"는 두 가지로 해석할 수 있다.

첫째는 진실하고 간절하게 믿음을 권하는 의미이다. 이는 부처님과 보살님의 대비심大悲心이 매우 극진하기 때문에 비밀한 언어인 이 주를 번역하지 않는 의미가 내포되어 있다. 비록 지극한 말로 그 공덕을 찬탄하여 말한다 해도 오히려 사람들이 여우와 같은 의심을 가지고 믿지 않을까 염려하신 까닭에〔『금강경』에 "저 중생들이 부처님의 말씀을 듣고 참다운 믿음을 일으키겠습니까?(頗有衆生得聞言說章句 生實信否)"라고 한 것과 같다〕 주문을 말하기 전에 먼저 진실하고 간절하게 훈계하고 격려하는 말씀을 하신 것이다. 반야가 수승한 공덕이 있다는 것은 정말로 아주 진실한 말이며 일언반구도 거짓이 없다. 불교를 배우는 사람들은 절대적으로 깊은 믿음을 가지고 의심이 없어야만 비로소 이 반야의 수승한 이익을 잃어버리지 않을 것이다! 『금강경』에 말하기를 "여래는 참을 말하는 자이며, 진실을 말하는 자이며, 그대로 말하는 자이며, 속이는 말을 하지 않는 자이며, 다른 말을 하지 않는 자이다(如來眞語者 實語者 如語者 不誑語者 不異語者)"라고 하였다. 지금 이 경은 여래께서 금구로 친히 선양하신 것을 보살이 거듭 말하여 수승한 이익이 있는 진실한 말이라고 하신 것이니, 이는 간절하게 믿고 받아지녀 받들어 수행하라는 뜻이 있다.

둘째는 구경究竟의 뜻이다. 만약 단지 견사번뇌를 없애어 분단생사만을 끝내면, 이것은 겨우 일부분의 고통에서만 해탈한 것이므로 진실로 고통에서 해탈했다고 부르지는 않는다. 삼혹(견사혹, 진사혹, 무명혹)을 완전히 끊고 두 가지의 생사(분단생사, 변역생사)를 영원히 없애야만 비로소 이를 '진실로' 고통에서 해탈했다고 말하는 것이니,

그렇지 않고서야 '진실眞實'이라는 두 글자를 감히 말할 수가 없다. 이 경에서 밝히는 수행과 증득의 결과는 확실하게 진실로 고통에서 해탈하는 것을 말하는 것이다.

'불허不虛'는 바로 잘못이 없다(不錯)는 뜻이다. 바꾸어 말하면 '불착不錯'이라고도 할 수 있다. 반야에 의지하여 수행하면 바로 진실로 고에서 해탈할 수 있다. 다시 말해 영원히 모든 고통을 제거할 수 있는 것이다.

【종합하여 해석함(合釋)】

위에서 말한 것을 비추어보면, 반야에 의지하여 수행하면 보리와 열반을 확실하게 증득할 수 있으므로, 의심할 바 없이 반야는 하나의 대신력의 주문이며, 하나의 대광명의 주문이며, 하나의 최고로 무상한 주문이며, 비교할 수 없이 절대적으로 초월한 주문이라는 것이다! 이 주문의 공력은 모든 고통을 없애버리니, 이는 아주 확실한 사실이며 조금이라도 거짓된 말이 없다!

(2) 주문을 말함(正說咒語)

故說般若波羅蜜多呪 卽說呪曰 揭諦揭諦 波羅揭諦 波羅僧揭諦 菩提娑婆訶

그러므로 반야바라밀다 주문을 말하나니, 바로 주문을 말하면 "아제 아제 바라아제 바라승아제 모지사바하."

【나누어 해석함(分釋)】

"고설반야바라밀다주故說般若波羅蜜多呪"에서 주呪의 이름들은 이미 경에서 설명하였다. 그 이름들의 공덕은 모두 명백한 까닭에(故), 지금 마땅히 주문의 말(呪語)을 드러내 말하는 것이니, 현재와 미래의 모든 유정들이 이 주문에 의지하고 수지함으로써 쉽게 해탈을 얻도록 하려는 것이다. 이에 바로 주문을 말하니 바로 "아제 아제 바라아제 바라승아제 모지사바하"이다. 이 주문은 모두 합해야 단지 사구四句 18자에 불과하여 매우 수지하기가 쉬우며 또 불가사의한 공력이 있다. 수행하는 사람이 다만 지극 정성으로 염송하면 자연히 얻는 이익이 적지 않을 것이므로 따로 해석할 필요가 없다. 대개 모든 신주神呪는 다 모든 부처님의 신묘하고 측량하기 어려운 비밀한 말(密語)로서 오직 부처님과 부처님만이 완전히 알 수 있는 것이요, 참으로 우리들 범부들은 그 깊이를 다 알 수 없다. 그래서 다만 우리나라에서 불교를 배우는 사람들뿐만 아니라 인도에서도 이를 해석하려고 하지 않았던 것이다. 그러므로 주문은 오종불번五種不翻[74] 중에서 비밀불번秘密不翻에 속하며, 네 가지의 예의 번역 글에서도 음은 번역하지 않았다.

범어 '다라니(陀羅尼, dhāraṇī)'는 한자로 주呪라고 부른다[이는 주呪를 번역한 총체적 이름이며 그 주어呪語는 번역하지 않는다]. 또한 '총지總持'라고도 하는데, 이는 모든 공덕을 총괄(總)하며 무량한 의리를 가진다(持)는 말이다. 또 '총지'는 모든 선법을 잃어버리지 않게 하며, 모든 악법을 생기지 않게 한다. 또 '진언眞言'이라고도 번역하는데,

---

74 각주3과 표2를 참고.

모든 부처님의 진심이 여기에서 나오는 것을 말한다. 또 '밀어密語'라고도 하는데, 이는 모든 부처님의 비밀하고 불가사의한 말로서 범부와 이승인二乘人은 알지 못하며, 비밀스럽게 지니고 비밀스럽게 받아들이는 것이므로 드러내놓고 말할 수 없다. 결론적으로, 주문에는 신묘하고 예측할 수 없는 작용이 있어서 비록 해석할 수 없다고 하더라도 수행하는 사람이 한마음으로 정성껏 지니고 오래토록 외우면 스스로 영감이 일어나서 신묘한 효과를 보게 되어 모든 불가사의한 공덕을 성취하게 된다. 가까이로는 신심身心이 평안해지고 재앙이 소멸되고 죄가 없어지며 지혜가 늘어나고, 멀리로는 생사 번뇌를 해탈하게 되어 속히 위없는 보리를 증득하게 된다. 또 주문에는 많은 귀신들의 왕 이름이 있는데 이를 지니고 외우면 귀신들이 자기들의 왕을 존경하므로 감히 해롭게 하지 못하고 보호한다. 그러므로 지극한 마음으로 지니고 외우면 마귀에 의한 재난 등의 장애가 영원히 없어진다. 비밀주의 불가사의한 공덕은 광대하고 지극하다.

    이러한 비밀주의 불가사의한 도리는 바로 왕의 밀지密旨와 같은 것으로, 다만 흠숭하고 받들 뿐이지 망령되이 선전할 것이 아니다. 또한 군대에 있어서는 암호와 같은 것으로 그 암호를 부르면 통행에 걸림이 없는 것과 같다. 왜냐하면 이것의 작용은 소리에 있는 것이지 해석에 있는 것이 아니기 때문이다.

    위에 말한 것에 근거하면, 대개 주문은 해석하지 않으며 해석할 수도 없다. 그래도 혹시 사람들이 그 개요를 알고 싶어하므로, 여기서는 단지 글자의 뜻에 비추어 아래에 간단히 해석하고자 한다.

    "아제揭諦"는 한자로 '간다(去)' 또는 '건너다(度)'의 뜻이다. 이는 반야의 깊고 깊은 공능은 중생을 제도하여 피안에 이르게 한다는 말이다. 다시 말해 아제는 자기를 제도하고 남도 제도하는 것이다. "바라아제波羅揭諦"에서 바라波羅는 한자로 '피안에 이르다(到彼岸)'는 뜻이다. 즉 '피안으로 건너가 이르다'는 뜻이다. "바라승아제波羅僧揭諦"에서 승僧은 한자로 '무리(중)'를 뜻한다. 즉 '무리가 함께 피안으로 건너가 이르다'는 것을 말한다. "모지(菩提)"는 '위없는 불과佛果'이며 "사바하娑婆訶"는 '빨리 성취한다'는 뜻이다. 여기서 순서에 따라 정리하면 이와 같다. '반야에 의지하여 건너가자(아제)! 반야에 의지하여 건너가자(아제)! 반야에 의지하여 피안으로 건너가 이르자(바라아제)! 무리가 함께 반야에 의지하여 피안에 건너가 이르자(바라승아제)! 신속하고 빨리 부처님의 위없는 보리를 성취하여 가자(모지사바하)!'가 된다. 또 '사바하'는 빨리 성취하는 것으로 해석하는 것 외에 '재앙을 소멸하고 이익을 증대한다'는 뜻으로 해석할 수도 있고 '구경究竟'이라고 해석할 수도 있다. 그 의미는, 한 번 피안에 오르면 바로 모든 생사의 재앙과 환란이 소멸되고 무량한 복과 지혜를 증가한다는 뜻이다. 피안에 오르면 구경에 성불할 수 있다.

또 '아揭'라는 글자는 '가다, 떠나다, 없애다(去)'이며 '제諦'는 진실을 말한다. 반야에 의지하여 수행하면 모든 전도된 몽상을 떠나보내고, 진공실상을 증득하게 되므로 아제라고 하였다. 피안에 이르러서 열반의 즐거움을 증득하려면 반드시 모든 전도된 몽상을 떠나보내고(揭) 진공실상(諦)을 증득해야만이 비로소 목적에 도달할 수 있는 까닭에 '바라아제'라고 말한 것이다. 저 '피안'의 안락한 고향에 한두 사람만이 이르는 것이 아니고 모든 유정들이 함께 가기를 희망하므로 '바라승아제'인 것이다. 이 수승하고 묘한 반야에 의지하여 수행함으로써 보리를 성취하려는 우리 모두의 바람과 발심發心을 나타내는 것이므로 "모지(보리)사바하菩提娑婆訶"라고 말한 것이다. 이 주문을 외우는 것은 불상을 모시고 '발보리심문發菩提文'이나 혹은 '회향문回向文' 등을 독송하는 것과 비슷하다고 할 수 있다.

이와 같은 해석은 글자에 의거하여 뜻이 이해될 수 있도록 해석한 것으로, 비록 그 깊은 뜻을 다 드러내지는 못했지만 다만 참고하기를 바랄 뿐이다. 만약 주문의 본래의 뜻에 비추어보아 오히려 해석이 미흡하다고 생각되면, 바라건대 독자들은 아무런 생각도 하지 말고 오직 한마음으로 지니고 독송한다면 곧 마음과 주문이 서로 계합되어 스스로에게 비밀한 이익이 있을 것이나, 만약 한 번 마음이 생각하는 데로 떨어지면 바로 지견知見으로 인한 앙금을 이룰 것이다.

이와 같이 매우 적은 구절의 신묘한 주문은 바로 부처님과 보살님이 중생을 제도하려는 자비심이 깊고 간절함을 나타내는 것으로, 지극히 미묘하지 않음이 없다. 이렇게 거듭거듭 열어 보이고 곳곳에서 요지를 가리키는 것은 중생들이 빨리 고해를 벗어나 피안에 오르는 것보다 중요한 것이 없기 때문이니, 여기에 참으로 불보살의 큰 자비심과 큰 친절함이 있는 것이다. 우리는 부처님과 보살님의 이와 같은 자비심을 살펴야 한다. 즉 우리들이 오랫동안 해탈을 얻지 못한 고뇌 중생에 빠져 있는 것을 불쌍히 여기시고 간곡하고도 잘 이끄시어, 우리들이 빨리 방향을 바꾸어 위대한 피안에 오르게 하시려고 정교하고 세밀하게 현교를 말씀하신 뒤에 다시 친절하게 이와 같이 아주 쉽고 수승하고 신묘한 주문으로 우리를 인도하시니, 이러한 은근한 정과 친절하심은 자비하신 어머니가 문에 기대어서 자식이 돌아오기를 기다리는 마음과 같이 참으로 깊고도 간절한 것이다. 우리들이 이를 생각한다면 어찌 심히 부끄러운 마음과 양심의 가책이 일어나지 않겠는가? 만약 나중에 다시 옛날의 미혹함에 연연하여 반성하지 않고, 발심하여 용맹 정진하여 반야에 의지하여 해탈하고 깨달음을 증득하는 것을 긍정하지 않는다면, 부처님과 보살님들의 한 가닥 진실하고 간절하신 자비심을 등지는 크나큰 허물을 면치 못할 것이 아니겠는가!

　이 『반야심경』에서 '심心'을 제목에 넣은 것은, 분명 사람들이 반야에 의지하여 깨달음을 증득하는 데 진심眞心이 중요하다는 것이다. 앞에서 말한 여러 가지 공空은 현교에서 말하는 반야로 마음의 집착을 파괴하는 것이며, 뒤에 총체적으로 말한 주문呪文은 밀교에서 말하는 반야로 마음의 장애를 제거하는 것이다. 우리는 일체의 모든 법에 대하여 마음으로 집착을 일으키기 때문에 이를 마음의 집착(心執)이라 하고, 그래서 갖가지 번뇌에 의해 어지럽힘을 당하므로 이를 마음의 장애(心障)라고 한다. 이로 말미암아 영원히 본래 구족한 진심을 묻어놓고 보지 못하여 억울한 생사를 받고 있다. 지금 반야의 현교와 밀교의 공덕에 의지하여 집착을 파괴하고 장애를 영원히 없애면, 자연히 진심이 드러나게 되고 번뇌가 바로 끊어지게 되어 생사를 영원히 마치게 되어 궁극에는 성불하게 된다. 현실적으로 모든 고액을 도탈하는 것이 참으로 나타나고 전도몽상을 멀리 벗어나게 된다. 이것이 이 경에서 수행하여 증득하는 하나의 큰 취지趣旨이다.

　또한 경과 주문은 원래 한 몸임을 마땅히 알아야 한다. 현교이든 밀교이든 본래 다른 것이 아니며, 이른바 현교는 곧 밀교이고 밀교는 곧 현교이며, 경은 곧 주문이며 주문은 곧 경이다(顯卽是密 密卽是顯 經卽是咒 咒卽是經). 경은 현교의 주문이며 주문은 밀교의 경으로, 현교에서 말한 것은 모두 밀교의 주문의 이익을 갖추고 있으며, 밀교의 주문은 현교에서 말한 신묘한 뜻을 설명하고 있다. 바로 모든 경의 오묘한 뜻은 모두 이 주문 속에 총체적으로 포섭되어 있으며, 전체 주문의 비밀한 이익 역시 현교에서 말한 글 속에 포함되지 않음이 없음을 알아야 한다. 대개 현교는 지혜(慧)를 통하는 것이며 밀교는 선정(定)에 들어가는 것이라 하는데, 모든 부처님의 수행법문은 정혜定慧의 두 법을 벗어나지 않는다. 능히 현교와 밀교를 같이 수행할 수 있다면 정혜가 원만함에 이르게 되니, 그렇다면 크게 아름답고 원만함을 이루게 되는 것이다! 바로 이 하나를 따라 지니면 반야의 불가사의한 이익을 얻게 될 것이다. 이른바 '겸하여 지니면 곧 쌍으로 지극한 아름다움을 이루고, 하나만 지녀도 역시 서로를 거두기에 빠트림이 없다'는 것이다. 참으로 현교의 가르침과 밀교의 가르침이 모두 제일의第一義에 돌아가는 것임을 알아야 한다. 크도다! 반야의 공력功力이여! 현교이든 밀교이든 모두가 불가득이며 불가사의하구다! 원컨대 함께 힘쓸 지어다!

　경문 전체의 강의를 여기서 마친다.

4. 결론

모든 부처님은 일대사인연一大事因緣으로 이 세상에 나타나시어 널리 중생을 제도하여 함께 정각正覺으로 돌아가고자 하셨는데, 그 중생을 제도하는 방법의 맨 첫걸음이 설법이었다. 다만 중생의 근기가 영리함과 우둔함이 같지 않고 마음의 도량이 크고 작음이 다른 까닭에, 부처님께서는 중생을 제도하는 방면에 있어 특별한 방안과 형식을 마련하셨다. 도리상道理上에서 살펴보면 곧 권교權敎와 실교實敎가 있는데, 실교는 곧바로 일승법一乘法을 말하고, 권교는 삼승三乘을 분별하여 말한다. 방법상에서 보면 현교와 밀교가 있는데, 현교는 도리를 분명히 설명하여 보임으로써 사람들이 수지修持하게 하며, 밀교는 구체적으로 해설하지는 않지만 곧바로 비밀한 주문을 보임으로써 지송持誦하게 한다. 현교이든 밀교이든 모두가 제각기 그 불가사의한 공덕이 있으며, 현교와 밀교는 균등하게 수행자로 하여금 갖가지 이익을 얻게 하여 나아가 성불하게 한다. 다만 그 공행功行의 깊고 얕음에 따라 증득하는 과보가 같지 않을 뿐이다. 언어 문자상으로 보면 곧 넓음과 간략함(廣略)이 있는데, 간략함은 강요綱要만을 제시하여 총체적으로 대의大意를 밝히는 것으로 근기가 예리한 사람은 한 번 듣고 깨달아 여력餘力을 허비하지 않는다. 넓음은 상세하게 세목별로 해석하고 진술하여 근기가 우둔한 사람으로 하여금 다양한 방법으로 입문하도록 하여 포기하지 않게 한다. 이상의 모두가 부처님께서 중생들을 갖가지 방법으로 거두어 교화하시는 것으로, 가장 완전하고 좋으며 가장 세밀하면서도 또한 지극히 좋은 방편인 것이다.

대개 권교와 실교가 함께 운용하여야 원만하게 중생을 제도할 수가 있으며, 현교와 밀교를 함께 베풀어야만 근기에 따른 이익을 얻는다. 널리 설함과 간략하게 설함을 서로 번갈아가며 베풀어 자연스럽게 이근기와 둔근기를 함께 거두어들인다. 이 경의 내용은 바로 위의 모든 조건을 구비하고 있다. 여기서 이 경 전체의 강요를 다시 한 번 아래에 제시하여 결론을 맺고자 한다.

이 경의 내용은 현교로 설하는 반야(顯說般若)와 밀교로 설하는 반야(密說般若)로 나눌 수 있다. '관자재보살觀自在菩薩'에서부터 '아뇩다라삼먁삼보리阿耨多羅三藐三菩提'까지는 현교로 설하는 반야문이고 '고지반야故知般若'에서부터 '모지사바하菩提娑婆訶'까지는 밀교로 설하는 반야문이다.

현교로 설하는 반야문을 정리하면 다음과 같다. 첫째로 '관자재보살'에서 '도일체고액度一切苦厄'까지는 보살이 수행하여 증득한 경계를 총체적으로 보이고 있다. 그 중에서 '관자재'는 관하는 주체의 사람(수행자)을 밝히는 것이며, '행심반야行深般若'는 수행의 대상(법문)을 밝히는 것이며, '조견온공照見蘊空'은 관觀하게 되는 대상경계(깨달음의 경계)를 밝히는 것이며, '도일체고액度一切苦厄'은 얻게 되는 이익(수행결과)을 밝히는 것이다. 또 '행심반야'란 구절은 수행 공부에 의거하여 말한 것으로 자리自利이며 원인原因에 속한다. '조견온공 도일체고액'이란 두 구절은 증득되는 공덕에 의거하여 말한 것으로 이타利他이며 결과에 속한다. 둘째로 '사리자색불이공舍利子色不異空 …… 아뇩다라삼먁삼보리阿耨多羅三藐三菩提'부터는 반야 진공眞空의 진실한 의미를 상세히 밝히고 있다. 그 중에서 '색불이공色不異空 …… 수상행식역부여시受想行識亦復如是'는 집착을 없애는 문장이다. '사리자시제법공상舍利子是諸法空相 …… 불생불멸不生不滅 …… 부증불감不增不減'은 자성自性을 드러내는 문장이다. '시고공중무색是故空中無色 …… 무지역무득無智亦無得'은 허망함을 깨뜨리는 문장이며 그 중에서 '무색무수상행식無色無受想行識 …… 내지무의식계乃至無意識界'는 범부의 아상我相을 깨뜨리는 문장이다. '무무명無無明 …… 무고집멸도無苦集滅道'는 이승의 법상法相을 깨뜨리는 문장이다〔'무무명無無明'의 구절은 연각의 법을 깨뜨리며, '무고집멸도無苦集滅道'는 성문의 법을 깨뜨린다〕. '무지역무득無智亦無得'은 권교보살의 법상을 깨뜨리는 것이다. '이무소득고以無所得故 …… 아뇩다라삼먁삼보리阿耨多羅三藐三菩提'는 불과佛果를 증득한 문장이며, '보리살타의반야菩提薩埵依般若 …… 구경열반究竟涅槃'은 보살이 증득한 번뇌를 끊은 결과이며, '삼세제불의반야三世諸佛依般若 …… 아뇩다라삼먁삼보리阿耨多羅三藐三菩提'는 모든 부처님께서 증득한 지혜의 과보이다. 이상이 현교로 설하는 반야이다.

다음으로 '고지반야故知般若 …… 시무등등주是無等等呪'는 먼저 이름을 드러내어 이익을 찬탄하는 구절이며, '고지반야바라밀다故知般若

波羅蜜多 즉설주왈卽說呪曰 …… 사바하娑婆訶'는 바로 주문을 설하는 구절이다. 이상이 밀교로 설하는 반야이다.

또 '색불이공色不異空' 등의 네 구절은 간략하게 설한 반야이며, '시고공중무색是故空中無色 …… 이무소득고以無所得故'는 널리 설한 반야이다. 오온, 십이입, 사제, 십이인연 등은 방편의 법이며, 무소득, 구경열반, 아뇩다라삼먁삼보리는 진실의 법이다. 요약하여 말하면, '조견오온照見蘊空'은 허망함을 깨뜨리고 진실을 드러내는 것으로 깊은 반야를 수행할 때의 경계를 간략히 밝히는 것이다. '색불이공色不異空'에서 무지무득無智無得'까지는 허망함을 깨달으면 바로 진여眞如인 것으로, 이는 반야 진공의 참다운 뜻을 천명한 것이다. '이무소득以無所得'은 반야의 공능과 실상의 경계를 총결하는 것이다. '의반야바라밀다依般若波羅蜜多……'는 모든 부처님과 보살이 다 반야에 의지하여 해탈하여 위없는 보리를 성취한 것으로서 이 경의 수승함을 나타내는 것이다. '의반야바라밀다'의 구절은 수행 방면에 속하며, '심무가애'와 '원리전도몽상'의 구절은 허망함을 끊는 방면에 속하며, '구경열반'과 '아뇩다라삼먁삼보리'는 증득한 결과의 방면에 속한다.

또한 이 경을 만약 문자의 측면에서 비추어 살펴보면, 비록 법문을 여는 서분(前言)과 마지막의 유통분(결론)이 없다 해도, 이를 변통變通하여 법을 판별하여 말하자면 '관자재보살'에서 '일체고액'까지가 서분이라고 해도 무방한데, 왜냐하면 이 구절들은 경을 결집한 사람들이 보살이 수행하여 증득한 공부를 서술하면서 부가한 것이기 때문에 일종의 서론에 해당하기 때문이다. '고지반야바라밀다'에서 '모지사바하'까지의 구절을 유통분으로 대신할 수 있는데, 왜냐하면 이 구절은 현교와 밀교의 수승함을 아울러 밝히고 있으며 또한 이 대목의 첫 구절에서 반야의 공능을 결론적으로 찬탄하고 있기 때문이다. 이러한 구분의 타당성 여부에 대해선 선각자들의 지도와 가르침을 바란다!

5. 반야심경의 오중현의五重玄義

  무슨 까닭으로 경을 강의하기 전에 먼저 경의 제목을 해석해야 하는가? 대개 제목은 한 경의 총체적인 강요(總綱)가 되고, 전체 경문은 한 제목의 세부적인 항목(別目)이 된다. 제목이 이미 밝혀지면 곧 경문은 쉽고 분명하게 이해가 되므로 마땅히 먼저 제목을 해석하는 것이다. 이를 비유한다면, 마치 그물을 끌어올리면 곧 그물의 그물코들이 자연히 드러나고, 옷의 옷깃을 들면 모든 실들이 반드시 반듯해지는 것과 같다. 먼저 제목을 해석하는 것도 역시 이와 같다.
  제목을 해석(釋題)하는 방법에 있어 현수법장賢首法藏은 '십문현담十門玄談'을 사용하였는데 다음과 같다. 첫째는 교기인연敎起因緣, 둘째는 장교소섭藏敎所攝, 셋째는 의리분제義理分齊, 넷째는 교소피기敎所被機, 다섯째는 교체천심敎體淺深, 여섯째는 종취통국宗趣通局, 일곱째는 부류처회部類處會, 여덟째는 전역시대傳譯時代, 아홉째는 총석경제總釋經題, 열째는 별석문의別釋文義이다. 이것이 현수법사가 경을 해석하는 방법이다. 천태대사天台大師는 '오중현의五重玄義'를 사용하였는데, 그 내용을 통석(通釋, 공통적인 해석)과 별석(別釋, 개별적인 해석)의 둘로 나누었다. 통석에는 칠번공해七番共解가 있고 별석에는 오중각석五重各釋이 있다.

칠번공해七番共解란 다음과 같다.

첫째는 표장標章이다. 즉 분과分科를 말한다. 이른바 그 장단(章段, 장의 단락)을 나타내는 것으로, 마치 오중五重으로 나타내어 점차적으로 분명하게 하여 사람들로 하여금 쉽게 기억하여 지니도록 하는 것과 같으니, 이는 염심念心을 일으키려는 까닭이다.

둘째는 생기生起이다. 마치 오중五重으로 차례대로 상생相生하여 일어나는 것이다. 대개 장단章段을 표시하는 것은, 반드시 그 차례대로 일어나 산란하지 않게 하는 것이니, 이는 정심定心을 일으키려는 까닭이다.

셋째는 인증引證이다. 무릇 나타난 말과 논을 사람들로 하여금 깊게 믿게 하는 것은, 마땅히 경전의 근거를 인용하거나 고인들의 유명한 훈계를 인용하여 증명함으로써 말한 바에 오류가 없도록 하는 것이니, 이는 신심信心을 일으키려는 까닭이다.

넷째는 관심觀心이다. 부처님께서 설법하신 모든 법은 다 마음을 벗어나지 않는 까닭에, 법을 들으면 모름지기 구구절절이 자기에게로 귀착되어야 하는 것이다. 현재 강의하는 『반야심경』에서 반야는 지혜라고 번역하며, 지혜는 어리석음(愚癡)에 상대하여 하는 말이다. 지혜는 깨달음이며 어리석음은 미혹한 것이며, 깨달음은 곧 부처이다. 부처는 밖에 있는 것이 아니라 바로 여기 현전現前하는 일념의 본각진심本覺眞心이다. 이 마음은 번뇌와 욕망에 덮여 있는 것도 아니며 경계에 따라 휘둘리는 것도 아닌, 당체가 역력하고 명백하니 이 깨달음의 이치의 지혜를 바로 반야라고도 한다. 이는 실상반야實相般若이며 자성천진불自性天眞佛이며 본각진심이다. 나머지 '바라밀다波羅蜜多'도 역시 이 예에서 알 수 있다. 이것은 관심觀心에 의거하여 제목(名)을 풀이한 것이다. 만약 실상實相을 요달한다면 곧 관심이 본체(體)가 되고, 원인을 닦아 결과를 얻는다면 곧 관심이 종지(宗)가 되며, 미혹을 끊고 진리를 증득한다면 곧 관심이 '역용(力用, 用)'이 되며, (법문의) 깊고 얕음과 대소를 분별한다면 곧 관심이 교상(敎)이 된다. 그런 까닭에 모름지기 관심을 밝히는 까닭은, 사람으로 하여금 바로 듣고 바로 이해하여 정진의 마음(精進心)을 일으키도록 하자는 데 중요한 뜻이 있는 것이다.

　다섯째는 요간料簡이다. 이는 바로 문답問答이다. 문답은 여러 의문을 해석할 수 있다. 이른바 의문은 모르던 것을 타파하여 알게 함으로써 지혜로운 마음을 밝게 열어주므로, 지혜로운 마음을 일으키도록 하려는 까닭이다.

　여섯째는 개합開合이다. 이른바 넓게 열고 간략하게 합함으로써 중생의 근성根性의 영리함과 우둔함에 따르는 것이다. 이 경에서 밝히는 것과 같이, 만약 마음에 미혹함이 있는 중생에게는 곧 색을 합하고 마음은 여니(合色開心), 오온五蘊과 같은 것이 그것이다. 만약 색에 미혹함이 있는 자에게는 색을 열고 마음은 합하니(開色合心), 십이처十二處와 같은 것이 그것이다. 만약 마음과 색에 모두 미혹한 자에게는 마음과 색을 모두 여는데, 십팔계十八界와 같은 것이 그것이다. 만약 마음과 색에 모두 미혹하지 않은 자에게는 마음과 색을 모두 열지 않는다. 왜냐하면 중생으로 하여금 근기에 따라 이익을 얻게 하는 것이 중요하므로, 열고 합하는 것을 밝혀 넓고 간략함을 보임으로써 제각기 근기에 따라 마땅하게 하려는 것이니, 이 또한 지혜로운 마음을 일으키도록 하려는 까닭이다.

일곱째는 회이會異이다. 이른바 이름이 다른 것을 회통하여 "방편에는 많은 문이 있지만 근본에 돌아오는 것에는 두 가지 길이 없다(方便有多門 歸元無二路)"라는 것을 정확하게 알게 함으로써 신심信心을 견고하게 하고, 아울러서 지혜로운 마음을 일으키도록 하려는 까닭이다.

이러한 표장標章, 생기生起, 등의 칠번공해를 갖추는 이유를 마땅히 알아야 한다. 즉 사람들로 하여금 신信, 정진精進, 염念, 정定 혜慧의 다섯 가지 마음을 일으켜 오근五根과 오력五力을 이루어 다섯 가지 장애를 없애고[믿음은 의심의 장애를 없애고, 정진은 나태하고 게으름의 장애를 없애고, 염念은 미혹함의 장애를 없애고, 정定은 산란함의 장애를 없애고, 지혜는 우치의 장애를 없앰], 칠각지[七覺支: 擇法, 精進, 喜, 捨, 除, 念, 定]를 닦고 팔정도[八正道: 正見, 正語, 正業, 正精進, 正思惟, 正命, 正念, 正定]를 수행하여, 삼해탈문[三解脫門: 空解脫門, 無相解脫門, 無作解脫門]에 들어가도록 하려는 것이다. 이와 같이 수행한다면 우둔한 중생이라도 역시 아라한과를 증득할 수 있고, 대승의 근기는 바로 무상보리를 증득할 수 있다. 제목을 해석함(釋題)에 모름지기 칠번공해로 하는 것은 이런 깊은 뜻이 있는 것이다.

다음으로 오중각석五重各釋은 바로 오중현의五重玄義를 이용하여 경의 제목을 각각 따로 해석하는 것이다. 여기서는 비록 천태天台의 경 해석 규범에 의거하고 있지만, 마땅히 번잡한 것은 피하고 간단한 것은 취하여 처음 배우는 사람들에게 편하도록 해야 하므로, 칠번공해는 사용하지 않고 다만 오중각석을 취하고자 한다.

무엇을 일러 오중현의五重玄義라고 하는가? 첫째는 석명釋名, 둘째는 현체顯體, 셋째는 명종明宗, 넷째는 논용論用, 다섯째는 판교判敎이다. 그윽하고 미세하여 보기 어려운 것을 현玄이라고 하며 깊은 뜻이 있으므로 의義라고 한다. 이 오중五重을 사용하여 제목을 해석하면 먼저 경전 안에서 그윽하고 미세하여 보기 어려운 것을 충분히 드러내고, 깊은 뜻이 있는 이치를 가려내어 경 앞에 보임으로써 사람들로 하여금 한 번 경의 제목을 열람하면 바로 경의 대의大意를 알 수 있도록 하기 때문에 오중현의라고 한다.

하나의 경經에는 하나의 이름이 있으며, 하나의 논론論에도 하나의 이름이 있는 까닭에 대개 모든 경과 논을 강의할 때는 먼저 제목을 말하는 것이다. 더구나 임시적인 이름을 통해 실체〔實體: 진리〕를 깨닫는 것이다. 이른바 실체는 마땅히 임시적인 이름을 빌려서 나타내 보이는 것이므로 이름을 해석(釋名)한 다음에는 본체를 드러내야(顯體) 한다. 이미 그 본체를 알았으면 바로 본체를 따라서 닦음〔宗〕을 일으키는데, 이른바 진리에 의지하여 수행을 세우는 까닭에 본체를 드러낸 후에 연이어 종취宗趣를 밝히는 것(明宗)이다. 이어서 실행(實行, 明宗)에 의지하여 공용功用을 얻으니, 이른바 수행을 원인으로 하여 과果를 증득함으로써 대용大用을 드러내는 까닭에 명종明宗 이후에 잇따라서 역용을 논해야(論用) 한다. 공행功行의 깊고 얕음으로 말미암아 역용力用의 승렬勝劣이 나누어지니, 이른바 승렬로써 교상敎相의 권(權, 방편)과 실(實, 진실)을 판단한다. 역용에는 대소와 승렬이 같지 않으므로 논용論用 다음에는 마땅히 교상을 판별(判敎)해야 한다. 이러한 도리를 하나의 예를 들어 설명하면 다음과 같다. 만약 한 친구를 사귀고자 하면 제일 첫째로 먼저 그의 성명을 알아야 하니(釋名), 이는 말할 필요가 없다. 다음으로는 그의 면목을 알아야 하고(顯體), 셋째는 그 성격을 알아야 하며(明宗), 넷째는 그 재주와 학식을 알아야 하며(論用), 다섯째는 그 인격을 알아야(判敎) 한다. 이런 다음에야 비로소 그 사람과 거리낌 없이 사귈 수 있는 것이니, 오중현의를 이용하여 경의 제목을 해석하는 것도 역시 이와 같다.

이제 오중현의를 구체적으로 살펴보도록 하자.
첫 번째는 '석명釋名'이다. 석釋은 해석이고 명名은 명목名目이니, 바로 한 경전의 이름을 해석하는 것이다. 고인古人[75]은 모든 경론經論을 해석하고 강의하는 데 있어 모두 일곱 가지 이름(제목)을 세우는 것(七種立名, 七種立題)을 사용하였다. 그렇다면 일곱 가지란 무엇인가?
단인單人, 단법單法, 단유單喩, 인법人法, 인유人喩, 법유法喩, 인법유人法喩를 말한다. '인人'에는 원인의 인과 결과의 인이 있으며, '법法'에는 수행의 법과 성품(性)의 법이 있으며, '유喩'에는 단편적인 비유와 전체적인 비유가 있다.
1. 단인입명(單人立名, 오직 사람으로만 제목을 세움)은 『유마경』, 『불설아미타경』 등과 같은 것이다. 유마維摩는 사람인데, 인지因地에서 수행하는 사람이므로 '인인因人'이다. 『불설아미타경』에서 앞의

---
[75] 천태교학을 완성한 천태지의(天台智顗, 538~597) 대사를 말함.

불佛은 곧 설법하는 주체인 사람(能說人)으로 본사 석가모니불을 가리키며, 뒤의 아미타阿彌陀는 설법의 대상인 사람(所說人)으로 곧 낙방(樂邦, 극락)의 교주教主이시니, 이 두 분은 모두 불과를 얻은(果上)의 사람으로 '과인果人'이다. 이 두 경은 오직 사람으로만 경의 제목을 삼았고, 법이나 비유가 없다.

  2. 단법입명(單法立名, 오직 법으로만 제목을 세움)은 『원각경』, 『열반경』 등과 같은 경이다. '원각'과 '열반'은 모두 수행하여 얻은 성불의 법으로, 경의 제목에는 사람이나 비유가 없다.

  3. 단유입명(單喩立名, 오직 비유로만 제목을 세움)은 『보운경寶雲經』, 『범망경梵網經』 등과 같은 경이다. 경에 말하기를 "이때에 세존께서 모든 대범천왕大梵天王의 칠보七寶로 만들어진 망라당網羅幢을 관하시고는, 무량한 세계는 그물(網)의 구멍과 같으니, 그 하나하나의 세계는 각각 다르다"고 하셨으니, 넓게 설한 『화엄경』과 같다. 여기서 '보운寶雲'과 '범망梵網'은 비유이니, 경의 제목에는 사람과 법이 없다.

  4. 인법입명(人法立名, 사람과 법으로 제목을 세움)은 『문수문반야경』, 『약사여래공덕경』 등과 같은 경이다. '문수文殊'와 '약사藥師'는 사람이며 '반야'와 '공덕'은 법에 속하니, 경의 제목에는 비유는 없다.

  5. 인유입명(人喩立名, 사람과 비유로 제목을 세움)은 『여래사자후경如來獅子吼經』, 『보살영락경菩薩瓔珞經』 등과 같은 경이다. '여래如來'는 부처님의 열 가지 명호 중의 하나이니, 이는 사람〔果人〕이다. '사자후獅子吼'는 비유이다〔사자는 맹수 중에 왕이며 그 울음소리에 모든 짐승들이 굴복하며, 부처님은 법法 중에 왕이며 두려움을 없애는 설법에 십계十界의 중생이 모두 따르므로, 사자후로써 여래의 설법을 비유한 것이다〕. 또

'보살'은 사람(因人)이고 '영락瓔珞'은 비유이니, 경의 제목에는 법은 없다.

6. 법유입명(法喩立名, 법과 비유로 제목을 세움)은 『묘법연화경』, 『금강반야경』 등과 같은 경이다. '묘법妙法'과 '반야'는 법이며 '연화'와 '금강'은 비유로서, 경의 제목에는 사람은 없다.

7. 인법유입명(人法喩立名, 사람과 법과 비유로 제목을 세움)은 바로 『대방광불화엄경』으로 '대방광大方廣'은 법성法性이며, '불佛'은 과인果人이며, '화엄華嚴'은 비유이다[인지因地의 수행이 미묘한 것이 마치 큰 보배 꽃(大寶華)으로 일승一乘의 불과佛果를 장엄한 것과 같다]. 또 『불설우보다라니경佛說雨寶陀羅尼經』에서 '불佛'은 사람이고 '우보雨寶'는 비유이며 '다라니陀羅尼'는 법이니, 이 셋이 구족한 까닭에 '사람과 법과 비유로써 제목을 세움'이라 한다.

불경이 비록 만 권에 이르도록 많아도 단지 이 칠종입명七種立名으로써 남김없이 다 포괄할 수 있다.

지금 강의하는 이 『반야심경』은 도대체 무엇으로써 이름을 세웠는가? '반야般若'는 법이고 '바라밀波羅蜜'은 비유이니, 경의 제목에 사람은 없고, 또 인법人法도 인유人喩도 인법유人法喩도 아니므로, 결국 법유法喩로서 이름을 세운 것이다.

〔표15〕 칠종입명표七種立名表

1. 단인單人	불설아미타경, 유마경
2. 단법單法	열반경, 원각경
3. 단유單喩	법망경, 보운경
4. 인법人法	문수문반야경, 약사여래공덕경
5. 법유法喩	묘법연화경, 금강반야경
6. 인유人喩	여래사자후경, 보살영락경
7. 인법유人法喩	대방광불화엄경, 불설우보다라니경

두 번째는 '현체(顯體, 辨體라고도 함)'이다. 현顯은 나타내 보이는 것이며 체體는 자성自性의 본체인 진리를 말하니, 곧 한 경전의 진리를 나타내 보이는 것이다. 앞의 석명釋名은 이름을 임시로 빌린 것이 손님과 같은 것으로 능전(能詮, 경전의 뜻과 이치〔義理〕를 설명하는 것)이 되며, 지금의 현체顯體는 실제적인 뜻(實義)으로 주인과 같은 것이니 소전(所詮, 설명으로 드러나는 경전의 뜻과 이치)이 된다. 경의 제목은 마치 사람의 이름과 같으며, 경의 실제적인 뜻은 사람의 신체와 같다. 경에서 만약 본체本體가 없으면 바로 부처님의 말씀에 부합되지 않으므로 삿되게 전도되어 인증할 수 없으므로 세상에 전해질 수 없다. 마치 사람이 이름만 있고 신체가 없으면 곧 평범한 사람이라도 가리켜서 알 수 없는 것과 같다. 이는 거북의 털과 토끼의 뿔과 같아서 (龜毛兎角) 분명한 사실이 아닌 것이다. 모름지기 경 가운데의 문자는 방편의 언어가 아님이 없다는 것을 알아야 하니, 사람으로 하여금 이름을 좇아서 본체를 얻도록 하는 데에 그 의미가 있다. 이는 바로

'통발로 인해 고기를 잡는다(因筌得魚)', '손가락으로 말미암아 달을 본다(由指見月)'는 의미와 서로 같다. 만약 이름을 따르되 본체에 미혹하다면 비록 삼장 12부 경전을 두루 열람하여 문자를 꼭꼭 씹어 이해한다 할지라도 진실한 이익을 얻을 수 없다. 마치 늙은 쥐가 생강을 씹는 것과 같아 결국 얻을 수 없으니 무슨 이익이 있겠는가? 그러므로 이름을 해석(釋名)한 다음에는 반드시 본체를 나타내 보여야(顯體) 하는 것이다. 모든 경론은 대승과 소승의 양종으로 나누는데, 항상 소승 경전은 삼법인三法印으로써 본체를 삼는다고 말하고, 대승 경전은 일법인一法印으로써 본체를 삼는다고 말하고 혹은 실상實相으로써 본체를 삼는다고 말한다. 하지만 이는 하나의 막연한 말이며, 실제적인 연구에 의거하면 매 하나의 경론마다 제각각 특별하게 갖추고 있는 이체理體가 있는 것이다. 마치 『화엄경』은 일진법계一眞法界로써 본체를 삼고, 『능엄경』은 여래장묘진여성如來藏妙眞如性으로써 본체를 삼으며, 『아미타경』은 상락아정常樂我淨의 사덕四德으로써 본체를 삼는 것과 같다. 그렇다면 이 『반야심경』은 무엇으로써 본체를 삼는가? 바로 제일의공第一義空으로써 본체를 삼으니, 이 경에서 말한 '무소득無所得' 세 글자가 바로 제일의공의 뜻이다. 혹은 실상으로써 본체를 삼는다고도 하는데, 경에서 말한 '시제법공상是諸法空相'이 그것이다.

세 번째는 '명종明宗'이다. 명明은 명백히 밝힘이며 종宗은 종요(宗要, 핵심 종지)이다. 이는 곧 한 경의 종요宗要를 명백히 밝히는 것이다. 또는 종취宗趣라고도 하는데, 말에 의해 숭상되는 것을 일러 종宗이라고 하며, 종이 돌아가는 곳을 일러 취趣라고 한다. 이는 나아가는 방향의 귀착점이며, 본체를 이해하는 핵심관건(樞機)이다. 진실로 체體가 아니고는 종宗을 이해할 수 없으며, 종이 아니고는 체를 세울 수 없으니, 바른 체를 이해하고자 하면 반드시 종취를 밝혀야 한다. 만약 수행자가 종취를 알지 못하면 곧 수행의 업이 돌아갈 곳이 없게 되니, 어떻게 불가사의하고 묘한 본체(妙體)를 깨달을 수 있겠는가? 그러므로 종취를 알지 않으면 안 되는 것이다. 앞의 본체는 수행자로 하여금 이치를 깨닫게 하는 것으로, 이는 성덕性德에 속한다. 지금의 명종은 수행자로 하여금 수행을 일으키게 하는 것으로, 이는 수덕修德에 속한다. 성덕은 천부적으로 타고난 것으로 사람들이 모두 다 갖추고 있는 것이고, 수덕은 반드시 사람의 힘으로 수행해 나아가야 비로소 얻을 수 있는 경계이다. 이른바 성덕에 의하여 수덕을 일으키며(依性起修) 수덕으로 말미암아 성덕을 증득하면(由修證性) 자연히 진실로 획득하여 받아쓸 수가 있다. 여기서 하나의 비유로 말해보자. 가옥은 종宗에 비유되고, 허공은 체體에 비유될 수 있다. 즉 허공(體)이 비록 모든 것에 두루 미치지만, 반드시 가옥(宗)을 세워야만 비로소 바람을 막고 비를 피하여 사람이 거주하고 물건을 놓을 수 있는 것이다. 만약에 체만 있고 종이 없다면, 이는 마치 광대한 허공이 있다 하더라도 끝내 하루도 평안히 머무를 수가 없는 것과 같다. 그러므로 체를 나타내 보인(顯體) 다음에는 반드시 종을 밝혀야(明宗) 한다. 다만 모든 경론에는 다 제각기 자신의 종취宗趣를 갖추고 있으니, 마치 『법화경』은 일승인과 一乘因果로써 종을 삼고, 『금강경』은 발보리심으로써 종을 삼고, 『아미타경』은 믿음과 발원과 지명염불(信願持名)로써 종을 삼는 것과 같다. 그런데 현재 우리가 공부하는 이 『반야심경』은 무엇으로써 종취를 삼는가? '관조반야觀照般若'가 바로 이 경의 종취이니, 경에서 말한 '조견오온개공照見五蘊皆空'이다.

네 번째는 '논용論用'이다. 핵심적인 의미(要義)를 발휘하는 것을 논論이라 하니, 곧 토론하고 설명한다는 뜻이다. 용용은 공용功用이니, 수행하여 성취하는 것이 공功이며 얻게 되는 이익이 용用이다. 또 역용力用이라고도 하는데, 역力에는 능력能力과 감력感力이 있고, 용用에는 작용作用과 수용受用이 있다. 능력과 작용은 원인에 속하며 수행 방면에 입각해서 말한 것이고, 감력과 수용은 결과에 속하며 증오證悟 방면에 입각해서 말한 것이다. 또 악을 없애는 힘(力)은 미혹함을 끊음(斷惑)에 속하고, 선을 일으키는 용用은 과를 증득함(證果)에 속한다. 요컨대, 수행의 결과는 효력效力과 응용應用을 발생시킨다는 말이다. 이 경은 관조반야觀照般若로써 공행功行함으로써 아래에서 말하는 묘용妙用을 얻게 되는 것이다. 앞의 명종明宗은 본체를 깨닫는 (수행) 방법이고, 지금의 논용論用은 본체를 증득하는 묘용이다. 만약 묘용이 없이 헛되이 수행하면 모든 수행이 아무런 이익이 없는데, 누가 이를 즐겨 하겠는가? 그러므로 종취를 밝힌(明宗) 이후에는 반드시 역용을 논해야(論用) 하는 것이다. 모든 경론에는 다 제각기 자신의 묘용을 갖추고 있으니, 마치 『능엄경』은 애욕을 여의고 해탈을 얻음(離愛得脫)으로써 용을 삼고, 『금강경』은 머무름 없이 마음을 냄(無住生心)으로써 용을 삼으며, 『아미타경』은 왕생하면 퇴전이 없음(往生不退)으로써 용을 삼는 것과 같다. 그러면 이 경에서는 무엇으로써 묘용을 삼는가? 바로 세 가지 허망함(三妄)을 깨뜨리고 세 가지 장애(三障)를 제거하여 구경에 성불하는(破三妄除三障究竟成佛) 것으로써 묘용을 삼는다. 경에서 말하는 "색도 없고 수도 없으며 내지 의식계도 없다(無色無受 …… 乃至無意識界)"는 바로 범부가 색에 집착하는 망상妄相을 깨트리는 것이다. "무명도 없고 내지 노사도 없으며, 고집멸도도 없다(無無明乃至無老死 無苦集滅道)"는 바로 이승인二乘人이 공에 집착하는 망상을 깨트리는 것이다. "지혜도 없고 얻음도 없다(無智亦無得)"는 바로 권교보살이 공空과 가假의 두 변에 집착하는 망상을 깨트리는 것이다. 그러므로 세 가지 허망함(三妄)을 깨트린다고 말한 것이다. 또 "마음에 걸림이 없고(心無罣碍)"는 곧 업장業障을 제거하는 것이고, "공포도 있지 않고(無有恐怖)"는 곧 보장報障을 제거하는 것이며, "전도몽상을 영원히 벗어났다(遠離顚倒夢想)"는 곧 번뇌장煩惱障을 제거하는 것이다. 그러므로 세 가지 장애(三障)를 제거한다고 말한다. 또한 "반야바라밀다에 의지하므로 아뇩다라삼먁삼보리를 얻은(依般若波羅蜜多故得阿耨多羅三藐三菩提)" 까닭에 구경에 성불한다고 말한 것이다. 이를 볼 때, 이 경은 확실히 세 가지 허망함(三妄)을 깨뜨리고 세 가지 장애(三障)를 제거하여 구경에 성불하는 것으로써 묘용을 삼은 것이 의심할 여지가 없다.

다섯 번째는 판교判敎이다. 판判은 판별이며 교敎는 교상敎相이다. 이른바 한 경에 속해 있는 교상敎相을 판별하는 것이다. 부처님께서 중생을 교화하고 인도하시는 언어와 문자를 일러 교敎라고 하고, 부처님 일대시교一代時敎의 순서에 있어 깊고 얕음을 판별하는 것을 일러 상相이라 한다.

석존께서는 30세에 성도하시고 80세에 열반하셨는데, 적멸도량에서부터 시작하여 사라쌍수에서 열반하시기까지 49년 동안 경을 300여회를 강의하셨고, 이는 나중에 삼장 12부경으로 결집되었다. 이 속에는 대승과 소승, 권교와 실교, 돈교와 점교, 편교와 원교의 이치가 각각 섞이어 진술되어 있으므로, 만약 경을 판단하여 해석(判釋)하지 않으면 현재 우리가 공부하는 『반야심경』에서 드러나는 교의敎義가 도대체 돈교인지 점교인지, 또는 권교인지 실교인지 알지 못하여 경의 취지가 혼돈되는 것을 면할 수 없으므로, 교상을 판별(判敎)하는 것이 필요하다.

여래의 일대설법一代說法은 광활하기가 안개 낀 바다처럼 넓기에, 천태지자대사天台智者大師는 영산靈山에서의 가르침을 친히 계승하고(靈山親承)[76] 대소산에서 오묘한 깨달음을 얻어(大蘇妙悟)[77] 오시팔교五時八敎로써 여래의 일대성교一代聖敎를 파악했는데, 조리가 있고 어지럽지 않으니 그 판석判釋의 밝기가 해와 달과 같아서 더할 나위가 없었다. 오시팔교는 부처님께서 중생을 교화하시는 하나의 큰 강령과 순서라 할 수 있다〔오시五時는 시간적인 순서이며, 팔교八敎는 가르침의

---

[76] 영산친증靈山親承: 석가모니불의 가르침을 친히 계승했다는 뜻. 『수천태지자대사별전隋天台智者大師別傳』(대정장 2050, p.191c)에 의하면, 천태대사가 광주 대소산으로 스승 혜사慧思를 찾아가 절하니, 혜사가 말하기를 "옛날 영취산에서 함께 법화경을 들었는데, 전생 인연을 따라 지금 다시 왔구나(昔日靈山同聽法華 宿緣所追 今復來矣)"라고 나온다. '영산친증'은 여기에 근거한 표현이다.
[77] 대소산에서 혜사의 가르침으로 공부하여 법화삼매를 체득한 것을 말함. 대소개오大蘇開悟라고도 한다.

순서이다]. 다시 말해, 여래께서 한평생 중생을 교화하신 것을 그 근기에 알맞은 순서대로 조정한 것으로서 시간적인 측면에서 나눈 것이 오시이고, 교법적인 측면에서 나눈 것이 팔교이다. 여래께서 한평생 설법하신 것은 중생의 근기를 따라 가르침을 베푸신 것이 아님이 없다. 왜냐하면 중생의 근기는 천차만별이기 때문이다. 그런 까닭에 여래의 설법도 바로 한결같지 않다는 것을 알아야 한다. 이른바 '시간에는 선후가 있고 가르침에서는 방편(權)과 진실(實)이 있다'는 말이다. 49년 동안의 설법을 시간적으로 모두 계산해보면 짧지 않고, 삼장 12부로 결집도 그 교의敎義가 적지 않다. 만약 이를 정리하지 않는다면 실제로 그 내용, 즉 교의의 종류와 설법의 단계 등을 모두 탐구할 방법이 없다. 지자대사는 특출한 안목과 수단을 가지고 있었으니, 여래의 일대 설법의 순서를 파악하여 엄격하고 정밀하게 판석한 것이 통오시通五時와 별오시別五時가 되고, 일대 설법의 교의를 파악하여 명백하고 자세하게 판석한 것이 두 가지 사교(化法四教, 化儀四教)인 팔교八教가 된 것이다. 먼저 오시를 밝히고, 그 다음에 팔교를 밝히고자 한다.

　오시五時는 부처님께서 성도成道하신 뒤에 49년 동안 근기에 응하여 설법하신 선후관계를 말하며, 전체적으로 그 순서를 다섯 시기로 나누었으니, 이를 일러 오시라고 한다. 오시에는 어떤 것이 있는가? 통오시通五時와 별오시別五時의 두 종류가 있으니, 통오시는 오시가 각각 서로 상통할 수 있는 것이고, 별오시는 오시가 각각 따로 자신의 한계를 가지고 있는 것이다.

여기서는 먼저 '별오시'를 말한다.

첫째, 화엄시華嚴時이다. 이는 『화엄경』을 설법하셨을 때인데, 그 설법은 칠처팔회七處八會[78]에 걸쳐 이루어졌다〔화엄경은 만행萬行이라는 인지의 꽃(因華)으로써 일승의 과덕果德을 장엄한 경이다. 진나라 번역본은 60권, 당나라 번역본에는 80권이다〕. 세존께서 처음에 성도하셨을 때에 일진법계一眞法界의 묘리妙理를 마음껏 드러내시기 위하여 천장千丈이나 되는 노사나불盧舍那佛의 몸으로 나타나서 큰 근기의 보살들을 위하여 스스로 증득한 법문을 설법하시고 화장華藏의 경계를 말씀하셨다〔보신불은 청정하고 원만함(淨滿)이라 번역하는데, 번뇌가 완전히 청정해지고 복덕과 지혜가 원만함에 이른 것을 의미한다〕. 아쉽게도 한 부류의 근기가 둔한 소승의 무리들은 이를 이해하지 못하였으니, 귀머거리나 장님과 같아서 보지도 못하고 듣지도 못하였던 것이다. 이른바 귀가 있어도 원돈교圓頓敎를 듣지 못하고 눈이 있어도 노사나불을 보지 못하여, 다만 여래로 하여금 하나의 노파심(老婆心, 자비심)을 지니도록 한 것이다. 요컨대 대승 원돈법문圓頓法門을 곧바로 말씀하시어 그들로 하여금 즉시에 초월하여 곧바로 들어오게(頓超直入) 하셨는데, 오직 대승의 예리한 근기를 가진 보살들만이 받아들이게 되었으니 이를 화엄시라고 한다.

둘째, 아함시阿含時이다. 이는 『아함경』을 설법하셨을 때인데 녹원

---

[78] 설법의 장소가 일곱 번, 법회의 수가 여덟 번이라는 뜻. 이는 불타발타라(佛馱跋陀羅, 359~429)가 동진東晉 때(428~420) 번역한 60권 진역晉譯 화엄경의 경우이고, 실차난타(實叉難陀, 652~710)가 당나라 때(695~699) 번역한 80권 당역唐譯 화엄경의 경우는 칠처구회七處九會이다.

시鹿苑時라고도 한다. 아함阿含은 무비법無比法이라 번역하는데, 세간의 모든 법과 더불어 비교할 수 없다는 것을 말한다. 설법한 경의 이름으로 말할 때에는 아함시라고 하며, 경을 설법한 장소로 말할 때에는 녹원시라고 한다. 왜냐하면 『아함경』을 최초로 설법한 장소가 녹야원(鹿苑)이기 때문이다. 『화엄경』을 설법하신 뒤 12년 동안 부처님께서는 근기가 낮은 가진 사람들을 이끌어 들이기 위하여 4아함경을 설법하셨다. 4아함경에서 『증일아함경增一阿含經』 51권은 주로 인천人天의 인과를 밝히며, 『장아함경長阿含經』 22권은 주로 외도外道를 타파하며, 『중아함경中阿含經』 60권은 참된 적멸寂滅의 깊은 뜻을 밝히며, 『잡아함경雜阿含經』 50권은 모든 선정禪定을 밝히고 있다. 이는 전적으로 소승법문을 말씀하신 것으로서 특별히 둔근기 중생들에게 가피를 주시기 위한 것이다. 왜냐하면 화엄회상華嚴會上에서는 작은 근기를 가진 중생들이 대승의 가르침에 계합하지 못하였던 까닭에 여래께서는 대승을 감추시고 소승을 나타내시어 진실(實敎)을 위해 방편(權敎)을 베푸신 것이다. 처음에 녹야원에서 5비구〔교진여憍陳如, 액비額鞞, 발제跋提, 십력가섭十力迦葉, 마남구리摩男俱利〕들에게 사제와 12인연을 설법하시고, 계속하여 16개의 큰 나라들을 다니면서 여러 소승법문인 4아함을 설법하시고 아울러 9부 수다라修多羅를 설법하셨다. 12부에서 '방광方廣', '수기授記', '무문자설無問自說'의 3부를 제외하면 소승의 9부가 된다. 만약 12부에서 '인연因緣'과 '비유譬喩'와 '논의論議'를 제외하면 대승의 9부가 된다. 다만 일반적으로 말하는 9부는 대부분 소승을 말한다. 이것에 대한 상세한 해설은 『열반경』 제3권에 있다. 요컨대 전적으로 소승의 교의만을 말씀하시고, 오로지

한 무리의 둔근기 중생들에게 가피하시어 그들로 하여금 소승으로 말미암아 대승으로 전향하고(由小轉大), 범부를 초월하여 성인에 들어가도록(超凡入聖) 하셨다. 이것이 아함시이다.

셋째, 방등시方等時이다. 이는 『방등경』을 설법하셨을 때이다. 방등方等은 모든 대승 경전의 통칭이다. 방方은 방광方廣이며 등等은 균등이라는 뜻이다. 이른바 광廣은 대소승의 가르침을 말하여 그들로 하여금 균등한 이익을 받도록 하는 것이다. 또 등等은 평등으로 대승의 진제眞諦와 속제俗諦가 평등한 이치를 말한다. 『아함경』을 설법하신 뒤에 8년 동안 부처님께서는 널리 여러 근기를 가진 사람들에게 응하여 『유마경維摩經』, 『사익경思益經』, 『해심밀경解深密經』, 『금광명경金光明經』, 『대집경大集經』 등을 설법하시어 대승을 찬양하면서 소승을 꾸짖고 비판하셨다. 비록 방등은 사교四敎를 원융하게 말했다고는 하나, 실질적인 뜻은 대승법문을 앞장서 창도하고 소승을 책려하여 대승에 나아가도록 하려는 것이다. 왜냐하면 소승의 사람들은 적은 것을 얻는 것에 만족하고 상승(上乘, 대승)을 구하여 나아가는 것을 수긍하지 않기 때문이다. 그러므로 여래는 방등회상方等會上에서 유마거사와 같은 여러 대보살(大士)들을 내세워서 서로 간의 문답을 통해 적극적으로 소승 편교偏敎를 배척하고 대승 원교圓敎를 크게 칭찬하여, 그들로 하여금 소승을 부끄러워하고 대승을 흠모하게 하여 상승上乘으로 방향을 바꾸도록 하신 것이다. 요컨대 편교와 원교를 함께 나열하고 권교와 실교를 함께 베풀어서 소승을 이끌어서 대승으로 나아가게 하는 것이 목적인데, 이것이 방등시이다.

넷째, 반야시般若時이다. 이는 『반야경』을 설법하셨을 때이다. 『방등경』을 설법하신 후 22년 동안 부처님께서는 공空을 넓히고 집착을 깨트리기 위해 4처16회四處十六會[79]에 걸쳐 모든 반야부 경전[80]을 말씀하시어 진공실상眞空實相과 진제와 속제의 원융한 이치(眞俗圓融)를 열어 보이셨다. 여러 소승인들은 방등회상方等會上을 경과하면서 여러 가지로 힐책받고 꾸지람을 들었는데, 비록 마음으로는 대승을 흠모하지만 정情에 집착하는 것이 아직도 없어지지 않은 까닭에 눈으로 보아도 아직까지 (정이) 없어지지 않아 감히 당장에 받아들이지 못하고, 청정한 불국토에 대해서도 좋아하고 즐거워하는 마음이 없다. 이에 여래께서는 특별히 반야로써 이 장애를 없애주신 것이다. 요컨대 허망함을 깨트리고 진실을 드러내며, 색에 즉하여 공을 밝히시어 그들로 하여금 나머지 집착을 소제掃除하시어 가르침을 전환하여 융통하게 하고 중도실상의 문으로 빨리 나아가도록 하여 법화회상法華會上에서 수기를 받아 부처가 되는 근본을 짓게 하시니, 이것이 반야시이다.

다섯째, 법화열반시法華涅槃時이다. 이는 『법화경』과 『열반경』을 설법하셨을 때이다. 『반야경』을 설법하신 후에 7년간 부처님께서는 중생의 근기가 이미 성숙하였음을 보시고, 개권현실開權顯實[81]하기

---

[79] 4처16회의 법회: 첫째는 왕사성 영축산에서 7회, 둘째는 실라벌성 급고독원에서 7회, 셋째는 타화자재천 왕마니보장전에서 1회, 넷째는 왕사성 죽림원 중의 백로지 변에서 1회이다.

[80] 반야부 경전은 십류팔부十類八部로 나누는데, 『대반야경』은 모두 600권이다.

[81] 개권현실開權顯實: 성문승, 연각승 등의 방편을 열어 일불승의 진실을 나타낸다는 뜻. '개開'는 권교·소승의 집착을 제거하는 것이고, '현顯'은 실교·원교의 이치를 나타내 보이는 것이다.

위하여 『법화경』 7권을 설하시고 원만한 법문을 도탑게 말씀하시면서 일승一乘의 인과를 열어 보이셨다. 『법화경』을 설하시고 3개월 뒤, 부처님께서는 장차 열반에 임하시기 전에 하루 밤낮을 모두 근기의 중생들을 거두시기 위하여 『열반경』 2권을 강의하시어 거듭 상주불성常住佛性을 개시하셨다.

『법화경』은 곧 여래 40년 이래 최후의 지극한 말씀이시니, 앞에서는 방등시를 물리치고 반야시에 원융하게 회합하였는데, 근기가 이미 순숙해진 여기에 이르러서는 장자長子가 그 가업을 잇는 것과 같고 태자가 왕위를 이어받는 것과 같다. 곧 영산회상靈山會上에서 곧바로 부처님의 지견知見을 열어 보이시니, 이승인二乘人들은 여기에 이르러서 각자가 부처님이 되리라는 수기를 받게 되는 것이다. 진실로 법화는 개권현실開權顯實이며 방편을 모아 진실로 돌아가는(會權歸實) 구경의 일승교임을 알아야 한다. 이에 근거하면 앞의 사시四時는 방편을 베푸신 것이고, 지금의 법화는 진실의 뜻을 위함이다. 앞의 사시에서도 비록 원교圓敎를 밝혔지만, 다만 이는 앞의 삼교三敎 방편의 이치를 겸하여 설한 것으로 상대적인 법이고, 법화시와 같이 순수하고 원융圓融한 일실一實의 가르침은 아니다. 요컨대 법화시에서 삼승의 방편을 모아 일승의 진실로 돌아온 것(會三乘之權 歸一乘之實)이다. 이른바 '곧바로 방편을 버리고 다만 무상도만을 설할 뿐이다(正直捨方便 但說無上道)'는 것이니, 이것이 법화시이다.

『열반경』은 여래의 마지막 부촉이며, 이는 사교(四敎, 藏通別圓)를 모두 갖추어 말하고 있으나 두 가지[82] 점에서 같지 않은 것이 있다. 첫째는 추설사교追說四敎이니, 여래께서는 법화회상에서 누락된 (법화시 이전) 근기의 중생들이 있어 아직 원묘圓妙의 종지에 참예하지 못할까를 염려하신 까닭에, (그들을 다시) 따라가 설하시어(追說) 이들을 거둠으로써, 그들이 함께 일승의 진실로 돌아오게 하신 것이다. 당시에 누락된 근기를 거두어들일[83] 뿐만 아니라, 또한 말세의 우둔한 근기를 가진 중생들에게 거듭하여 (사교로써) 방편을 베푸는 까닭에 추설追說이라고 한다. 둘째는 추민사교追泯四敎이니, 민泯이란 멸하다, 제거하다는 뜻이다. 비록 앞의 사시四時에서 설법한 교의를 추설했다고 하지만, 설법에 따르기도 하고 제거함에 따르기도 한[권교와 소승을 열기도 하고 제거하기도 함] 까닭에 추민追泯이라고 한다. 이는 권교와 소승을 없애고 (일승원교를) 개시한 것이다. 총체적으로 말하면, 추설은 권교權敎를 베푸는 것이며, 추민은 실교實敎를 드러내는 것이다. 또한 추설은 진실을 위하여 권교를 베푸는 것(爲實施權)이고, 추민은 권교를 폐하고 실교를 세우는 것(廢權立實)이라고도 말할 수 있다. 왜냐하면 부처님께서 열반에 임박했을 때에 갑자기 달려온

---

82 추설사교追說四敎와 추민사교追泯四敎를 말한다. 천태 교판에서 『열반경』을 설하는 방식을 나타내는 용어이다. 추설追說이란 먼저 앞의 법화회상의 가르침은 우선 남겨두고 다시 사교四敎의 가르침을 설하는 것을 말한다. 추민追泯이란 법화회상 이후에 곧바로 불성상주佛性常住의 이치를 설함으로써 사교의 차별을 없애고 일승 실교로 돌아오게 하는 것이다. 『법화현의法華玄義』 권2하, 『법화현의석첨法華玄義釋籤』 권2하, 『지관보행전홍결止觀輔行傳弘決』 권3에 나온다.(『불광대사전』, p.4335中 참조).

83 제관諦觀의 『천태사교의天台四敎儀』에 의하면, 열반시에서 부처님은 법화시에서 설한 내용을 미처 이해하지 못하여 누락된 중생들을 위해 다시 사교를 설하여(追說) 대열반에 들어가도록 하셨는데, 이런 까닭에 이 가르침을 떨어진 이삭을 줍는 가르침, 곧 군습교捃拾敎라고 했다.

한 부류의 근기가 있었으니, 예컨대 수발타〔須跋陀: 늙은 바라문(梵志)으로 나이가 120세〕가 와서 부처님에게 출가하기를 청하였다. 이에 부처님은 먼저 권교의 법을 설법하여 아라한과를 얻게 하였다. 이는 권교를 베푼 것이며 추설追說이다. 나중에는 상주불성常住佛性을 설법하여 삼덕비장(三德秘藏: 法身德, 般若德, 解脫德)을 가리켜 돌아오게 하였는데, 이는 실교實敎를 드러낸 것으로 추민追泯이다. 이것이 바로 권교를 폐하고 실교를 세웠다는 뜻이다. 요컨대 거듭 교법을 베풀어서 나머지 근기를 가진 중생을 추설과 추민으로 거두시니, 이것이 열반시이다. 그러므로 열반과 법화는 모두가 대승의 구경성불究竟成佛의 이치를 밝힌 까닭에 합하여 한 시기가 되는 것이다. 여래의 일대사一大事는 여기에 이르러 완전히 마치게 되어, 부처님께서 세상에 나오시어 본래 품으신 뜻(出世本懷)이 이로부터 널리 드날리기 시작한 것이다.

앞에서 여러 번 밝힌 것과 같이, 방등과 열반은 비록 사교四敎를 갖추어 말했지만 단지 그 내용에서는 두 가지가 같지 않은 부분이 있으니, 배우는 이들이 이를 알지 않으면 안 된다. 첫째, 방등시의 사교 가운데서 원교는 처음과 나중에 다 상주불성과 열반이 같다는 것을 알고, 별교는 처음에는 알지 못하다가 나중에 알며, 장교와 통교는 처음과 나중에도 모두 알지 못한다. 열반의 사교에 이르면 사교의 처음(장교)부터 나중(원교)까지 다 상주불성을 안다. 이것이 첫 번째로 같지 않은 것이다. 둘째, 방등시에서는 삼장교(藏敎)에 대해서는 반자법문半字法門이라 말하고, 통교·별교·원교에 대해서는 만자법문滿字法門[84]이라 한다. 열반시는 바로 장통별藏通別 삼교의 방편법문을 사용하여 일실一實의 이치를 드러내는 것인데, 이것이 두 번째로 같지 않은 것이다. 이상이 별오시別五時가 된다. 이른바 '아함 12년 설법, 방등 8년 설법, 반야 22년 설법, 법화·열반 공히 7년, 화엄 최초 21일'인 것이다. 이상에서 설명한 별오시는 여래께서 가르침을 베푸신 순서를 밝힌 것으로서 이것은 한 번 가는 말(一往之言: 어떤 범위 내에서만 옳은 말)이지 절대적으로 긍정하는 것은 옳지 않다. 그 이유는 나중에 설명할 것이다. 배우는 이들이 편벽되게 집착하여 잘못 이해할까 염려스러우므로 다음에서는 마땅히 통오시通五時를 밝히겠다.

다음은 통오시通五時이다.

이는 오시에서 설법한 교법은 전후가 상통하므로 어떤 때에 어떤 경을 설법하였다는 것에 국한되지 않는다는 말이다. 대개 여래의 설법은 본래 정해진 때가 없으며 또한 정해진 법도 없다. 중생의 근기가 제각기 다르고 근성根性도 예리함과 우둔함이 같지 않으므로 인해, 여래께서는 자비慈悲로서 상대를 교화하는 데 있어 하나하나 근기와 때에 따라 교화하여 이를 거두어들이지 않음이 없으시다. 마땅히 알아야 하나니, 한 자리에서 설법하신 것에도 오히려 대승과 소승, 돈교와 점교, 편교와 원교의 근기가 있거늘 하물며 일대의 설법을 어찌 연한으로 구속하여 전후가 서로 융통하게 못하도록 했을 것인가? 만일 화엄의 돈교를 설법하실 때에 작은 근기를 가진 사람이 참석하게 되면 역시 마땅히 방편으로 개시하시니, 어찌 그들을 포기하

---

84 반자와 만자 이야기는 『대반열반경大般涅槃經』 제8권 「如來性品第四之五」(대정장 374, p.414)에 나온다.

여 제도되지 못하게 놔두시겠는가! 혹은 아함의 소승교를 설법하실 때에 보살의 큰 근기를 가진 사람을 만나면 또 어찌 열반 혹은 법화의 회상에 이를 때까지 기다려야 비로소 거두어들이시겠는가? 그렇지 않다고 말한다면 이는 타당하지 않은 의론을 일으키는 것이다. 마땅히 알아야 할 것은, 이 오시의 분배는 대개 경장을 결집한 시기에 따라 후대의 학자들로 하여금 편리하게 연구하여 보기 쉽도록 한 것이며, 그 사이에 글의 뜻과 교의가 서로 일치하는 것은 종류별로 묶고 귀속시켜 별오시로 섭수한 것이다. 이 때문에 만약 단순히 별오시만 밝힌다면, 이는 바로 여래의 일대시교를 총체적으로 깨닫는 데 있어 하나하나를 원만하고 골고루 섭수할 수 없으므로 타당하지가 못하다. 그런 까닭에 모름지기 재차 통오시를 밝혀 이를 융합하는 것이 필요하니, 이것이 통오시가 된다.

결론적으로 별오시는 설법한 시기를 하나에서부터 다섯까지 나누되 타당한 것에 따라 순서대로 나눈 것으로, 각 시기에 설해진 교의는 돈교, 점교, 권교, 실교가 역력하여 번잡하지 않다. 바꾸어 말하면, 이는 중생의 근기에 따라 여래께서 선후의 순서에 의하여 이를 성숙케 한 것이다. 이른바 처음에 화엄의 '의의擬宜'[85]로 말미암고, 다음에 아함의 '인유引誘'[86], 계속하여 방등의 '책진策進'[87], 그리고 다시 반야의

---

[85] 의의擬宜: 근기에 적합한지 가늠하기 위해 시험적으로 법을 설하는 것. 화엄시에 해당한다.
[86] 인유引誘: 둔근기인 소승을 유인하기 위해 아함경을 설하는 것. 아함시에 해당한다.
[87] 책진策進: 소승을 힐책하고 나무라며 대승으로 회향하기를 책려하는 것. 탄가彈訶 라고도 하며 방등시에 해당한다.

'도태淘汰'⁸⁸, 그리고 마지막으로 법화의 '개현開顯'⁸⁹으로써 구경이 되게 한 것이다.

통오시는 여래께서 중생을 교화함에 있어 때에 따르고 근기에 응하여 가르침을 베푸는 것이 어떤 시간에 한정되지 않고 일정한 순서에 의하지 않는다는 것을 밝힌 것이다. 이른바 『화엄경』을 설할 때는 일률적으로 대승원돈의 이치만을 곧장 설하고, 혹은 『아함경』을 말할 때에는 일률적으로 소승 점교법문만을 말해야 하는 것이 정해진 것이 아니라는 말이다. 이 통오시와 별오시의 도리를 명백히 이해한다면 양종사교(化儀四敎, 化法四敎)가 시간적으로 경과한 것이 분명해져 착오가 없다. 즉 덮어놓고 '아함 12년, 방등 8년, 반야 22년, 법화·열반 7년'이라는 설에 얽매여 여래 설법의 본래 종지를 그릇되게 이해하는 일이 없게 된다.

또 『열반경』「성행품聖行品」중에는 하나의 젖소에서 다섯 가지 맛(五味)이 나와서 차례로 성숙해지는 것을 비유로 설명하고 있다.[부록 5] 이른바 처음에 젖소에게서 나오는 우유(乳), 다음은 우유에서 나온 낙酪, 낙에서 나온 생소生酥, 생소에서 나온 숙소熟酥, 숙소에서 나온 제호醍醐의 맛이다. 이 다섯 가지 맛이 차례로 성숙하는 것은 바로 세존께서 오시로써 중생의 근기를 성숙시키신 것과 같다. 첫째 화엄시는 부처님께서 처음에 성도하였을 때에 한 무리의 대근기 중생들을

---

88 도태淘汰: 나쁜 것, 곧 법(아공, 법공)에 집착하는 것을 가려내어 진공실상을 체득케 하는 것. 반야시에 해당한다.
89 개현開顯: 앞의 네 가지 방편을 열기도 하고 폐하기도 하여 일승원교를 드러내는 것. 부촉附囑이라고도 하며 법화·열반시에 해당한다.

상대하여 대승의 원돈법문을 말씀하신 것으로, 비유하면 젖소에서 나온 우유와 같다. 그래서 화엄시를 유미乳味라고 한다. 둘째 아함시에서는 부처님께서 은근히 대승을 감추고 소승을 드러내셨는데, 이는 『화엄경』을 설하신 다음에 『아함경』을 말씀하신 것으로, 우유에서 낙酪이 나온 것과 같다. 그래서 아함시를 낙미酪味라고 한다. 셋째 방등시는 소승을 유인하여 대승으로 향하게 하는 것인데, 『아함경』을 설하신 다음에 방등의 대승 경전을 말씀하신 것으로 낙酪에서 생소生酥가 나오는 것과 같다. 그래서 방등시를 생소미生酥味라고 한다. 넷째 반야시는 집착을 없애고 정情을 없애기 위하여 방등을 설하신 다음에 반야를 말씀하신 것으로, 생소에서 숙소熟酥가 나오는 것과 같다. 그래서 반야시를 숙소미熟酥味라고 한다. 다섯째 법화시는 방편을 열어 진실을 드러내기 위하여(開權顯實) 반야를 설하신 다음에 법화를 말씀하신 것으로, 숙소에서 제호醍醐가 이루어지는 것과 같다. 그래서 법화시를 제호미醍醐味라고 한다. 이상으로 오시五時와 오미五味의 내용을 간략히 설명하였다.

다음으로 팔교八敎를 밝힌다.

여래의 일대교화一代敎化는 근기에 따라서 가르침을 베푸신 것인데, 한량없는 법문을 다 설하셨지만 이것을 귀납하면 여덟 가지 교상敎相을 벗어나지 않는다. 이를 나누면 두 가지 사교가 되는데, 곧 화의사교化儀四敎와 화법사교化法四敎이고, 합하면 팔교가 된다.

먼저 화의사교化儀四敎를 밝힌다.

돈교頓敎, 점교漸敎, 비밀교秘密敎, 부정교不定敎를 화의사교라고 한다. 이는 부처님께서 중생을 교화하기 위하여 사용한 의식儀式이므로 화의化儀라고 한다. 마치 세상에서 약방문藥方文과 같다.

첫째는 돈교頓敎이다. 돈頓은 즉시에 뛰어넘어 바로 들어가는(頓超直入) 것으로서 차례를 밟지 않는다는 뜻이다. 이른바 '한 번에 뛰어넘어 바로 여래지에 들어가는 것(一超直入如來地)'이므로 돈교라고 한다. 이는 예리한 근기의 사람을 상대하여 대승법을 감당하여 받아들이게 하는 것으로 방편으로 유인하는 것을 이용하지 않고 바로 직접 대승의 즉시에 뛰어넘는(頓超) 법을 베푸는 것이니, 마치 『화엄경』을 설한 것과 같다.

둘째는 점교漸敎이다. 점漸은 점차적으로 나아간다는 말로 소승에서부터 대승에 이른다는 뜻이다. 이른바 오랜 시간을 수행하여 점차적으로 미혹함을 끊고 불과를 증득하는 것인 까닭에 점교라고 한다. 이는 우둔한 근기를 가진 사람을 상대하는 것으로 대승법을 감당하여 받아들이지 못하므로 마땅히 점차적으로 유인(引誘)하는 것이다. 그러므로 먼저 소승을 설하여 얕은 것에서 깊은 곳으로 들어가게 하여 점차적으로 대승으로 인도하여 들어가게 하는 것이니, 마치 『아함경』을 설한 것과 같다.

셋째는 비밀교秘密敎이다. 비밀이란 드러나지 않는다는 뜻이다. 이른바 중생들의 근성은 제각기 달라서 하나의 법회에서 동시에 가르침을 받아도, 부처님은 삼륜三輪의 불가사의한 신통력으로써 원음圓音을 말씀하시어 부류에 따라 이익을 얻게 하신다. 근기가 다른 까닭에 계합되는 것도 같지 않으며, 비록 같은 법회에서 법을 받아들여도 어떤 사람은 점교로 알아듣고 어떤 사람은 돈교로 알아들으니, 각자가 증득하여 깨닫는 것이 같지 않으며 이를 피차가 서로 알지 못하는 까닭에 비밀교라고 한다. 서로 알지 못한다는 것은 같은 자리에서 법을 들은 사람들이 피차 서로 알지 못한다는 것인데, 예컨대 대승의 법을 깨달은 사람은 여래께서 오로지 자기를 위하여 대승의 법을 설하셨다고 생각하고, 소승의 법을 깨달은 사람은 여래께서 오로지 자기만을 위하여 소승의 법을 설하셨다고 생각하는 것과 같다. 또 대승법을 깨달은 사람은 여래께서 모두에게 동일하게 대승법을 설하셨다고 생각하고, 소승법을 깨달은 사람은 여래께서 모두에게 동일하게 소승법을 설하셨다고 생각한다. 『정명경淨名經』에 이르기를 "대성이신 법왕은 모두가 존경하는 바이네. 청정한 마음으로 부처님을 뵈니 기뻐하지 않는 이 없다네. 저마다 세존께서 그 앞에 계심을 보니, 이는 곧 신력의 불공법이라네(大聖法王衆所尊 淨心觀佛靡不欣 各見世尊在其前 斯則神力不共法)"라고 하였다. 이는 바로 같은 자리에서 법을 들어도 피차 서로 알지 못한다는 하나의 확증이다. 또 말하기를 "부처님은 한 음성으로 법을 말씀하시지만, 중생은 부류에 따라 제각기 이해하여 모두가 세존께서 그 말씀하시는 것이 같다고 하니, 이는 곧 신력의 불공법이라네(佛以一音演說法 衆生隨類各得解 皆謂世尊同其語 斯則神力不共法)"라고 하였다. 이는 바로 여래께서 같은 모양으로 하나의 법을 설법하신다고 생각하는 것의 명백한 증명이다. 요컨대 각 사람마다 얻은 법을 피차 서로 알지 못하는 까닭에 비밀이라고 부르는 것이다. 또 하나의 설법이 있으니, 여래께서는 행주좌와의 위의威儀 가운데에서 항상 부처님의 지견을 묵시적으로 다 나타내 보이시는데, 바로 머리를 숙이거나 손을 든다거나 눈을 깜박거리거나 눈썹을 치켜 올리시는 동작들 하나하나가 비밀한 가운데 대법륜을 굴리시는 것이 아님이 없다. 인연 있는 중생은 여기서 각자 깨달아 이익을 얻는 것이니, 이도 역시 비밀교라고 부른다.

넷째는 부정교不定教이다. 이는 비밀교와 함께 같이 듣지만 다르게 들리는 것(同聽異聞)이다.[90] 곧 여래의 설법은 동일하여도 중생에게는 각자가 이해하는 것에 따라 같지 않다. 그래서 근기에 따라 이해하는 것이 같지 않기 때문에 부정교라고 한다.

요컨대 같이 듣지만 다르게 들리는(이해하는) 가운데 피차가 서로 알지 못하는 것은 비밀교이고, 피차가 서로 아는 것은 부정교이다. 근본적으로 두 가르침은 일체一體이지만 피차 서로 아는 것은 현로(顯露, 드러난) 부정교가 되며, 피차 알지 못하는 것은 비밀 부정교가 된다. 또한 이런 도리는 부처님이 한 법회에서 설법함에 있어 그 법회에 자리한 청중들의 근성이 같지 않기 때문에, 여래께서는 근기에 따라 가르침을 베푸시어 그들로 하여금 제각기 따로 이익을 얻게 하려는 것이다. 그래서 돈교와 점교를 겸하여 베푸시고 편교와 원교를 아울러 나타내시니, 돈교를 듣는 사람은 돈교를 깨닫는 이익을 얻고 점교를 듣는 사람은 점교를 깨닫는 이익을 얻는다. 이른바 '부처님은

---

90 동청이문同聽異聞: 듣는 건 똑같이 듣지만 각자에게 들리는 것은 다르다는 말이다. 聽은 능동적으로 듣는 것이고, 聞은 귀에 들리는 것이다. 여기서 聞은 듣고 이해하는 것까지를 포함한다. 『大學』에 이와 같은 맥락으로 "心不在焉 視而不見 聽而不聞 食而不知其味(마음이 있지 않으면 보아도 보이지 않고, 들어도 들리지 않으며, 먹어도 그 맛을 알지 못한다)"라고 나온다.

곧 한 자리에서 다르게 말씀하시니[이 사람에게는 돈교를 말씀하시고 저 사람에게는 점교를 말씀하심] 근기가 다른 중생은 곧 같이 듣지만 다르게 들린다[혹자에게는 돈교로 들리고 혹자에게는 점교로 들림]'는 것이다. 그 설법을 듣는 것이 일정하지 않은 까닭에 이 한 자리의 설법에 대해 바로 어떤 가르침(점교 또는 돈교 등)에 속한다고 확정하여 판단할 수 없다. 그런 까닭에 이를 '부정'이라는 두 글자로 뭉뚱그려서 부정교라고 하는 것이다. 혹은 점교 속에서 돈교의 이치를 깨달을 수도 있고 돈교 속에서 점교의 이치를 깨달을 수 있으니, 이른바 대승의 교리를 듣고 소승의 이치를 깨닫고, 소승의 교리를 듣고 대승의 이치를 깨닫는 것이 일정하지가 않은 까닭에 부정교라고 한다.

『대지도지론』에서는 '부처님께서 녹야원에서 처음에 사제四諦 법륜을 굴리실 때에 교진여 등의 다섯 사람이 수다원과를 얻고 팔만제천八萬諸天들은 법안法眼의 청정함을 얻었으며, 동시에 또한 한량없는 보살들이 있어 대승법을 듣고 무생법인(無生忍)을 얻었다'고 나오는데, 이는 바로 같이 듣고서 다르게 들리는 것에 대한 명백한 증거이다. 바로 사제를 설법할 때에 장교藏敎의 사람들은 이를 듣고 바로 인연 생멸生滅의 이치를 깨닫고, 통교通敎의 사람들은 이를 듣고 인연이 곧 공空이라는 이치를 깨닫고, 별교別敎의 사람들은 이를 듣고 인연은 곧 공空이며 곧 가假인 이치를 깨닫고, 원교圓敎의 사람들은 이를 듣고 인연이 곧 중도실상의 이치의 뜻과 서로 같다는 것을 깨닫는 것과 같다.

요약하여 말하면, 부처님은 한 음성으로 법을 말씀하셨지만 중생은 부류에 따라 제각각 이해하고서 피차가 서로 알지 못하는 것은 비밀교이다. 부처님은 한자리에서 근기에 따라 설법하셨지만 중생은 제각각 이해하고서 피차가 서로 아는 것은 부정교이다. 비밀과 부정의 두 가르침은 돈교와 점교의 두 가르침과 오시의 설법을 통섭할 수 있다. 요컨대 돈교는 곧바로 대승법을 설법한 것이며, 점교는 전적으로 소승만을 말한 것이며, 부정교는 한자리에서 다르게 말하였지만 이해하는 것이 같지 않음이며, 비밀교는 부처님이 한 음성으로 설법하셨지만 중생이 부류에 따라 이해를 얻는 것이다.

또한 이 화의사교를 만약 상세히 연구하려면 모름지기 사교를 각각 교敎, 행行, 부部의 세 가지 뜻(약교約敎, 약행約行, 약부約部)에 의거하여 이를 해석해야 한다.

돈교의 세 가지 뜻(頓敎三義)은 다음과 같다. 첫째, 약교(約敎, 가르침에 의거함)는 때를 기다리지 않고 원돈대법圓頓大法을 곧바로 설한 것을 말한다. 별교에서는 오직 화엄시에 설법한 것을 가리키며 통교에서는 오시五時를 함께 갖추고 있는 것을 가리킨다. 둘째, 약행(約行, 수행에 의거함)은 순서를 거치지 않고 즉시에 뛰어넘어 곧바로 들어가는(頓超直入) 것이다. 이른바 '처음 발심할 때 바로 정각을 이룬다(初發心時便成正覺)'는 것이다. 별교에서는 홀로 화엄행華嚴行을 가리키며 통교에서는 방등, 반야, 법화의 삼시三時 가운데에 모두 이것이 있음을 가리킨다. 셋째, 약부(約部, 부류에 의거함)는 3장 12부에서 말씀하신 것을 가리킨다. 별교에서는 오직 『화엄경』만 가리키고 통교에서는 부처님 일대의 가르침 중에서 곧바로 설한 즉시에 초월하는(頓超) 법문을 말하는데, 예컨대 『원각경』 등은 마땅히 이 부류에 속한다.

점교의 세 가지 뜻(漸敎三義)은 다음과 같다. 첫째, 약교는 우둔한 근기를 우회적으로 이끄는 것을 말한다. 즉 삼시三時의 경과를 조정하는 것으로 먼저 소승을 설법하고 후에 대승을 설법하는 것을 말한다. 별교에서는 오직 아함, 방등, 반야의 삼시에서 설법한 것을 가리키며, 통교에서는 전후의 이시二時에도 역시 다 이것이 있다. 둘째, 약행은 차례대로 수행하여 순서대로 증오證悟하는 것을 말한다[오랜 겁을 지내면서 수행하여 차례로 미혹을 끊고 진리를 증득하는 것]. 셋째, 약부는 별교에서는 『아함경』을 가리키는 것에 국한되며, 통교에서는 부처님의 일대 가르침 중에서 소승을 설한 것은 인유引誘법문으로서 모두 아함부에 들어가고, 대개 편교를 힐책하고 소승을 배척하여 책진策進하는 법문은 마땅히 방등부에 들어가며, 대개 집착을 깨트리고 공을 넓히어 도야함으로써 대승의 가르침으로 전환하는 것은 마땅히 반야부에 들어간다.

비밀교의 세 가지 뜻(秘密教三義)은 다음과 같다. 첫째, 약교는 사시四時 중에서 여래의 삼륜三輪의 불사의력不思議力[신륜身輪으로는 신통력을 나타내며, 구륜口輪으로는 설법을 하며, 의륜意輪으로는 근기를 비추어 보는 것]으로써 한 음성으로 설법하시어 부류에 따라 각각 이해하는 것이니, 이는 따로 가리킬 것이 없다. 통교에서는 사시 이전[법화 이전]은 모두 이것이 있고, 오로지 법화만이 드러내는 가르침일 뿐인데, 다만 (법화에) 비밀주가 있다고 해서 비밀교는 아니다. 둘째, 약행은 혹은 소승의 수행을 닦아 은밀히 대승의 과를 얻고, 혹은 대승의 수행을 닦아 은밀히 소승의 과를 얻는 것을 말한다. 또한 다라니법문을 수지하는 것도 역시 비밀행의 하나이다. 셋째, 약부는 별교에서는 오로지 모든 다라니경을 가리키고 통교에서는 여러 경에 모두 이것이 있다〔『아미타경』의 왕생주往生呪와 『능엄경』의 능엄주楞嚴呪 등〕.

부정교의 세 가지 뜻(不定敎三義)은 다음과 같다. 약교와 약행은 비밀교와 같으며, 약부는 따로 지적할 것이 없으며 통교에서는 사시 이전에 설법한 모든 부류의 경을 말한다.

이상이 화의사교化儀四敎이다. 돈교와 점교의 두 가지 가르침은 세로(豎, 시간적)의 화의이며, 비밀교와 부정교는 가로(橫, 공간적)의 화의이다. 요컨대 '돈교頓敎'는 최상의 예리한 근기를 상대하는 것이며, 돈시원설頓時圓說과 같은 화엄시에서 설법한 교의이다. '점교漸敎'는 점차로 계합하는 근기를 상대하는 것이며, 이는 아함시에 설법한 교의이다. '비밀교秘密敎'는 일종의 특수한 근기를 가진 사람을 상대하는 것으로, 원음圓音을 연설하여 한 법회의 사람들로 하여금 근기에 따라 남들이 모르게 비밀리에 이해하고 증득하게 하는 것이다. '부정교不定敎'는 한 법회 중에서 근기에 따라 설법하는 것으로 대승과 소승을 겸하여 베풀며 편교와 원교를 아울러 베풀어, 이를 듣는 사람이 각자 이해하는 것에 따라 얻는 이익이 일정하지 않다. 이상으로 화의사교를 간략하게 설명한 것을 마친다.

다음은 화법사교化法四敎를 설명한다.

장교藏敎와 통교通敎와 별교別敎와 원교圓敎가 화법사교이다. 이는 석존께서 중생을 교화하시는 방법이므로 '화법化法'이라고 한다. 이는 마치 세상에서 약의 맛(藥味)과 같다.

첫째는 장교藏敎이다. 이는 소승교로서 완전하게 말하면 소승삼장교小乘三藏教라고 한다. 소승의 삼장인 경율론經律論에서 유래한 까닭에, 대승의 삼장설三藏說이 일어난 것과 더불어 어느 정도 정연하게 비교되기 때문에 소승을 삼장교라고 부르는 것이다.[91] 삼장은 사아함四阿含을 경장經藏으로 하고, 비니毘尼[92]를 율장律藏으로 하며, 아비담阿毘曇[93]을 논장論藏을 한 것이다. 이 가르침은 오로지 '성문'과 '연각'의 이승 근기들을 교화하기 위한 것이며 순전히 소승의 가르침에 속한다. 또한 삼계 내의 우둔한 근기를 가진 중생에게 개시하여 생멸사제生滅四諦[94]를 밝힌 것으로서, 십이인연, 현실의 육바라밀(事六度), 석공관析空觀을 닦고, 견혹과 사혹을 끊어 일체지一切智를 얻어서 단공但空의 이치를 보고서 분단생사分段生死를 벗어나 편진열반偏眞涅槃을 증득하니, 이것이 장교藏敎의 뜻이다.

둘째는 통교通敎이다. 통通은 같다는 말이다. 이는 삼승에게 공통으로 설법한 것으로 그 교의는 성문, 연각, 보살에 공통되는 것이다. 이른바 앞의 장교에도 통하고 뒤의 별교와 원교에도 통하는 까닭에 통교라고 한다. 즉 우둔한 근기는 앞의 장교에 통하며, 예리한 근기에

---

[91] 제관의 『천태사교의』(대정장 1931, p776a)에는 "이 삼장이란 이름은 대승과 소승에 통하지만 지금은 소승의 삼장을 취한다(此之三藏名通大小 今取小乘三藏也)"라고 하면서 『대지도론』, 『법화경』 등에 근거하여 천태대사가 소승을 삼장교라 부른 이유를 설명하고 있다.
[92] 범어의 비니는 비나야毘奈耶라고도 하며 율律이라고 번역하는데 조복調伏이라고도 한다.
[93] 아비담은 아비달마阿毘達磨라고도 하며 비교되는 법이 없다(無比法)로 번역한다.
[94] 생멸사제生滅四諦: 일체의 유위법은 인연법에 의해 나고 멸한다고 설하는 장교의 사제.

게는 뒤에 별교와 원교의 가르침에 통한다. 이 가르침은 삼계 내에서 근기가 예리한 중생을 제도하고 교화(化度)하는데, 정식으로는 보살을 교화하고, 부차적으로는 이승을 교화한다. 통교는 무생사제無生四諦[95]를 밝힌 것으로 십이인연은 생멸이 없다고 하고, 이치의 육바라밀(理六度), 체공관體空觀을 닦고 삼계의 견혹과 사혹을 완전히 끊고 습기를 떨쳐 일체지를 얻어서 진제眞諦의 이치를 보고 분단생사를 벗어나서 진제열반眞諦涅槃을 증득하니, 이것이 통교의 뜻이다.

셋째는 별교別教이다. 별別은 각각 구별되어 같지 않다는 뜻이다. 그 교의는 오직 보살에게만 해당되고 성문과 연각에는 통하지 않는다. 이른바 앞의 장교와 통교와 달라 소승이 아님을 나타내고, 뒤의 원교와도 달라 불승佛乘이 아님을 나타낸다. 장교는 바로 이승을 교화하기 때문에 소승의 교의에 속하고, 통교는 비록 대승을 교화하여 인도하여도 오히려 이승의 교의를 포함하고 있는데, 여기서 말하는 별교는 이승의 교의를 겸하여 포함하지 않는다. 그러므로 앞의 장교와 통교와는 다르다고 말하고, 또 독자적인 보살의 법(獨菩薩法)을 밝히는 까닭에 원만한 불법이 못되므로 뒤의 원교와도 다르다고 말한다. 이미 앞의 이승이 아니고[앞의 장교와 다름] 또 불승佛乘도 아닌[뒤의 원교와 다름] 까닭에 이를 별교라고 부르는 것이다.

더 상세히 말한다면 가르침(教), 이치(理), 지혜(智), 끊음(斷), 수행(行), 계위(位), 원인(因), 결과(果)가 앞의 장교와 통교의 두 가르침과 같지 않으며, 뒤의 원교와도 구별되는 것이다. 별교에 있어

---

95 무생사제無生四諦: 고집멸도의 사제도 공하고 생멸도 공하다고 보는 통교의 사제.

'가르침(敎)'은 홀로 보살에게만 해당되며, '이치(理)'는 격력삼제隔歷三諦[96]이며, '지혜(智)'는 순서대로 삼지(三智: 一切智, 道種智, 一切種智)를 닦는 것이며, '끊음(斷)'은 삼혹三惑後을 순차적으로 끊으며, '수행(行)'은 차례대로 오행五行[97]을 닦으며, '계위(位)'는 각각의 계위가 서로를 거둘 수 없으며, '원인(因)'은 하나의 원인이 멀리 떨어진 두 변(二邊, 생사와 열반)과 상즉하지 못하며, '과果'는 하나의 과가 융통融通하지 못하여 모든 계위가 차별이 있다. 이 가르침은 삼계 밖(界外)의 둔근기 보살에서 개시開示되는 것이며, 무량사제無量四諦[98]와 불사의한 십이인연과 불사의한 육도六度와 십도十度를 밝힌다. 육도 중에서 여섯 번째인 반야는 다시 방편方便과 원願과 력力과 지智의 사도四度와 함께 십도十度를 형성한다. 순차적으로 삼관三觀을 수행하고 삼계의 견혹과 사혹과 진사혹塵沙惑과 십이품十二品의 무명無明을 끊고 도종지道種智를 증득하여 속제俗諦의 이치를 보며, 중제中諦의 이치를 분증分證하여 분단分段과 변역變易의 생사를 벗어나서 중도中道

---

[96] 격력삼제隔歷三諦: 공과 가와 중의 삼관을 시간적으로 별개로 보는 별교의 삼제로, 공제의 이치를 증득한 뒤에 가제의 이치를 증득하고, 다시 중제의 이치를 증득하는 것을 말한다.

[97] 오행五行: 오행은 『열반경』「성행품」에 나오는 보살의 수행으로 성행(聖行: 계, 정, 혜 삼학을 닦는 것), 범행(梵行: 慈, 悲, 喜, 捨 4가지 무량심을 행함), 천행(天行: 道理에 입각하여 행함), 영아행(嬰兒行: 위 천행의 體를 쫓아 교화를 일으켜 중생과 함께 작은 선행을 함), 병행(病行: 중생과 함께 번뇌에 시달림을 보임)을 말한다. 별교에서는 오행을 순서대로만 닦도록 되어 있다.

[98] 무량사제無量四諦: 별교에서 보는 사제. 별교에서는 진여가 무명으로 인해 연기하여 무량한 차별상을 만든다고 한다. 그래서 괴로움과 그 원인, 깨달음과 그 원인도 무량하다고 한다.

의 무주열반無住涅槃을 증득하는데, 이것이 별교別敎의 뜻이다.

한편 별교에서는 수행도 단계적으로 설시되는데, 예컨대 『열반경』에 설하는 오행五行이 대표적 예이다. 오행五行의 차별은 계정혜戒定慧의 세 가지 이름이 '성행聖行'이 되며(십주十住는 공행空行에 들어가며 장교와 통교의 두 가르침에 속한다), 자비희사慈悲喜捨는 '범행梵行'이 되며 (십주와 십회향十回向은 가행假行에 들어간다), 이치에 의지해 수행을 이루는 것은 '천행天行'이 되며(초지初地 이상의 중도행中道行이다), 천행에 따라 일어나 타인을 교화하는 작용을 하되, 소선小善을 함께 함을 보이는 것이 '영아행嬰兒行'이 되며(바로 자慈의 작용이다), 번뇌와 함께 함을 보이는 것은 '병행病行'이 된다(바로 비悲의 작용이다). 장교와 통교의 두 가르침은 다만 '성행聖行'과 소분少分의 '범행梵行'이 있으나, 지금 여기서는 오행五行이 구족하므로 앞의 장교와 통교의 두 가르침과는 같지 않다. 원교은 하나의 행이 모든 행(一行一切行)인데, 지금 여기서는 순서대로 수행하는 까닭에 뒤에 나오는 원교와도 같지 않다.

넷째는 원교圓敎이다. 원圓은 모자라거나 결여됨이 없다는 뜻이다. 이른바 원만함이 지극하여 구경에는 성불成佛하는 가르침이므로 원교라고 한다〔장교와 통교와 별교의 세 가지 방편의 가르침이 원융하게 하나의 진실한 가르침을 형성하는 것이다〕. 상세히 말하면, 이른바 원묘圓妙〔삼제三諦가 원융하고 불가사의함〕, 원만圓滿〔셋과 하나가 상즉相卽하며 결여되거나 멸하는 것이 없음〕, 원족圓足〔원만하게 사리事理를 보고 한 생각에 구족함〕, 원돈圓頓〔원만하게 뛰어넘어 곧바로 들어가며 체體를 점차적으로 이루는 것이 아님〕이다. 이로 인하여 원교라고 말하는 것이다. 이 가르침은 삼계 밖(界外)의 가장 예리한 근기의 보살에게 개시하는 것으로,

무작사제無作四諦[99]와 불사의한 십이인연과 성품에 부합하는(稱性) 육도六度와 십도十度를 밝힌다. 또 중도실상中道實相의 사리事理가 원융한 가르침을 말하며, 일심삼관一心三觀을 수행하여 삼혹三惑 번뇌를 원만히 끊고(圓斷), 일체종지를 얻어서 일경삼제一境三諦의 이치를 보고 이종생사二種生死를 원만하게 초월하며(圓超), 삼덕열반三德涅槃을 원만하게 증득(圓證)하는데, 이것이 바로 원교의 뜻이다.

위에서 말한 장교와 별교와 통교는 여래의 권교權敎로서 방편의 가르침이며, 뒤에 말하는 원교는 바로 여래의 진실한 성품에 부합하는 가르침이다.

이를 종합하면, 장교藏敎는 석공관析空觀을 수행하여 유有 바깥에서 공空을 보니, 이는 색色을 버리고 공空을 취하는 것이다. 통교通敎는 체공관體空觀을 수행하여 색色이 바로 공空임을, 곧 만상의 본체本體가 바로 공임을 통달하는 것이다. 별교別敎는 순서대로 삼관三觀을 수행하는 것으로, 공空으로 말미암아 가假에 들어가고 가假로 말미암아 중中에 들어가는데, 색불이공色不離空과 공불이색空不離色이지만 색色과 공空의 바깥에 중도中道가 있다고 본다. 원교圓敎는 일심삼관一心三觀을 수행하는 것으로, 일공一空이 일체공一切空이고 가假도 없고 중中도 없는 불공不空이며, 일가一假는 일체가一切假이고 공空도 없고 중中도 없는 불가不假이며, 일중一中은 일체一切의 중中이고 가假도 없고 공空도 없는 부중不中이며 공空과 유有가 바로 중도中道이다.

이상의 화법사교를 앞의 화의사교와 합하면 팔교八敎가 된다. 화의

---

99 무작사제無作四諦: 원교에서 보는 사제로, 생멸하는 법 그대로가 실상實相임을 관하는 사제. 무원사제無願四諦라고도 한다.

사교는 능용能用의 가르침이며 화법사교는 소용所用의 가르침이다.

다음으로, 오시五時 중에서 어떤 시時를 어떤 교敎에 거두는지를 알아야 한다. 또한 화의사교와 화법사교를 어떻게 수렴하여 거두는가를 아는 것도 필요하다.

첫째, 화엄시華嚴時는 부처님이 처음 성도하셨을 때에 먼저 큰 근기를 위하여 곧바로 원돈법문圓頓法門을 설한 것이니, 비유하면 해가 뜨면 먼저 높은 산을 비추는 것(日出先照高山)과 같다. 이는 화의사교 중에서는 돈교가 되고 화법사교에서는 별교를 겸하여 설하면서 정면으로 원교의 도리를 밝히는 것이다. 이는 하나의 방편(權)을 가지고서 하나의 진실(實)을 설하는 것이다. 즉 별교의 방편의 이치를 겸하여(帶) 설하면서 원교의 진실한 뜻을 정면으로 밝히는 것이어서, 하나는 거칠고 하나는 오묘한(一粗一妙) 교상敎相이다. 맛으로 말하면, 마치 젖소로부터 우유가 나오는(從牛出乳) 것과 같은 까닭에 화엄시를 유미乳味라고 한다.

둘째, 아함시阿舍時는 여래가 실교實敎를 위하여 권교權敎를 베푸는 것으로 돈교頓敎는 놔두고 점교漸敎를 설법하는 것이다. 비유하면 해가 하늘에 떠올라 계곡을 비추는 것과 같다. 이는 화의사교 중에서 점교漸敎가 된다. 점교는 점교 초기(漸初), 점교 중기(漸中), 점교 말기(漸末)의 세 시기로 나눌 수 있는데, 아함은 초기에 속한다. 화법사교 중에서는 다만 소승 삼장三藏의 도리를 밝히는 것으로, 이는 오로지 방편(權)만 있고 진실(實)은 없으며, 단지 거칠기만 하고 오묘한 것은 없는(但粗無妙) 교상이다. 맛으로 말하면, 우유에서부터 낙으로 변하는(從乳變酪) 것과 같은 까닭에 아함시를 낙미酪味라고 한다.

셋째, 방등시方等時는 소승을 유도하여 대승으로 향하게 하여 평등하게 널리 교화하는 것이니, 비유하면 해가 다음으로 평지를 비추는 때와 같다. 평지를 비출 때를 셋으로 나누면 식시(食時: 아침식사 때, 오전 7시 30분~8시 30분), 우중(禺中: 오전 10시경, 巳時), 정오正午의 셋으로 나누는데, 이것은 식시에 해당한다. 화의사교 중에서는 점교에 속하고 화법사교 중에서는 사교四敎를 함께 가르친다. 삼장의 소승교에 대하여 통교와 별교와 원교의 대승 이치를 설법하는 것으로, 이는 세 개의 권교(三權敎: 성문, 연각, 보살교)를 설하는 것을 겸하면서 하나의 진실(一實)을 설하는 것이다. 즉 장교와 통교와 별교의 권교를 설하면서도 원교 일실一實의 이치를 밝게 설한다. 이것은 세 가지는 거칠고 하나는 오묘한(三粗一妙) 교상이다. 맛으로는 낙에서부터 생소가 나오는(從酪出生酥) 것과 까닭에 방등시를 생소미生酥味라고 한다.

넷째, 반야시般若時는 남아 있는 집착을 소탕하는 것이니, 비유하면 우중禺中의 때(巳時)와 같다. 화의사교에서는 점교의 말기이고 화법사교에서는 통교와 별교의 설법을 겸하면서 정식으로 원교의 도리를 밝힌다. 이는 두 가지 권교의 설을 겸하면서 하나의 실교를 설하는 것(帶二權說一實)인데, 이는 두 개는 거칠고 하나는 오묘한(二粗一妙) 교상이다. 맛으로는 생소로부터 익은 소가 나오는(從生酥出熟酥) 까닭에 반야시는 숙소미熟酥味라고 한다.

다섯째, 법화열반시法華涅槃時에서 법화는 개권현실開權顯實이며, 열반은 나머지의 근기를 가진 사람들을 수습하는 것이다. 비유하면 해가 대지를 널리 비추어 때가 정오에 이르러 조금도 기울어진 그림자가 없는 것과 같다. 법화는 화의사교를 벗어나 있다. 그러므로 돈교도 아니고 점교도 아니고 비밀교도 아니고 부정교도 아니다. 법화시는 삼승을 거두어 일승으로 돌아가게 하는데, 다만 가(假, 삼승점교)를 수행하여 이루어지는 것이므로 돈교가 아니며, 다만 무상도無上道를 설할 뿐 계위를 밟지 않으므로 점교도 아니다. 시방 불토 중에는 오로지 일승一乘의 법만이 있음을 드러내어 진실을 설하므로 비밀교도 아니다. 손을 들고 머리를 수그리는 모두가 불도佛道를 이루고, 모든 중생들의 성불이 결정되어 있으므로 부정교도 아니다. 돈교도 아니고 점교도 아니고 비밀교도 아니고 부정교도 아니므로, 이것이 법화의 현묘玄妙한 자리이다.[100] 화법사교 중에서 홀로 원교圓敎만을 밝히고 다시는 나머지 가르침을 겸하는 것이 없으므로 오로지 진실이며, 방편이 없고, 순수한 원교이며, 거칢(粗)이 없는 교상이다. 맛으로 말하면 숙소에서부터 제호가 이루어지는(從熟酥成醍醐) 것이다. 법화에서 밝히는 원교는 앞에서 말하는 원교와는 다르다는 것을 마땅히 알아야 한다. 이전의 원교는 장교, 통교, 별교와 다를 뿐이지만, 지금의 법화는 이전의 모든 가르침을 통섭하여 원만 구경의 일불승一佛乘으로 돌아오는 까닭이다. 그러므로 법화를 일러 순일하고 원만하며 홀로 묘한 교상(純圓獨妙之敎相)이라고 부르는 것이다. 열반시는 추설사교追說四敎와 추민사교追泯四敎[101]이지만, 시기에 의거하고 맛에 의거하

---

[100] 『천태사교의』에서는 법화시의 이러한 현묘한 특징을 세 가지로 요약해서 말한다. 곧 '방편을 열어 진실을 드러낸다'는 개권현실開權顯實, 그리고 '방편을 폐하고 진실을 세운다'는 폐권입실廢權立實, 마지막으로 '삼승을 모아 일승으로 돌아간다'는 회삼귀일會三歸一이 그것이다.

[101] 추설사교追說四敎와 추민사교追泯四敎: 열반시의 특색을 추설추민追說追泯이라 하는데, 추설(사교)은 지금까지 깨닫지 못한 근기를 위하여 장·통·별·원의 사교를

면 모두 법화시와 한가지이므로 열반과 법화가 함께 위없는 제호로써 맛을 삼는 것이다.

요컨대 화엄은 돈교에 속하고 바로 별교에 포함되며, 아함은 점교 초기(漸初)에 속하고 장교에 포함되며, 방등은 점교 중기(漸中)에 속하고 통교에 포함되며, 반야는 점교 말기(漸末)에 속하고 별교에 포함되며, 법화와 열반은 돈교와 점교를 벗어나서 순수하게 원교에 속하여 포함된다. 또 돈교는 별교를 겸하여 사용하고 원교를 정식으로 사용하며, 점교는 장교와 통교와 별교의 삼교를 함께 통괄하여 사용하며, 비밀교와 부정교는 사교에 모두 통용된다.

종합적으로 말하자면, 오시는 세존께서 일생 동안 설법하신 것의 순서를 판정한 것이며, 팔교는 여래께서 근기로 인하여 가르침을 설정한 규범을 판별한 것이다. 화의사교는 바로 그 설법의 의식과 그 우열을 정함으로써 교화되는 근성의 차별을 설명하는 것이며, 화법사교는 불교경전의 내용을 그 방편과 진실로써 판별하여 수행의 법요를 개시한 것이다. 요컨대 시간으로 나눈 것이 다섯이기에 오시라고 하며, 교의로 나눈 것이 여덟이기에 팔교라고 한다.

이상의 오시팔교는 지자대사가 독창적으로 정리한 천태의 교판법教判法이다.[102] 이는 규범이 있어서 아주 표준적인 것이며, 확실히 전대미

다시 설하여 열반에 들어가게 하는 설법이고, 추민(사교)은 『법화경』과 같이 방편을 열어 깨달음에 들게 하는 설법이다.

[102] 천태대사 때에는 오시팔교라는 용어는 없었으나 이미 그 내용은 있었으며, 후에 형계 담연(荊溪湛然, 711~781)이 이 용어를 주창하였는데, 오시팔교를 가장 체계적으로 정리한 사람은 『천태사교의』를 지은 고려의 제관諦觀이었다.

문전대미문(門前代未聞)의 고차원적인 교판이다. 그런 까닭에 일찍이 한 시기를 풍미한 것이다. 이렇게 뛰어난 교판이기에 불교의 가르침을 판단하는 데 있어 후세에까지 이 법을 사용하게 되었으니, 이것이 불교에 공헌한 것은 실로 지대한 것임을 알 수 있다.

〔표16〕 오시팔교五時八教

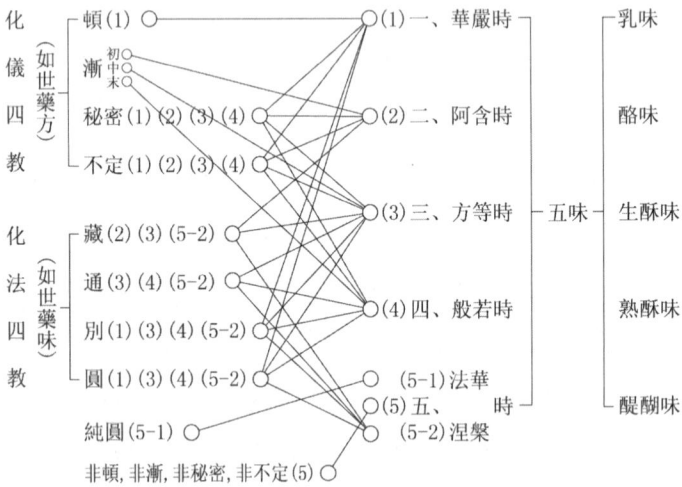

이로써 위에서 설명한 오시와 팔교의 도리는 이미 명백해졌다. 그렇다면 이『반야심경』은 일대시교 중에서 도대체 어느 시時, 어느 교教에 속하는가? 이 경은 방등경方等經을 설법한 뒤에 600권『대반야경』에서도 포함할 수 없는 깊은 반야를 수행하는 것이기에 독자적인 대승보살의 불공법不共法에 해당한다. 오시에서는 특별히 반야시에 속하고, 화의사교에서는 점교의 마지막에 속하며, 화법사교에서는

통교와 별교의 설법을 겸하면서 바로 원교의 이치를 밝히는 것이다. 이 때문에 이것은 대승의 숙소미熟酥味가 교상敎相이 된다.

〔표17〕 반야심경般若心經의 오중현의五重玄義

- 1. 釋名(제목의 해석)　　: 이 경은 법유法喩로써 제목을 삼는다.
- 2. 顯體(본체를 드러냄)　: 이 경은 제일의공第一義空으로써 본체를 삼는다.
- 3. 明宗(종지를 밝힘)　　: 이 경은 관조觀照로써 종을 삼는다.
- 4. 論用(작용을 논함)　　: 이 경은 허망함을 깨뜨리고 장애를 제거하는 것으로써 작용을 삼는다.
- 5. 判敎(가르침을 판별함): 이 경은 대승의 숙소熟酥로써 교상敎相을 삼는다.

부록

〔1〕 오온을 전환하여 오분법신을 성취함

〔2〕 오온을 전환하여 삼덕을 성취함

〔3〕 두 가지의 생사

〔4〕 견사혹

〔5〕 다섯 가지 맛의 비유

〔6〕 5온과 백법의 관계

〔7〕 18계·12처·5온과 색심 2법의 관계

〔8〕 3전4제·견사2혹·2종열반·37조도품의 관계

〔9〕 12연기와 삼세인과의 관계

참조

부록의 〔1〕~〔5〕까지는 저자의 원문에 나오는 미주를 번역한 것이며, 〔6〕~〔9〕까지의 표와 해설은 王恩洋 編著, 『般若心經五家注·般若心經解』(臺灣 新文豐出版社, 1975)의 부록에 나오는 표를 인용하고 번역한 것이다.

〔1〕 오온을 전환하여 오분법신을 성취함(轉五蘊成五分法身)

오분법신이란, 다섯 가지 공덕의 법으로써 불신을 성취하는 까닭에 오분법신이라고 말한다. 첫째, 계신戒身은 여래의 신구의 등 모든 업이 일체의 죄과罪過를 영원히 여읜 것을 말하며, 그런 까닭에 계법신戒法身이라고 한다. 둘째, 정신定身은 여래의 진심眞心이 적정하여 일체의 망념을 영원히 여읜 것을 말하며, 그런 까닭에 정법신定法身이라고 한다. 셋째, 혜신慧身은 여래의 진지眞智가 원명圓明하여 법성法性을 관하는 것을 통달한 까닭에 혜법신慧法身이라고 한다〔곧 根本智이다〕. 넷째, 해탈신解脫身은 여래의 신심身心이 일체의 얽매임에서 해탈한 까닭에 해탈법신解脫法身이라고 한다〔곧 열반의 덕이다〕. 다섯째, 해탈지견신解脫知見身은 여래께서 열반과 해탈을 얻어 부처의 앎(佛知)과 부처의 봄(佛見)을 친히 증득하여〔知는 앎의 지혜에 속하고, 見은 眼見에 속한다. 즉 無生智慧眼이다〕 제법의 실상을 자유자재하게 비추어 보는 까닭에 해탈지견신이라고 한다〔곧 後得智이다〕.

이상의 다섯은 모두 차례가 있다. 계로 말미암아 선정이 생기고, 선정으로 말미암아 지혜가 생기며, 지혜로 말미암아 해탈을 얻고, 해탈로 말미암아 해탈지견이 있다. 앞의 세 가지는 인因이라 하고, 뒤의 두 가지는 과果라고 한다. 요컨대 이 모두가 부처의 공덕이다.

그렇다면 무엇을 일러 오온을 전환하여 오분법신을 성취한다고 하는가? 일체중생이 만약 계율과 규범을 엄격히 지키고, 선정과 지혜를 닦고, 모든 청정한 업을 행하면 곧 능히 오온을 전환하여 오분법신을 성취할 수 있다. 첫째, 색온色蘊을 전환하여 계신戒身을 이룬다. 색온은 곧 몸이다[색은 안·이·비·설을 안에 포괄하고 있다]. 중생이 만약 능히 계율을 지키며 신·구의 모든 업을 방지하여 몸의 청정함을 얻으면 곧 계체戒體를 성취하나니, 이것이 곧 색온을 전환하여 계신을 성취하는 것이다. 둘째, 수온受蘊을 전환하여 정신定身을 이룬다. 수온은 곧 육식이 받아들이는 육진六塵의 이름(名: 色에 대비되는 정신적 작용)이다. 중생이 만약 능히 무루의 선정을 수습하면 곧 근과 진을 잊고 청정하게 되어 일체의 전도와 산란을 여의게 되나니, 이것이 곧 수온을 전환하여 정신을 성취하는 것이다. 셋째, 상온想蘊을 전환하여 혜신慧身을 이룬다. 상온은 곧 의식이 생각하는 육진의 이름이다. 중생이 만약 능히 제법이 허망함을 깨달으면 곧 의식의 자리(意地)가 밝고 청정하게 되어 깨달아 비추어 봄(覺照)이 자재하게 되나니, 이것이 곧 상온을 전환하여 혜신을 성취하는 것이다. 넷째, 행온行蘊을 전환하여 해탈신解脫身을 이룬다. 행온은 곧 가지가지로 조작하는 업행業行의 이름인데, 이 업행으로 인해 얽매임이 있게 된다. 중생이 만약 능히 모든 업을 조작하지 않으면 곧 얽매임이 없어져 자유자재로 해탈하게 되나니, 이것이 곧 행온을 전환하여 해탈신을 성취하는 것이다. 다섯째, 식온을 전환하여 해탈지견신解脫知見身을 이룬다. 식온은 곧 분별하여 안다(了別)는 뜻이다. 중생이 만약 능히 식심識心은 모두 허망한 분별이며(虛妄分別) 생멸은 무상하다는 것을 명료히 비추어 보면 곧 무생의 지혜안(智眼)이 자재하고 명료하게 되나니, 이것이 곧 식온을 전환하여 해탈지견신을 성취하는 것이다. 이것은 소승에서 증득하는 법신이다. 그래서 이르기를 "오온을 전환하여 오분법신을 성취하는 것은 얕은 반야를 행하는 것이 된다(轉五蘊成五分法身爲之行淺般若)"

라고 한 것이다.

[표18] 오온을 전환하여 오분법신을 성취하는 법(行淺般若)

오온을 전환하여 오분법신을 성취하는 법(行淺般若)		
색온色蘊	(轉色蘊成戒身)	계신戒身
수온受蘊	(轉受蘊成定身)	정신定身
상온想蘊	(轉想蘊成慧身)	혜신慧身
행온行蘊	(轉行蘊成解脫身)	해탈신解脫身
식온識蘊	(轉識蘊而成解脫知見身)	해탈지견신解脫知見身

[2] 오온을 전환하여 삼덕三德을 성취함(轉五蘊成三德)

삼덕三德이란 법신덕法身德, 반야덕般若德, 해탈덕解脫德을 말한다. 첫째, 법신덕이란 부처님의 본바탕(本體)이며, 상주불변하고 청정한 법신의 몸을 법신덕이라 한다. 둘째, 반야덕이란 부처님의 절묘한 지혜(妙智)이며, 일체제법의 여실한 모습을 명료히 깨달은 것을 반야덕이라 한다. 셋째, 해탈덕이란 부처님의 뛰어난 작용(勝用)이며, 일체의 번뇌와 계박을 영원히 여읜 것을 해탈덕이라 한다. 이 삼덕은 각각 상락아정常樂我淨의 사덕四德을 갖추고 있는 까닭에 이를 삼덕이라 하는 것이다. 요컨대 '법신'은 항상 머무는 청정의 덕(常住淸淨德)이 되고, '반야'는 미혹을 벗어나 깨달음을 여는 덕(出迷開悟德)이 되며, '해탈'은 자유자재로 번뇌를 여의는 덕(自在離縛德)이 된다. 삼덕의 도리는 이와 같이 분명해졌는데, 그렇다면 무엇을 일러 오온을 전환하여 삼덕을 성취한다고 하는가?

　첫째로 색온을 전환하여 법신덕을 성취한다는 것은, 이른바 부처님의 몸은 가이없고 상호는 만덕으로 장엄되었으니, 이는 다 색온을 전환함으로 말미암아 이루어진 것이다. 둘째로 수온을 전환하여 해탈덕을 성취한다는 것은. 이른바 부처님에게는 무량광대함과 자유자재한 법락法樂이 있으니, 이는 다 수온을 전환함으로 말미암아 이루어진 것이다. 셋째로 상온을 전환하여 해탈덕을 성취한다는 것은, 이른바 부처님은 걸림이 없는 변설의 지혜(智辯)이 있어 설법이 자재하니, 이는 다 상온을 전환함으로 말미암아 이루어진 것이다. 넷째로 행온을 전환하여 해탈덕을 성취한다는 것은, 이른바 부처님은 신통으로 변화하여 나타나시어 청정한 법으로써 중생들을 교화하시어 자재를 얻도록 하시는데, 이는 다 행온을 전환함으로 말미암아 이루어진 것이다. 다섯째로 식온을 전환하여 반야덕을 성취한다는 것은, 부처님은 삼지三智를 원만히 구족하시어 일체의 제법에 대하여 무불통달로 자재하시니, 이는 다 식온을 전환함으로 말미암아 이루어진 것이다. 이것이 바로 오온을 전환하여 삼덕을 성취하는 도리이니, 대승보살이 증득하는 경계에 속한다. 그러므로 이르기를 "오온을 전환하여 삼덕을 성취하는 것은 깊은 반야를 행하는 것이 된다(轉五蘊成三德爲之行深般若波羅蜜)"라고 한 것이다.

〔표19〕 오온을 전환하여 삼덕을 성취하는 법(行深般若)

오온을 전환하여 삼덕을 성취하는 법 (行深般若)	색온色蘊	(轉色蘊成法身德)	법신덕法身德
	수온受蘊	(轉受蘊成解脫德)	해탈덕解脫德
	상온想蘊	(轉想蘊成解脫德)	해탈덕解脫德
	행온行蘊	(轉行蘊成解脫德)	해탈덕解脫德
	식온識蘊	(轉識蘊而成般若德)	반야덕般若德

〔3〕 두 가지의 생사(二種生死)

1. 분단생사分段生死: '분分'은 거성去聲으로 읽는데 '한계가 있다'는 뜻이며, '단段'은 '단락段落'이란 뜻이다. '분'은 수명을 가리키는 말이며, '단'은 형체를 가리키는 말이다. 분단은 육도 범부의 생사가 된다. 왜냐하면 육도에 윤회하는 몸은 각자 그 업인業因에 따라 수명에 한계가 있고 형체에 단락(차별)이 있다. 그러므로 분단생사라고 부른다. 이는 유루업有漏業으로서 번뇌장煩惱障으로 말미암아〔탐진치 등의 모든 미혹迷惑이 유정有情의 신심身心을 뇌란惱亂케 하는 까닭에 번뇌라고 한다. 이 번뇌가 열반과 성스러운 진리(聖道)에 장애가 되므로 애장이라고 한다. 이 때문에 번뇌장이라 한다〕 삼계육도의 정보正報를 초감招感하는 조연助緣이 된다.

『유식요의등唯識了義燈』 제6권에 말하기를 "분단에서 분은 한계가 있는 수명을 말하며, 단은 차별로서 오온으로 된 몸을 가리킨다.

다 인연에 따라 제한이 있고[分], 이를 버리면 차별이 있는[段] 나머지를 받게 된다. 그러므로 분단이라 한다(分段者 分是齊限 卽謂命根 段謂差別 卽指五蘊體 皆隨因緣有齊限[分] 捨此受餘有差別[段] 故名分段)"고 하였다.

2. 변역생사變易生死: 이는 삼승三乘 성자의 이치적인 생사인데, 여기에는 형체의 우열과 수명의 장단이 없다. 다만 미혹한 생각이 멸할 때는 죽음(死)과 같고, 성스러운 진리를 깨달아 증득하는 건 삶(生)과 같다. 일분一分의 무명 번뇌가 끊어지면 죽음이라 하고, 일분의 중도 법신을 증득하면 삶이라 한다. 즉 번뇌는 죽고 법신은 사는 것이다. 또한 미혹할 때에는 죽음과 같고 깨달으면 삶과 같다고도 말할 수 있다. 이는 미오迷悟의 천이遷移로 생사를 논하는 것이다. 이른바 '변變'이 인因이 되고 '역易'이 과果가 되는 것을 변역생사라고 부른다. 이는 무루업으로서 소지장所知障에 의지하여[몸 등의 모든 미혹이 알려지는 경계를 장애하여 문득 진리를 보지 못하게 하며, 또 이 때문에 알 수 있는 지혜를 장애하여 생기지 않게 하는 까닭에 소지장이라 부른다] 삼계 밖의 청정한 정보를 소감所感하는 조연이 된다. 이는 견혹과 사혹의 번뇌를 끊은 아라한 이상의 성자의 생사이다. 상세한 것은 『승만경』을 참고할 것.

『삼론三論』[103]에 말하기를 "모든 성인들이 증득한 법신은 신통하고 변화가 자재하여 능히 변할 수 있고 바뀔 수 있으므로 변역이라고 한다(諸聖所得之法身 神化自在 能變能易故云變易)"라고 하였다. 또 『행

---

103 『勝鬘義記』(대정장 351, p881b)에 2종생사를 3가지로 해석하는 가운데 "二緣照无漏 所得法身 神化自在 能變能易 故云變易"라고 나온다.

종기行宗記』에 말하기를 "성자는 범부 유루의 몸을 변화시켜 불가사의한 무루의 몸으로 바꾼다. 이를 변역이라고 한다(聖者改變凡夫有漏之身 而易得不思議無漏之身 爲之變易)"라고 하였다.

종합적으로 말하면, '분단'은 유위有爲의 생사이며 유루업에 의해 소감되는 것으로 이는 육범六凡이 받는 정보正報이다. '변역'은 무위無爲의 생사이며 무루업에 의해 소감되는 것으로 이는 삼승의 성자가 받는 정보이다. 분단은 색신色身의 생사이고 변역은 법신法身의 생사이다. 실제 법신은 본래 생사가 없는데 방편으로 미오迷悟와 단증斷證을 말하는 것에 지나지 않는다. 미혹할 때에는 법신의 사死와 같고 깨달으면 법신이 생生과 같다. 또 분단은 생사에 유전하는 것으로 미혹한 고통에 속하고, 변역은 진화하는 생사로 증오證悟에 속한다.

〔4〕견사혹見思惑

견혹見惑과 사혹思惑은 삼계 번뇌를 통틀어 부르는 말이며 삼계 생사의 근본이다. 앞에서 설명한 '혹惑'의 의미에서 혹은 미혹迷惑이라 하였는데, 그렇다면 도대체 미혹이란 어떤 것인가? 중생이 일체 모든 법에 상대하여 자성自性이 본래 공함을 깨닫지 못하여 허망한 집착을 일으켜 진리에 '미迷'하고 정도正道에 '혹惑'하여 생사를 해탈하지 못함에 이르므로 미혹이라고 한다.

1. 견혹見惑: '견見'은 '미루어 헤아리다(計度)'는 뜻이다. 신변身邊 등의 옳지 못한 견해見解로 갖가지 도리를 계탁計度하여 일으키는

망혹妄惑을 견혹이라 한다. 또 다른 해석은, 분별을 '견見'이라 하는데 이는 육식六識의 허망한 마음이 일체 경계에 대하여 진리가 아닌 것으로 헤아리고 계탁하여 모든 사견邪見을 일으키는 것을 견혹이라 한다. 또한 견도위見道位에 들 때 끊어야 하는 미혹이므로 견혹이라도 한다.

2. 사혹思惑: '사思'는 바로 미혹한 감정(迷情)으로, 탐진치 등의 미혹한 감정으로 말미암아 허망하게 세간 일체의 사물을 탐애貪愛하여 [思] 일으키는 망혹妄惑을 사혹이라 한다. 또 다른 해석은, 탐애를 사思라고 하였는데, 안근眼根 등의 육근六根이 색色 등의 육진六塵을 상대하여 탐애하고 염착하며, 미혹하여 깨닫지 못하는 것을 말한다. 또 수혹修惑이라고도 하는데, 왜냐하면 수도위修道位에 들 때 끊어야 하는 미혹이므로 수혹이라고도 한다.

마땅히 알라. 이 견혹과 사혹은 미오迷悟의 두 방면에 의거하여 이름을 세운 것임. 자기의 '망견妄見'에 집착하는 것을 견혹이라 하며, 자기의 '미혹한 감정(迷情)'에 집착하는 것을 사혹이라 한다. 또한 초과初果의 견도위見道位[진리를 봄]를 증득할 때 끊는 것을 견혹이라 하며, 2, 3, 4과로 향하는 수도위 때 끊는 것을 수혹修惑이라 한다. 이는 깨달음(悟)의 방면에 의거하여 이름을 세운 것이다. 또 견혹見惑은 해(解, 解悟)로부터 얻은 이름이다. 왜냐하면 초과를 증득함으로 인해 진제眞諦의 이치(理)를 보았을 때 끊어지기 때문이다. 사혹은 수행으로부터 얻어진 이름이다. 왜냐하면 초과를 증득한 뒤에 진리에 의거하여 수도하는 수도위에서 끊어지기 때문이다.

소승 구사俱舍의 법상法相에서는 다만 이理와 사事에 미혹한 것에 따라 견과 사의 두 혹으로 나눈다. 견혹은 이혹理惑이 되는데 이치에 미혹하여 일어나는 까닭이며, 사혹은 사혹事惑이 되는데 사상事象에 미혹하여 일어나는 까닭이다. 만약 대승 유식唯識의 법상으로 말한다면 '분별分別'과 '구생俱生'의 두 가지로 견혹과 사혹을 나눈다. 분별기分別起의 번뇌장煩惱障과 소지장所知障이 견혹이 되며, 구생기俱生起의 번뇌장과 소지장은 사혹이 된다. 견혹은 (후천적인) 분별 아집我執에 속하고, 사혹은 (선천적인) 구생 아집에 속한다.

요점을 정리하여 말하면, 진리에 미혹하여 아견我見과 사견邪見 등이 일어나는 것을 견혹이라고 하며, 사물에 미혹하여 탐진치 등을 일으키는 것을 사혹이라고 한다. 견혹은 진리에 장애가 되고, 사혹은 해탈에 장애가 된다. 사제四諦의 진리를 깨닫고자 한다면 반드시 견혹을 끊어야 하며, 삼계의 생사를 벗어나려고 한다면 반드시 사혹을 끊어야 한다. 결국 견혹은 견해상見解上의 미혹에 속하고, 사혹은 사상상思想上의 미혹에 속한다.

견혹과 사혹의 바탕은 탐진치 등의 10가지 번뇌(十使)인데, 오리사五利使와 오둔사五鈍使로 나눈다. 미혹함의 본성이 예리한 것은 경계를 만나면 바로 분별을 일으키므로 이사利使라고 한다. 또한 수도위에서 쉽게 끊어지기에 이사利使라고 한다〔예리하므로 쉽게 끊어진다〕. 그 미혹함의 본성은 무딘 것은 끊기 어려우므로 둔사鈍使라고 한다〔무디므로 끊기 어렵다〕. 예리함과 무딘 것이 각각 다섯이 되고 합하면 10사使가 된다. '사使'는 '몰아서 부리다'는 뜻으로 번뇌의 다른 이름이다. 이런 까닭에 십사十使의 번뇌는 유정의 신심身心을 몰아서 부리면서 쉼 없이 유전流傳하게 하고, 유정이 모든 악업을 짓도록 몰아넣어 유정이 미래에 삼계에서 생사에 윤회하도록 몰아넣고 유정으로 하여금 삼악도三惡道에 들어가게 부린다. 그러므로 '사使'라고 부른다.

먼저 오리사五利使를 밝힌다. 이는 신견身見, 변견邊見, 계취견戒取見, 견취견見取見, 사견邪見이다.

1. 신견身見: 아견我見과 아소견我所見을 말한다〔소연所緣의 법을 취하면 아견과 아소견이라 하며, 능연能緣의 미혹한 감정을 취하면 신견身見이라 한다〕. 몸은 사대가 임시로 화합(假合)하여 이루어졌으며 오온은 모두 공하여 본래 실재하는 나(實我)가 없는 것을 알지 못하고, 허망하게 집착하여 나라고 하는 것을 아견我見이라 한다. 몸 밖의 사물과 일체만유 모두가 인연因緣으로 화합하여 허망하여 진실하지 못함을 알지 못하고 허망하게 계탁하여 내가 소유한 사물이 있다고 하는 것을 아소견我所見이라 한다. 이 아견과 아소견이 화합한 것을 신견이라 하며 또한 아견이라고도 한다. 『기신론』에 말하기를 "일체 모든 삿된 집착은 모두 아견에 의하여 일어나니, 만약 아견을 벗어나면 곧 삿된 집착이 없다(一切邪執皆依我見而起 若離我見則無邪執)"고 하였다.

2. 변견邊見: 단견斷見과 상견常見의 두 가지 치우친(邊) 견해를 말한다. 내 몸(我身)은 끝남이 있다고 생각함으로써 아견我見을 일으키며, 아견으로 인해 내가 죽은 후에 단멸斷滅한다고 허망하게 계탁하는 것을 단견이라고 부른다. 혹은 내가 죽은 후에도 항상 불변한다고 허망하게 계탁하는 것을 상견常見이라 한다. 그리하여 단斷의 한 변에 치우치거나 혹은 상常의 한 변에 치우치는 까닭에 변견이라 한다.

3. 계취견戒取見: 불합리적인 계금(戒禁: 계율, 의례)을 취하여 아무

런 이익이 없는 고행苦行을 수행하는 것을 말한다. 인因이 아닌 것을 인으로 계탁하고 도가 아닌 것을 도라고 계탁하는 것이, 마치 외도外道들이 계계(鷄戒: 닭이 한 쪽 발을 세우는 것과 같은 고행)를 지키고 구계(狗戒: 개가 분뇨를 먹는 것과 같이 더러운 것을 먹는 고행) 등을 지키면 천상에 태어나 즐거움을 받는 인因이 된다고 하는 것과 같다. 이것을 일러 인因이 아닌 것을 인으로 계탁한다고 말한다. 혹은 모든 온몸에 재를 바르고 단식 등의 고행을 수행하는 것을 열반의 도로 삼는 것과 같으니, 이것이 도道가 아닌 것을 도라고 계탁하는 것이다. 이런 까닭에 이를 계취견戒取見이라고 부른다.

4. 견취견見取見: 지혜가 하열한 까닭에 자기 견해를 옳다고 자부하는 것이다. 그래서 과果가 아닌 것을 과라고 계탁하고 증득하지 못했는데도 증득했다고 말하고 구경究竟이 아닌데도 구경이라고 생각한다. 마치 범부와 외도의 수행은 얻는 이익이 적고 실제로 성과聖果가 아니고 구경도 아닌데도, 문득 망령되이 성과라 계탁하고 구경이라고 잘못 인식하는 것과 같으니 이를 견취견이라 한다. 기타 갖가지 하열한 일에 이르러서도 그것이 가장 수승한 것이라고 허망하게 계탁하니, 이런 것들도 다 견취견의 작용이다.

5. 사견邪見: 바르지 못한 견해를 말한다. 삼보三寶를 믿지 않고 인과因果가 없다고 주장하며, 일체 세간에는 선악에 대한 인과응보의 사실이 없다고 망령되이 계탁한다. 이로 인하여 악은 두려워하지 않고 선을 실천하지 않으며, 방자한 마음으로 함부로 행동하여 무간업無間業을 지어 스스로도 잘못하고 남도 잘못되게 하니, 이것은 하나의 아주 크게 그릇된 견해(謬見解)이기 때문에 사견邪見이라고 한다.

이상의 다섯 견해(五見)는 모두 사제四諦인 이성異性에 미혹되어 일어난다.

다음으로는 오둔사五鈍使를 설명한다.
1. 탐貪: 탐애貪愛를 말한다. 모든 애욕을 보고는 감정에 이끌려 탐착을 일으키는 것이다. 이른바 오욕 번뇌의 대상경계(塵境)에서 연정에 미혹되어 버리지 못한다.
2. 진瞋: 분노하고 미워하고 원망한다는 뜻이다. 모든 감정에 위배되는 경계를 대하여 일어나는 성을 내어 참지 못한다. 성냄의 해로움은 나와 다른 사람의 신심身心을 열뇌熱惱케 하여 모든 악업惡業을 짓게 한다. 작은 것은 입에서 시비를 일으켜 서로 원망하고 욕하며, 중간의 것은 신체상에서 무기를 사용하여 구타하여 몸을 상하게 하며, 큰 것은 심리상으로 음모하고 살해하며 철천지원수를 만든다. 성냄의 작용은 맹렬히 타오르는 불꽃과 같아 일체 공덕의 숲을 태우니, 삼독三毒 중에서도 가장 악독한 것이다. 경에 말하기를 "한 순간 성내는 마음이 일어나면 백만 가지 장애의 문이 열린다(一念瞋心起 百萬障門開)"라고 하였으니, 두려워하지 않을 수가 없다!
3. 치癡: 바로 무명無明이니, 심성心性이 암매闇昧하여 지혜智慧가 없음을 말한다. 일체의 사리事理에 대하여 깨어 관찰하지 못하고, 바르고 삿됨(正邪)을 변별하지 못하며, 선악을 알지 못하고, 가짜를 진짜라고 인식하고, 옳은 것을 그르다고 하니 이는 모두가 어리석음의 작용이다. 결론적으로 어리석음(癡)은 일종의 이지理智가 없는 맹목적인 행동으로서 일체의 번뇌는 모두 이로써 말미암아 일어난다. 탐진貪

瞋과 더불어 삼독三毒이라 부르는데, 일체 유정有情의 법신法身과 혜명慧命을 독살毒殺하는 까닭이다.

4. 만慢: 바로 아만我慢으로 자기를 높이는 것으로, 자신을 믿고 남을 업신여긴다는 뜻이다. 일체 중생에 대하여 교만하고 뽐내는 마음이 일어나 겸손하지 못하다. 이를 간단하게 학문적으로 설명하면 세 가지가 있다. 첫째는 다른 사람의 학력과 나의 학력이 동등한데도 내가 저보다 낫다고 하는 아승만我勝慢이다. 둘째는 다른 사람이 학력이 나보다 조금 나은데도 나와 차이가 없다고 하는 아등만我等慢이다. 셋째는 다른 사람의 학력이 나보다 분명히 나은데 오히려 나보다 조금 낫다고 하는 아열만我劣慢이다. 교만(慢)은 어떤 면에서 가장 좋지 않은 마음인데, 이것의 해로움은 나와 친근하려는 선지식을 가까이 다가오지 못하게 한다. 시험 삼아 옛날이나 지금의 사람들을 살펴보면, 대개가 교만함에서 실패한 사례가 셀 수 없을 정도이다.

5. 의疑: 바로 의혹疑惑으로, 주저하면서 결정하지 못한다는 뜻이다. 일체의 진실한 사리事理에 대하여 의혹이 일어나 마음이 둘로 갈리어 결정하여 선택(決擇)하지 못하고, 일체의 선법과 정도正道를 의심하여 믿지 않는 것이다. 의혹(疑)은 믿음과 반대되는 측면이다. 경에 말하기를 "믿음은 도의 원천이며 공덕의 어머니이니 길이 일체 모든 선근을 자라나게 한다(信爲道源功德母 長養一切諸善根)"고 하였다. 또 말하기를 "불법은 큰 바다와 같아 오로지 믿음으로 들어갈 수 있다(佛法如大海 唯信能入)"고 하였다. 이렇듯 의심이 해가 되는 것은, 사람들로 하여금 영원히 불법을 받아들일 기회를 없애는 것이며 영원히 모든 정도正道를 행하고 선법善法을 수행하지 못하게 하는 것이다. 보라! 세상 사람들이

의심이 많아서 기회를 잃어버리거나 혹은 대사大事를 그르치는 자가 얼마인지 알지 못한다는 사실을! 이러한 해로움이 있는 까닭에 의疑는 탐貪, 진瞋, 치癡, 만慢과 함께 다섯 가지 근본번뇌라고 부른다.

지금 다시 상세하게 설명하자면 견혹見惑은 모두 88사使인데, 탐貪 등의 오둔사五鈍使와 신견身見 등의 오리사五利使를 합한 십사十使가 삼계에 떠돌면서 88사가 이룬다. 게송에서 말한다.

고제 밑에는 일체가 갖추어져 있고
집제와 멸제에는 3견見을 제하고
도제에는 2견을 제하며
상계에는 진에가 행해지지 않는다.
苦下具一切　集滅各除三
道諦除二見　上界不行瞋

다른 뜻으로 말하면, 욕계의 고제 밑에는 열 가지 번뇌(十使)를 모두 갖추고 있다〔苦下具一切〕. 집제와 멸제에서는 '신견身見'과 '변견 邊見' '계금취견戒禁取見'의 3사使를 제거하여 다만 7사使만 있다〔集滅 各除三〕. 도제에 이르면 다만 '신견'과 '변견'의 2사를 제거하여 다시 8사使가 있게 된다〔道諦除二見〕. 이로써 고제에서는 10사를 구족하고, 집제와 멸제에서는 각각 7사이며, 도제에서는 8사로 모두 32사가 된다. 본래부터 위의 두 계(界, 색계, 무색계)에도 각각 32사가 있는데 〔색계色界 32사와 무색계無色界 32사〕, 다만 이 두 계에는 진심瞋心이 없으므로 사제四諦에서 각각 네 개의 진에瞋, 곧 4사를 제거해야 한다. 이로 인해 매 계界에는 단지 28사만 있어서 두 계를 합하면 56사가 되고, 욕계 32사와 함께 88사가 된다. 아래 표와 같다.

[표19] 견혹見惑 88사使

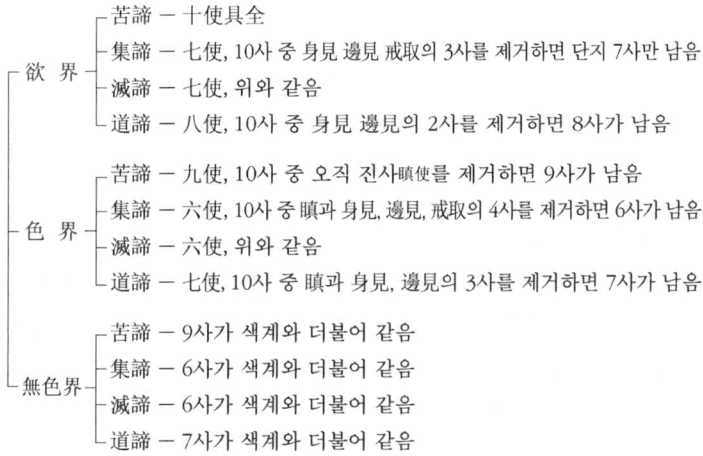

그 다음으로, 사혹思惑은 모두 81품이다.

탐진치만 4사使가 합하여 일품一品이 되고 삼계 구지九地를 거치면서, 곧 색계色界 사선천四禪天의 사지四地와 무색계無色界 사공천四空天의 사지와 욕계欲界 오취잡거지(五趣雜居地: 육취六趣에서 수라를 제외한 일취. 왜냐하면 수라는 오취에 통하는 까닭에)가 하나의 지地가 되어 합하여 구지가 되는데, 매 지마다 구품九品이 있어 구구九九는 81품이 된다. 표로써 열거하면 아래와 같다.

〔표20〕 사혹思惑 81품品

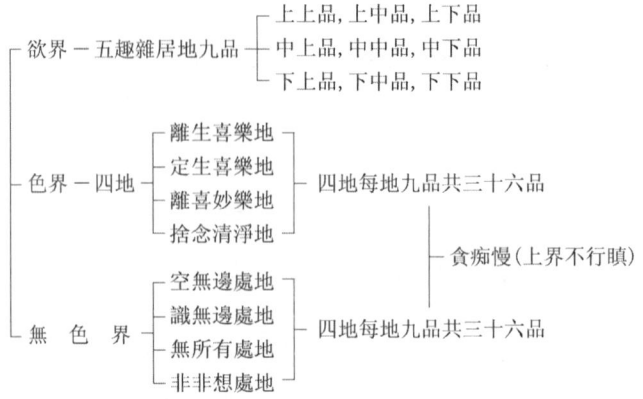

위에서 말한 견혹見惑 88사와 사혹思惑 81품은 삼계 생사의 근본 번뇌이다. 소승小乘은 뜻이 삼계 생사를 초탈하는 데 있으므로 반드시 작용력을 일으켜서 이 견혹과 사혹을 끊어야만 하고, 그렇지 않으면 목적을 이룰 수가 없다. 끊어가는 순서는 견도위見道位에서 처음에 무루지無漏智를 일으키고 진제眞諦의 이치를 조견照見하여 한순간에 삼계의 견혹 88사를 끊으면 초과初果인 수다원이라 부른다. 다음으로 욕계 육품六品의 사혹을 끊으면 이과二果인 사다함이라 부른다〔만약 오품五品을 끊으면 이과향二果向이라 부른다〕. 다음으로 욕계 구품九品의 사혹을 끊으면 삼과三果인 아나함이라 부른다〔만약 팔품八品을 끊으면 삼과향三果向이라 부른다〕. 더 나아가 위의 두 계界의 팔지八地와 팔구八九 72품品의 사혹思惑을 끊고, 육계 구품九品과 함께 삼계三界 81품 사혹思惑이 다하면 사과四果인 아라한이라 부른다〔만약 80품을 끊으면 사과향四果向이라 부른다〕.

[5] 다섯 가지 맛(五味)의 비유

이는 『열반경』「성행품聖行品」에서 비유로 말한 것이다. 젖소는 처음에 우유의 맛(乳味)을 나오게 하고, 다음으로는 성숙한 낙의 맛(酪味)과 생소의 맛(生酥味)과 익은 소의 맛(熟酥味)과 최후에 제호의 맛(醍醐味)을 이룬다. 이 다섯 가지 맛은 바로 석가세존께서 설법하신 순서와 같다. 즉 처음의 설법은 화엄이며, 다음으로는 아함과 방등과 반야를 설하시고, 최후에는 법화·열반의 도리를 설하신 것과 같다. 그러므로 천태대사는 오미五味를 오시五時에 배대한 것이다. 첫째, 유미乳味에서 '유乳'는 젖소에서 처음 나오는 것으로 가열의 과정을 거치지 않아서 맛이 진한데, 이는 대법大法은 소승의 근기를 가진 사람들에게 계합하지 못함을 비유한 것이다. 바로 『화엄경』을 설하실 때에 성문들은 대법을 알지 못한 것이, 곧 앞에서 이른바 귀가 있어도 원돈교圓頓敎를 듣지 못한 까닭에 화엄경을 설법하였을 때를 유미와 같다고 비유한 것이다. 둘째, 낙미酪味에서 '낙酪'은 우유가 가열하는 과정을 거쳐서 그 맛이 약간 담백한데, 이는 이승의 권교權敎에 합치됨을 비유한 것이다. 마치 어린아이가 바로 이를 받아먹을 수 있는 맛과 같은 까닭에 아함시를 낙미와 같다고 비유했다. 셋째, 생소미生酥味에서 '생소生酥'는 한 번 더 가열을 거친 것으로 맛이 점점 더 진한데, 이는 이승인 소승의 근기가 점차 대승의 법으로 들어가는 것에 비유한 까닭에 방등시를 생소와 같다고 비유하였다. 넷째, 숙소미熟酥味는 또다시 한 번 더 가열을 거친 것으로 맛이 더욱 진한데, 이는 이승이 이미 점점 대승의 근기를 성취하여 여래如來의 대승 가업의 희망을 감당할 수 있음을 비유한 것이다. 마치 어린아이가 점점 커서 성인이 되어 오래지 않아 그 가업을 계승하여 감당하는 것과 같은 까닭에 반야시를 숙소미와 같다고 비유했다. 다섯째, 제호미醍醐味에서 '제호醍醐'는 다시 최후의 정세精細한 가열을 거친 순수한 맛이 되어 잡된 것이 없는 것이다. 비유하면 여래에게 제도 받을 중생의 근기가 이미 완전히 성숙하게 되어 여래의 가업을 감당할 수 있게 된 것과 같다. 마치 장자가 성인이 되어 가업을 맡을 수 있게 된 것과 같은 까닭에 법화시를 제호미에 비유한 것이다. 이것은 일종의 매우 적합한 비유를 취한 것이라 할 수 있다.

부록 329

[6] 5온과 백법의 관계

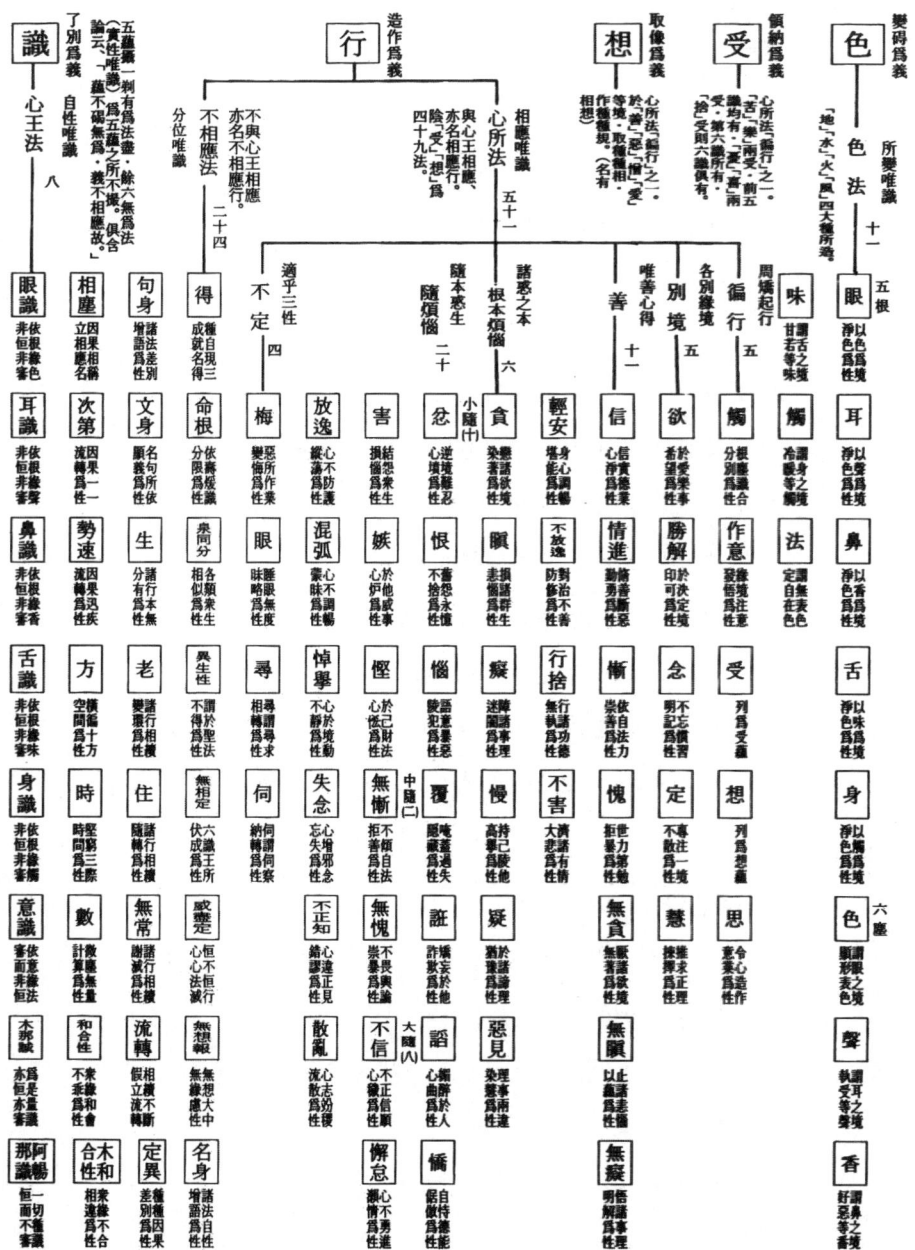

도표 해설

色: 변하고 막힌다는 뜻(變碍爲義)

  色法: 변화하는 유식(所變唯識).

      지地, 수水, 화火, 풍風 4대四大로 만들어짐.

  眼: 빛깔(色)이 경境이며 정색淨色이 근본바탕이다.

  耳: 소리(聲)가 경이며 정색이 근본바탕이다.

  鼻: 향기(香)가 경이며 정색이 근본바탕이다.

  舌: 맛(味)이 경이며 정색이 근본바탕이다.

  身: 느낌(觸)이 경이며 정색이 근본바탕이다.

  色: 눈(眼)이 경이며 형체와 색이 있다.

  聲: 귀(耳)가 경이며 받아들이는 소리.

  香: 코(鼻)가 경이며 좋아하거나 싫어하는 향기.

  味: 혀(舌)가 경이며 쓰고 단 것들의 맛.

  觸: 피부(身)가 경이며 차거나 따뜻한 것을 느끼는 촉감.

  法: 빛깔(色)을 나타내는 것이면서도 자유자재로 색을 나타내고 있다.

受: 받아들인다는 뜻(領納爲義)

  마음(心)이 법인 두루한 행동(編行)의 하나이다.

  고苦와 낙樂은 앞의 오식五識에 모두 있으며, 근심(憂)과 기쁨(喜)은 육식六識을 갖고 있으며, 베품(捨)도 육식을 갖고 있다.

想: 상상像을 취한다는 뜻(取像爲義)

  마음(心)이 법인 두루한 행동(編行)의 하나이다.

기쁨(喜), 미워함(惡), 증오(憎), 사랑함(愛) 등이 경이며, 갖가지 상相을 취하여 갖가지 상상想을 일으킨다.

行: 조작造作의 뜻

　心所法: 상응하는 유식唯識.

　　　　심왕心王과 더불어 상응하므로 상응행相應行이라고 한다.
　　　　'수受'와 '상想'을 제외하고 49가지가 있다.

　漏行: 두루하게 행行이 일어난다.

　觸: '근根', '진塵', '식識'이 화합하거나 분별하는 성품바탕.

　作意: 경에 인연하여 뜻을 부여하여 깨달음을 드러내는 성품의 바탕.

　受: 차례대로 받는 수온受蘊.

　想: 차례대로 받는 상온想蘊.

　思: 마음을 조작造作하는 의업意業이 근본바탕이다.

　別境: 제각기 다른 연을 맺게 되는 경境.

　欲: 사물을 사랑하고 즐기려는 희망을 가지는 근본바탕.

　勝解: 결정적인 경을 인가하는 근본바탕.

　念: 습관을 잊지 않고 명기明記하는 것이 근본바탕.

　定: 오직 일경一境에 매달리어 산란하지 않는 것이 근본바탕.

　慧: 바른 진리를 추구하고 간택하는 것이 근본바탕.

　善: 오직 선한 마음을 얻는 것.

　信: 믿음직하고 진실한 덕업德業으로 마음이 정정淨한 것이 근본바탕.

　精進: 선을 닦고 악을 닦는데 근면하고 용맹스러운 것이 근본바탕.

　漸: 스스로 법력法力에 의해 선을 존숭하는 것이 근본본성.

愧: 세간력世間力으로 포악한 것에 항거하고 채찍질하여 근면하게 하는 근본본성.

無貪: 모든 욕경欲境에 염착하지 않는 근본본성.

無瞋: 모든 진에심瞋恚心을 그치고 자애慈愛하는 근본본성.

無痴: 모든 사리事理를 깨달아 해탈을 밝히려는 근본본성.

輕安: 신심이 조화롭고 화통하여 견디어 내는 것이 근본본성.

不放逸: 악에 대치하고 막아내는 것이 근본본성.

行捨: 모든 공덕을 닦아도 집착하지 않는 것이 근본본성.

不害: 모든 유정중생有情衆生을 다스리고 대비大悲한 것이 근본본성.

根本煩惱: 모든 미혹迷惑의 근본.

貪: 모든 욕경欲境을 그리워하고 염착하는 근본본성.

瞋: 모든 군생群生에게 손해를 끼치고 성내는 근본본성.

痴: 모든 사리에 막히어서 미혹하고 어리석은 근본본성.

慢: 자기가 남보다 낫다고 믿고 스스로 높이는 근본본성.

疑: 모든 진리에서 망설이게 하는 근본본성.

惡見: 이리와 사사에 모두 위배되어 참다운 지혜를 물들게 하는 근본본성.

隨煩惱: 근본적인 혹惑에서 일어나는 것.

忿: 역경逆境을 참기 힘들어서 마음을 격분하게 하는 근본본성.

恨: 옛 원망을 영원히 기억하여 버리지 않는 근본본성.

惱: 말과 뜻이 포악하여 업신여겨서 범하게 되는 근본본성.

覆: 모든 과실을 장식藏識에 감추는 근본본성.

誑: 타인에게 교만하거나 거짓으로 사기하는 근본본성.

諂: 타인에게 아양을 떨어 취하게 하여 마음을 삐뚤어지게 하는 근본본성.
憍: 스스로 덕이 있다고 믿고 거만하게 행동하는 근본본성.
害: 중생들과 원한을 맺어 손해를 끼치거나 괴롭히는 근본본성.
嫉: 타인이 잘되는 것에 마음으로 시새움하는 근본본성.
慳: 자기의 재산과 진리를 마음으로 인색해하는 근본본성.
無漸: 스스로 법은 생각하지 않고 선을 거부하는 근본본성.
無愧: 여론을 두려워하지 않고 폭력을 숭상하는 근본본성.
不信: 바른 믿음에 수순하지 않고 마음이 더러운 것이 근본본성.
懈怠: 마음은 용감히 정진하지 않고 나태한 것이 근본본성.
放逸: 마음을 지키고 보호할 수가 없이 방탕하는 것이 근본본성.
惛心: 마음이 고르거나 통하는 것에 몽매한 것이 근본본성.
掉擧: 마음이 경境에 움직여서 정淨하지 않는 것이 근본본성.
失念: 마음이 삿된 생각을 증장시켜 참된 것을 잊게 하는 근본본성.
不正知: 마음이 정견正見에 어긋나서 착각과 착란하게 하는 근본본성.
散亂: 마음이 요란스레 움직이고 산란하게 움직이는 것이 근본본성.
不定: 삼성(三性; 識, 性, 界)을 말한다.
悔: 악하게 업이 변하면 참회하게 하는 근본본성.
眠: 잠을 가눌 수가 없어도 어두워지는 것을 다스리는 것이 근본본성.
尋: 깊이깊이 탐구하면 크게 변하게 되는 것이 근본본성.
伺: 깊이깊이 살피면 세밀한 것으로 변하는 것이 근본본성.
不相應法: 심왕心王과 더불어 상응하지 않는 것이 불상응행不相應行이다(分立의 唯識이다).

得: 종자種子가 스스로 셋을 드러내어 성취하는 것을 말함.

命根: 수명에 의한 따뜻한 식識은 한정이 있다는 근본성질.

衆同分: 갖가지 중생은 같다는 것이 근본성질.

異生性: 성법(聖法: 眞理)을 얻지 못한 것이 근본성질.

無想定: 육식이 왕(心王)의 것을 굴복시키거나 없애는 것이 근본성질.

滅盡定: 항상하거나 항상하지 않거나 마음과 마음법이 없어지는 것.

無想報: 무상천無想天 속에 연려緣慮함이 없는 근본성질.

名身: 모든 법의 자성이 말을 많아지게 하는 것이 근본성질.

句身: 모든 법의 차별이 말을 많아지게 하는 것이 근본성질.

生: 모든 행은 본래 없었으나 지금 나타나는 것이 근본성질.

老: 모든 행은 상속相續하거나 변하거나 없어지는 것이 근본성질.

住: 모든 행은 상속하다가 다른 것으로 전환시키는 것이 근본성질.

無常: 모든 행은 상속하다가 끝내는 없어진다는 것이 근본성질.

流轉: 상속相續은 끊어지지 않고 임시로 성립하는데 이를 유전流轉이라고 함.

定異: 갖가지 인과를 차별하는 근본성질.

相應: 인과는 상응하여 이루어진다는 것.

次第: 인과의 하나하나는 유전한다는 근본성질.

勢速: 인과는 급격히 변하며 유전한다는 근본성질.

方: 시방十方의 공간이 근본성질.

時: 시간적인 것이 근본성질.

數: 미진微塵에서 무량無量까지의 계산.

和合性: 모든 연緣이 화합하여 무너지지 않는 것이 근본성질.

不和合性: 모든 연은 화합하지 않고 서로 멀리하는 것이 근본성질.

識: 요별了別한다는 뜻.

心王法: 자성유식自性唯識이다.

眼識: 안근眼根이 색色에 인연한 것으로 항상한 것도 아니며 세밀한 것도 아니다.

耳識: 이근耳根이 성聲에 인연한 것으로 항상한 것도 아니며 세밀한 것도 아니다.

鼻識: 비근鼻根이 향香에 인연한 것으로 항상한 것도 아니며 세밀한 것도 아니다.

舌識: 설근舌根이 미각味覺에 인연한 것으로 항상한 것도 아니며 세밀한 것도 아니다.

身識: 신근身根이 촉각觸覺에 인연한 것으로 항상한 것도 아니며 세밀한 것도 아니다.

意識: 의근意根이 법에 인연한 것으로 세밀한 것도 아니며 항상한 것도 아니다.

末那識: 사량식思量識이며 항상한 것이며 세밀한 것이다.

阿賴耶識: 일체의 종자식種子識으로 항상하나 세밀하지 않다.

[7] 18계·12처·5온과 색심 2법의 관계

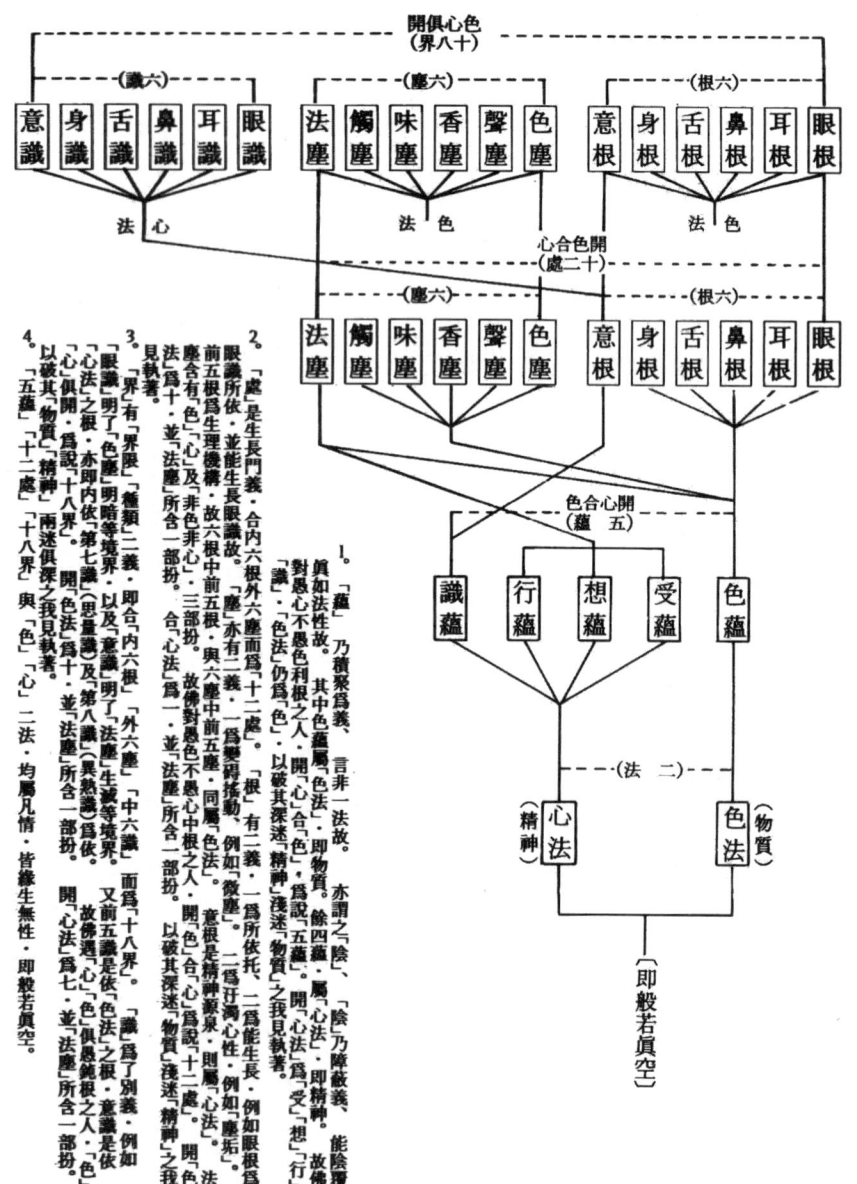

도표 해설

1. '온蘊'은 쌓여서 모인다는 뜻으로, 한 법이 아님을 말하는 까닭이다. 또 '음陰'이라고도 하는데 '음'은 덮는다(蓋)는 뜻이니, '음'은 진여법眞如法을 나타나지 않게 하는 까닭이다.

　이 속에서 색온色蘊은 '색법色法'인 물질에 속하며 나머지 사온四蘊은 '심법心法'인 정신에 속한다. 그러므로 부처님께서는 우매愚昧한 마음에 대치對治하고 색에 우매하지 않고 근根에 이익 되게 하고자 하는 사람들에게 '심心'을 드러내어 '색色'과 화합하게 하고자 '오온五蘊'을 말씀하셨다. '심법'인 '수受', '상想', '행行', '식識'과 '색법' 즉 '색'을 열어서 깊이 미혹迷惑한 정신과 얕게 미혹한 물질인 나의 견해에 집착하는 것을 깨뜨리는 것이다.

2. '처處'는 생장生長의 뜻이며 안의 '육근'과 밖의 '육진'이 합하여서 12처가 된다. '근根'에는 두 가지 뜻이 있는데, 첫째는 의탁依托되는 것이고 둘째는 생장生長하는 것이다. 예를 들면 안근眼根은 안식眼識에 의탁되는 것이고 또 안식眼識을 생장하는 까닭이다.

　'진塵' 또한 두 가지 뜻이 있는데, 첫째 변애變碍하고 요동搖動하는 것은 예컨대 미진微塵과 같고, 둘째 더럽고 탁한 심성心性으로 예를 들면 '진구塵垢'와 같다.

　앞의 '오근五根'은 생리적인 기구이므로 육근 가운데에 앞의 오근과 육진 속에 앞의 오진五塵 모두가 '색법'에 속한다. 의근意根은 정신의 원천이며 '심법'에 속한다. 법진法塵은 '색色', '심心', '비색비심非色非心'의 세 부분을 내포하고 있다. 그러므로 부처님께서는 색에 우매하고 심에 우매하지 않는 중근中根의 사람에게 '색법'과 '심법'이 회합會合함을 말하기 위하여 '십이처十二處'를 말씀하셨다.

'색법'은 10이며 또 '법진'에 포함되는 한 부분이다. '심법'과 회합하는 것도 하나이며, 또 '법진'에 포함되는 한 부분이다. 그래서 깊이 미혹한 물질과 얕게 미혹한 정신인 내 자신의 견해에 집착하는 것을 깨뜨린다.

3. '계界'는 '계한界限'과 '종류種類'의 두 뜻이 있는데, 곧 안의 육근과 밖의 육진과 중간의 육식으로 18계界가 된다. '식識'은 요별了別한다는 뜻이다. 예를 들면 '안식眼識'은 '색진色塵'의 명암明暗 등의 경계를 밝게 요별하게 하고, '의식意識'은 '법진'의 생멸 등의 경계를 명료하게 한다. 또 앞의 '오식五識'은 '색법'의 근根에 의지하며, 의식은 '심법'의 근根에 의지하며, 또 안으로 '제칠식第七識'(思量義)과 '제팔식第八識'(異熟義)에 의지한다. 그러므로 부처님께서는 '심'과 '색'이 모두 우둔한 사람을 만나면 '색'과 '심'을 모두 열어서 '18계'를 말씀하신다. '색법'의 10이 드러나면 또 '법진'의 한 부분에 포함된다. '심법'인 7을 열면 또 '법진'의 부분에 포함된다. 그러므로 '물질'과 '정신'의 양쪽에 미혹하고 이에 깊이 물든 아견我見의 집착을 없애는 것이다.

4. '5온', '12처', '18계'와 '색법'과 '심법'의 두 법은 모두 범정凡情에 속하며, 모두 연緣으로 일어난 것이며 성품이 없는, 곧 반야의 진공眞空이다.

[8] 3전4게·견사2혹·2종열반·37조도품의 관계

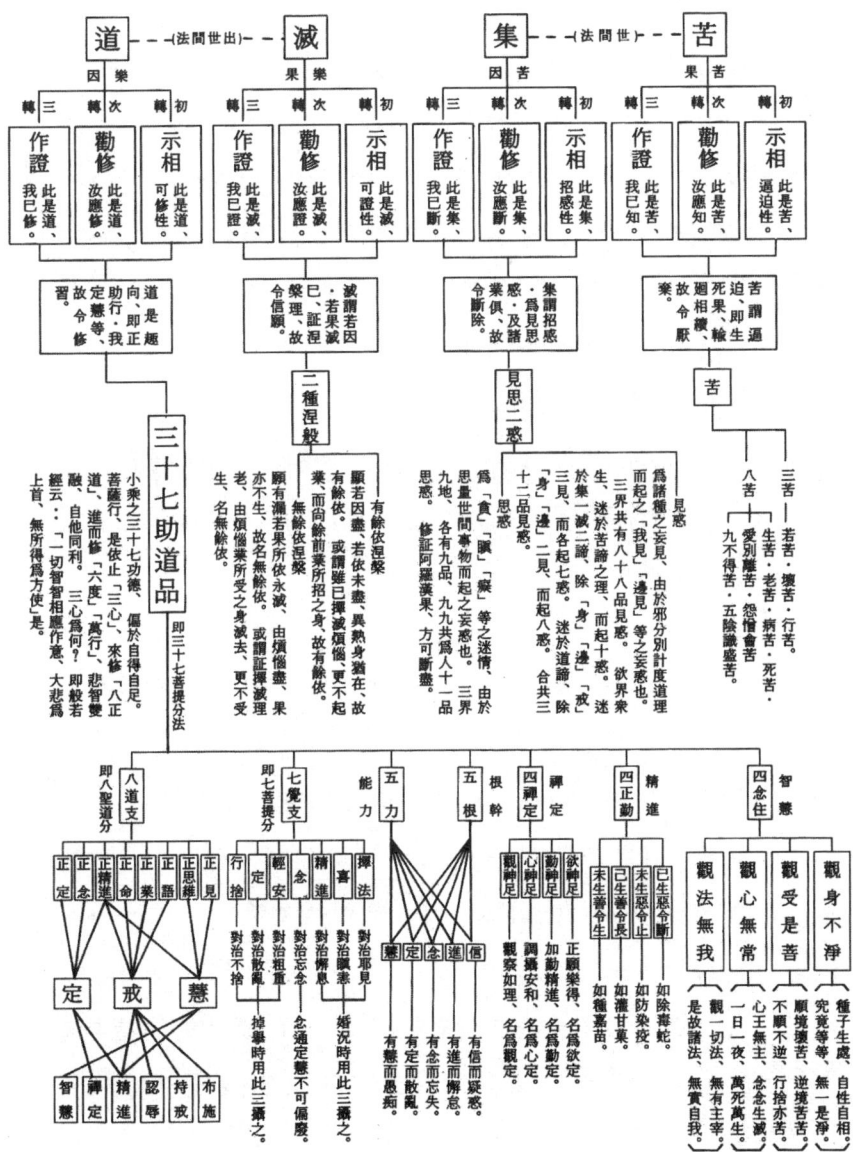

도표 해설

苦: 고과苦果

　示相(初轉): 이는 고苦이며 핍박逼迫하는 근본성질이다.

　勸修(次轉): 이는 고이니 너는 반드시 알아야 한다.

　作證(三轉): 이는 고이니 나는 이미 알고 있다.

　고苦는 핍박받는 근본성질로 곧 생사계生死界이며, 이 생사계는 윤회하고 상속하므로 업을 싫어하여 버리게 한다.

　　苦: 三苦－苦苦, 壞苦, 行苦

　　　　八苦－生苦, 老苦, 病苦, 死苦, 愛別離苦, 怨憎會苦, 求不得苦, 五陰熾盛苦

集: 고인苦因

　示相(初轉): 이는 집集이니 느낌을 초래하는 것이 근본성질이다.

　勸修(次轉): 이는 집이니 너는 반드시 끊어야 한다.

　作證(三轉): 이는 집이니 나는 이미 끊었다.

　집은 느낌을 초래하는 것이며, 견혹見惑과 사혹思惑이 있는데 모든 업이 구존俱存하므로 끊어 없애야 한다.

　　見思二惑

　　　見惑: 모든 종류의 망견妄見으로 삿된 것이며, 분별하고 헤아리는 도리로 '아견我見'과 '변견邊見' 등의 망혹妄惑을 일으킨다.

　　　　삼계三界에는 모두 88품의 견혹이 있다. 욕계중생欲界

衆生은 고제苦諦의 이치에 미혹하여 10혹十惑을 일으킨다. 집集과 멸滅의 이제二諦에 미혹하여 '신견身見', '변견邊見', '계견戒見'으로 나누어서 제각기 7혹을 일으킨다. 도제道諦에 미혹하여 '신견', '변견'으로 나누어서 8혹을 일으킨다. 모두가 32품의 견혹이다.

思惑: 탐貪, 진瞋, 치痴 등의 미혹한 정情이며, 세간의 사물을 사량해서 일어나는 망혹妄惑이다. 삼계三界의 9지九地에 제각기 9품九品이 있어서 모두 81품의 사혹思惑이 있다. 수행하여 아라한과를 증득하면, 곧 모두 끊을 수 있다.

滅: 낙과樂果

示相(初轉): 이는 멸滅하는 것이며 증득證得하는 근본성질이다.
勸修(次轉): 이는 멸하는 것이며 네가 반드시 증득해야 한다.
作證(三轉): 이는 멸하는 것이며 내가 벌써 증득했다.

有餘依涅槃: 고苦의 인因은 다해도, 고에 의지하는 것이 아직도 다하지 않아 전생에 익힌 과보의 몸(異熟身)이 있음을 나타낸다. 그러므로 의지하는 것이 아직 남아 있다(有餘依). 또 비록 자기가 번뇌를 없애고자 다시 업을 일으키지 않아도 전업前業이 초래하는 몸이 있으므로 유여의有餘依라고 한다.

無餘依涅槃: 유루有漏인 고과苦果가 의지하는 것이 영원히 없어진 까닭에 번뇌가 다하고 과果 또한 생기지 않으므로 무여의無餘依라고 한다. 혹은 증택멸리證擇滅理라고도 한다. 번뇌를 버림으로 인해 받을 몸이 없어져 다시는 생을 받지 않으므로 무여의라고 한다.

道: 낙인樂因

示相(初轉): 이는 도道이며 수행하는 근본본성이다.

勸修(次轉): 이는 도이며 네가 반드시 닦아야 한다.

作證(三轉): 이는 도이며 나는 이미 닦았다.

도는 향하여 나아가는 것(趣向)이며 곧 바른 수행과 보조 수행, 계정혜戒定慧 등이다. 그러므로 수습修習하게 한다.

三十七助道品(三十七菩提分法)

소승小乘의 37공덕을 두루 스스로 얻어 만족한 것이다. 보살행은 삼심三心에 의지하고 팔정도八正道를 닦고 나아가서 6도度 만행萬行과 자비와 지혜가 모두 원융하여 자타가 모두 이익이 된다. 삼심이란 무엇인가? 곧 반야경般若經에서 "일체지一切智와 지상智相은 반드시 뜻을 짓되(作意), 대비大悲가 우두머리가 되며 무소득無所得이 방편이 된다"고 한 것이 이것이다.

四念住: 지혜智慧

觀身不淨: 종자식種子識이 일어나는 곳은 자성自性과 자상自相이며 구경究竟에는 같아져 하나도 정淨한 것이 없다.

觀受是苦: 순경계는 괴고壞苦이며, 역경계는 고고苦苦

이며, 순경계도 역경계도 아닌 행고行苦 역시 고이다.

觀心無常: 심왕心王은 주인이 없이 염념念念이 생멸하며, 하루밤낮에도 만 번 죽고 만 번 생긴다.

觀法無我: 일체법을 관觀하면 주재자가 있을 수 없으므로 모든 법에는 참다운 자아가 없다.

四正勤: 정진精進

　已生惡令斷: 이미 생긴 악惡은 끊어라. 독사를 없애는 것과 같다.

　未生惡令止: 아직 일어나지 않은 악은 그치게 하라. 전염병을 예방하는 것과 같다.

　已生善令長: 이미 생긴 선善은 자라게 하라. 과일에 물주는 것과 같다.

　未生善令生: 아직 일어나지 않은 선은 생기게 하라. 좋은 묘목을 심는 것과 같다.

四禪定: 선정禪定

　欲禪定: 바르게 즐거움을 얻기를 원하기에 욕정欲定이라고 한다.

　勤禪定: 정진을 더욱 채찍질하므로 근정勤定이라고 한다.

　心禪定: 편안하고 조화로움을 고르게 거두므로 심정心定이라고 한다.

　觀禪定: 여여如如한 진리를 관찰하므로 관정觀定이라고 한다.

五根: 근간根幹

五力: 능력能力

  信: 믿음이 있으므로 의혹이 없다.

  精進: 정진이 있으므로 나태함이 없다.

  念: 염이 있으므로 잊어버리지 않는다.

  定: 정이 있으므로 산란한 마음이 없다.

  慧: 지혜가 있으므로 우치함이 없다.

七覺支: 곧 7가지 깨달음으로 나눔(七菩提分)

  擇法: 사견邪見에 대치對治한다.

  喜: 진에심瞋恚心에 대치한다.

  精進: 해태심懈怠心에 대치한다.

  念: 망념忘念에 대치한다.

  輕安: 엉켜서 무거워진 것에 대치한다.

  定: 산란심散亂心에 대치한다.

  行捨: 불사심不捨心에 대치한다.

八道支: 팔성도八聖道이다.

[9] 12연기와 삼세인과의 관계

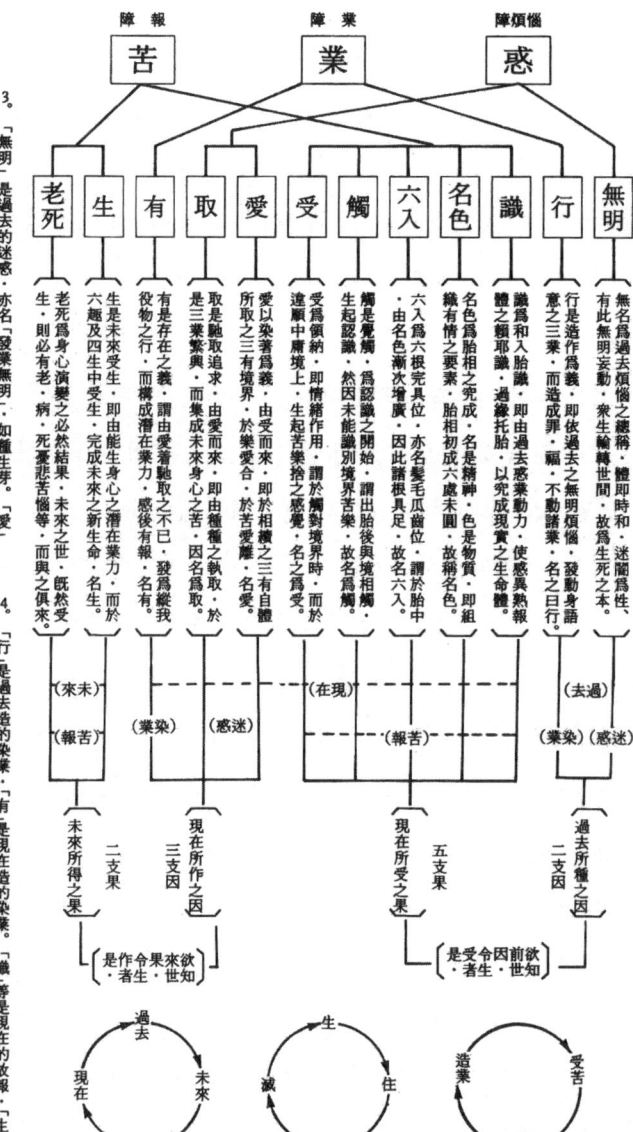

도표 해설

無明: 무명無明은 과거의 번뇌를 말하며, 미혹하고 어리석은 것이 근본본성이다. 이 무명은 허망되이 움직여 중생의 세간에 윤전輪轉하므로 생사의 근본이다.

行: 행行은 조작造作의 뜻이며 곧 과거의 무명에 의한 번뇌에 의한다. 신身, 구口, 의意 삼업三業을 일으켜서 죄복罪福을 이루나, 모든 업은 움직이지 않는다. 이를 행이라고 한다.

識: 식識은 처음 태식胎識에 들어가는 것이며, 곧 과거 혹업惑業의 움직이는 힘으로 인해 다른 숙보에 감수되는데 근본은 아뢰야식이다. 과거의 인연으로 탁태되어 현실의 생명체를 만드는 것이다.

名色: 명색名色은 태에서 상相이 완성되는 것인데, 명名은 정신이며 색色은 물질이다. 곧 유정有淸이 가져야 할 요소를 조직하며, 태상의 처음에는 6처處가 아직 원만하지 못하므로 명색이라 한다.

六入: 6입入은 6근이 완전히 구비되는 것이며, 또 머리카락, 손톱, 치아를 말하며 태속에서 명색이 점점 커지면서 이 모든 근이 구족하게 되므로 6입이라 한다.

觸: 촉觸은 느낌을 깨닫는 것으로 인식의 시초이며, 태에서 나온 뒤에 경상境相의 느낌을 주는 것으로 인식작용이 일어난다. 그러나 아직도 따로 경계의 고락苦樂을 알지 못하므로 촉이라 한다.

受: 수受는 받아들이는 것이며, 곧 정서情緒작용이다. 촉이 경계에 대하였을 때에 경에서 어긋나거나 수순하거나 어느 쪽에 치우치지 않으며, 고락을 일으키고 버리는 감각을 말하여 수라고 한다.

愛: 애愛는 염착한다는 뜻이며 수로 인하여 오는 것이다. 곧 상속相續하는 삼유三有 자체이며, 취하는 것은 삼유의 경계이다. 즐거운 애와는 화합하고 고통스러운 애와는 멀리하는 것을 말하여 애라고 한다.

取: 취取는 빨리 취하고자 하는 것으로 애로 인하여 오는 것이다. 곧 갖가지로 집착하여 취하는 것으로 삼업을 크게 번성시킴으로써 미래의 신심의 고를 이루므로 취라고 말한다.

有: 유有는 존재의 뜻으로 애착으로 말미암아 빨리 취하고자 하는 것이 그치지 않는 것이며, 나로 말미암아 드러나고 사물의 행위에 종사하여 잠재된 업력業力을 구성하는데, 느낌이 있는 뒤에는 과보가 있어서 유라고 한다.

生: 생生은 미래의 생을 받는 것으로 곧 신심身心에 잠재된 업력業力에 의하여 생기는 것이며, 6취趣와 4생四生 가운데에 태어나게 된다. 미래의 새로운 생명을 완성하는 것으로 생이라 말한다.

老死: 노사老死는 신심身心이 변하여 일어나는 필연의 결과이다. 미래의 세간에 이미 생을 받으면 반드시 늙음과 병과 죽음과 근심과 슬픔 등의 고뇌를 받게 되는데 이들과 더불어 함께 오게 된다.

1. 12유지十二有支의 '유有'는 곧 '3계三界', '5취五趣', '9지九地', '정기세간情器世間'의 일체소유一切所有를 말한다. '지支'는 곧 일체의 생사유전生死流轉이며 모두 이 12지로 인하여 순환함이 끊이지 않으므로 '12유지'라 한다. 또 중생이 3세에 관계되어 6도에 윤회하는 연기이므로 12연기라고 한다. 또 범부가 생사에 유전하는 인연이므로 '12인연'이라고도 한다.

2. 중생은 과거 업보에 의하는 까닭에 현재의 과보를 받아서 과거와 현재의 거듭된 인과를 이루며, 현재의 업에 의하여 미래의 과보를 받아서 현재와 미래의 거듭된 인과를 형성한다. 3세가 합하여서 거듭된 인과가 있으며 이와 같은 생사유전은 끊이지 않으며, 혹은 중간에 선, 악, 복, 비복非福 등이 있다. 요약하면 모두가 3계, 5취, 9지에 윤회하면서 생사가 끊어지고 순환하고 상속함이 끊이지 않는 것이다.

3. '무명無明'은 과거의 미혹이며 또 '발업무명發業無明'이라고도 하여 종자가 짝을 내는 것과 같다. '애愛'와 '취取'는 곧 현재의 미혹이며 '윤생무명潤生無明'이라고 하여 물에 젖는 것과 같다. 그러므로 무명은 인연에 친화하는 것이며, 애와 취는 인연을 증상시키는 것이다. 중생이 아집에 의하여 미래에 탐취貪取를 일으키면 이미 애착하게 되는 것이며, 탐애貪愛는 번뇌의 근본이다. 그러므로 생사를 마치려면 반드시 탐애를 버려야 한다.

4. '행行'은 과거에 만든 업이며, '유有'는 현재에 만든 업이다. '식識' 등은 현재의 고의 과보이며, '생'과 '노사'는 또 미래의 고의 과보이다. '기보起報', '조업造業', '수고受苦'는 경계의 윤회가 쉬지 않고 끊어지지 않고 '생生', '주住', '이異', '멸滅'의 4상四相에 흘러 들어가 과거, 미래, 현재의 3세를 상속한다. 중봉국사中峯國師가 말하기를 "티끌 같은 겁과 티끌 같은 겁이 티끌과 같은 겁들이 수를 다하여도 쉬지 않는다"고 말했는데 이를 읽으면 송연함을 금할 수가 없다.

저자 발문跋文

 참으로 세상 만사만물의 일어남은 모두 인연因緣이란 두 글자를 벗어나지 않는다는 것은 특별히 말할 필요조차 없을 터, 지금은 이 책이 이루어지게 된 세간적인 인연을 이야기하고자 한다.

 민국 30년(1941) 2월, 나(빈종법사)는 대계大溪 복빈산福份山의 재명선사齋明禪寺[104]의 청에 응하여 이 『반야심경』을 강연하게 되었다. 법회가 3일째 되는 날에 경전의 제목인 '반야' 두 글자의 강의를 마치고 계속해서 '바라밀다' 네 글자의 강의를 하려는 때, 갑자기 몽해사蒙該寺 주지인 효종孝宗 스님과 증추도曾秋濤 거사 등이 함께 찾아와서 나에게 다음과 같이 부탁하며 말하였다.
 "대만은 지금껏 경전을 강의하는 기회가 드물었고, 불법은 좀처럼 듣기가 힘들고, 교리에 대해서도 막연하기만 합니다. 지금 법사님에 힘입어 불법의 맛을 열어보이게 된 이것은 일찍이 없던 법회입니다. 법회에 자리한 대중들은 비록 모두가 환희용약하며 경청하고는 있지만, 안타깝게도 명확하게 다 이해하지 못하여 전반적인 이익을 얻지 못하고 있는 것이, 마치 바람이 귀를 스치는 것과 같아서 법사님께서

---

[104] 현재 북대만北台灣 도원현시桃園縣市에 위치. 청조清朝 도광道光 30년(1850)에 성열법사性悅法師가 창건.

거듭 자세하게 타이르게 하는 짐을 저희들이 지우고 있지 않습니까? 저희들이 비록 법문을 필기하고는 있지만 열은 빠트리고 겨우 하나만을 기록할 뿐이어서 완벽하지가 못합니다. 감히 법사님께 간절히 청하오니, 후학들을 교화하고 인도하는 마음에서 매일 강의록을 등사기에 인쇄하여 청중들에게 나누어주어, 귀로 듣는 것을 눈으로 보게 함으로써 더욱 쉽게 법문의 이익을 얻을 수 있게 했으면 합니다. 법사님의 생각은 어떠신지요?"

나는 처음에는 망설였지만, 법으로써 중생들을 이롭게 하는 것이 남자로서의 마땅한 의무를 다하는 것이라고 생각했으므로 마침내 이를 받아들였다. 다만 안타까운 것은, 당시 주변에 참고할 만한 책이 없다는 것이었다. 하지만 이미 승낙했기에 되돌릴 수 없다는 것을 알고는, 이에 문득 나의 어리석음과 용렬함을 잊고서 생각과 마음을 다 쏟아 부어 평생 동안 배우고 익힌 것을 팔식의 깊숙한 곳까지 쫓아가 점차 끄집어내고 차례대로 자세히 찾아내었다. 기억력에 기대어 찾아낸 것들을 나의 무딘 붓끝을 빌려 대략적으로 서술하게 되었다. 먼저 『반야바라밀다심경』 8자를 풀이하였는데, 오중현의五重玄義로 분과하고 교상을 분별(判敎)하는 방법을 사용하여 서술하고 전체 경전의 강요를 제시하였다. 다음으로 번역자의 약력과 역사를 기술하고 번역 법사의 공덕을 알게 하였다. 그 다음에 경문을 정식으로 풀이했는데, '나누어 해석함(分釋)'과 '종합하여 해석함(合釋)'이라는 두 가지 방법을 사용하여 서술하였다. 먼저 '나누어 해석함(分釋)'에서는 경의 요지와 뜻을 간략하게 드러내었고, 뒤의 종합하여 해석함(合釋)'에서는 오직 경문을 따라 곧바로 해석함으로써 초학자들에게 편리하게 하였다. 혹은 얕게도 서술하고 깊게도 서술하며, 혹은 상세하게도 하고 간략하게도 서술한 뜻은 대중적으로 널리 보급될 수 있게 함이 목적이었다. 이와 같이 낮에는 강연을 하고 밤에는 강의한 것을 편집하였는데, 학도들은 자각적인 마음으로 열심히 등사하게 하였다. 이렇게 십여 일이 지나 법회가 원만하게 회향되었다. 처음에는 즉흥적으로 얼버무리곤 했지만, 책으로 인쇄되어 나가면 문제가 될 것 같아 감히 그렇게 하지 못했다. 나중에 여러 곳에서 권하고 재촉하여 인쇄에 붙여 유통하게 되었고, 게다가 급하게 출판사에 넘겨 인쇄하여 출간하게 되었으니 그때 심정을 말로 하기가 힘들다. 이것이 이 책의 초판을 출간하게 된 인연이다.

그 다음으로는 민국 41년(1952) 6월, 대만의 서성서국瑞成書局의 사장인 허극수許克綏 거사와 뇌동량賴棟樑 거사가 일찍이 두 번이나 찾아와서는, 졸저인 『심경요석心經要釋』을 다시 출간하여 유통하고 싶다는 말을 정중히 꺼냈다. 그때 나는 이 강의서가 일제가 통치하던 시대에 쓰였고, 당시는 일본제국의 통치를 받던 시기라 언론과 사상에 자유가 없던 시기였다는 것을 새삼 자각하였다. 당시 상황과 환경에 대처해야 하는 시기였던 까닭에 이 책의 중간에도 당시 상황에서 사용되는 문장들이 있었기에 그건 이미 시대에 부적합한 것이어서 진실로 한 번 개정할 필요를 느끼고 있던 터였다. 본래는 다만 시대에 부적합한 성격의 문장만 가려내어 간략하게 개작하였으나, 나중에는 몇몇 제자들이 재차 간청함을 받아들여 다시 현대문으로 고치게 되었다. 이로 인해 이 책의 내용이 더 충실해졌으니, 내가 그 중에 다소간 내용의 순서도 바꾸고 몇 가지 의견도 더 추가할 것은 추가하고 뺄

것은 뺐기 때문이다.

　말해 놓고 보니 참으로 부끄럽기 그지없는 것은, 본래는 서성서국과 일주일 내에 작업을 마감하고 출판하기로 약조가 되어 있었는데, 감당할 일은 무겁고 나의 덕이 천박함은 헤아리지 못한 것이다. 이 책의 작업을 강행하여 삼분의 일 정도 이루어졌을 때에 고혈압이라는 병환이 오고 말았으니, 계속해서 글을 쓸 방도가 없어 단지 붓을 놓고는 그만두게 되었다.

　오래지 않아 보리수菩提樹 잡지사의 발행인이자 주편인 주비朱斐 거사가 편지를 보내와 이 책의 이미 완성된 원고를 보리수 잡지에 실어 독자들이 볼 수 있게 하겠으니, 나더러 서성서국의 동의를 받아달라고 부탁하였다. 그래서 이미 완성된 일부분의 원고를 계속해서 보리수에 발표했다. 이후에 서성서국에서 여러 차례 찾아와 정중히 원고를 부탁하며 말하기를, 이미 많은 사람들이 책을 구입고자 예약한 상태이기에 속히 출간해야 한다고 하였다. 그러나 결국 이 허깨비 몸뚱이가 주인을 잘못 만나 다시 한 번 더 지연하게 되었으니, 참으로 죄송한 마음 금할 길 없다! 비록 일찍이 몇 차례 정신을 차리고 분발하여 법을 위하여 몸을 버리는 심정으로 이 작업을 완성하고자 하였으나 병마는 오히려 나에게 동정을 베풀지 않았으니, 결과적으로 작업을 완성하지 못했을 뿐만 아니라 혈압만 더욱 높아지게 되었다. 저도 모르게 "바라는 것에 보답하기 어려우니 어이하나, 어이하나"라는 탄식만 내뱉을 뿐이었다. 그러던 중 병마가 차츰 약해지는 때를 이용하여 아주 조금씩 한두 문장씩 써내려가 마침내 거칠고 천박하게나마 다 서술하였으니, 참으로 식자들에게 웃음거리만 남기게 된 것이다.

병환 중에 서술한 것이라 갑자기 생략한 곳도 있고, 잘못된 곳도 당연히 적지 않을 것이니, 이것이 내가 가장 걱정하는 것이다. 제방의 여러 대선지식들께서 아낌없이 지도 편달을 해주시길 바랄 뿐이다!

민국 43년(1954), 스님들 자자일自恣日에
남천태南天台 반야루般若樓에서 발문을 쓰다.

● **빈종법사**斌宗法師, 1911~1958

대만 창화彰化 녹항鹿港 출신. 14세에 출가하여 17세에 띠집을 짓고 6년간 고행한 후에 중국 대륙으로 들어가 명산대찰을 편력, 1934년에 천동사天童寺의 원영圓瑛법사에게서 구족계를 받았다. 천태산의 정권靜權 노화상에게 천태교관天台敎觀과 『천태사교의天台四敎儀』를 전공하여 천태의 삼관三觀과 십승관법十乘觀法의 오의를 체득하였다. 28세에 대만으로 돌아와 홍법하며 천태종을 크게 드날렸다. 1951년에 폐관에 들어가 대장경을 열람하고 54년에 출관했는데, 각지의 요청에 응하여 불철주야로 설법하였다. 1957년 홍법원에서 시적하였다. 저서에 『반야심경요석般若心經要釋』, 『불설아미타경요석佛說阿彌陀經要釋』, 『능엄경의등楞嚴經義燈』, 『아인생사지유래我人生死之由來』, 『운수시초雲水詩草』 등이 『빈종법사유집斌宗法師遺集』으로 편집되어 세상에 유통되고 있다.

● **범연**凡然 **이동형**李東炯

경북 안동 출생. 고려대학교 졸업. 한양대학교 공학박사.
저서에 『선림보훈주해』, 『불교의 효』, 『지장경 효사상』, 『대장부론』, 『육묘법문』, 『금강경육조대사구결』 등이 있다.

반야심경 강의

초판 1쇄 인쇄 2012년 7월 20일 | **초판 1쇄 발행** 2012년 7월 27일
강술 빈종법사 | **편역** 이동형 | **펴낸이** 김시열
펴낸곳 도서출판 운주사

　　　(136-034) 서울 성북구 동소문동 4가 270번지 성심빌딩 3층
　　전화 (02) 926-8361 | **팩스** 0505-115-8361
ISBN 978-89-5746-317-8　93220　값 15,000원
http://cafe.daum.net/unjubooks 〈다음카페: 도서출판 운주사〉